中公新書 2730

藪田 貫著

大塩平八郎の乱

幕府を震撼させた武装蜂起の真相

中央公論新社刊

はじめに

天保《てんぽう》八年（一八三七）二月十九日に突如、大坂で起きた大塩平八郎《おおしおへいはちろう》の乱は、わずか一日の反乱であった。それにもかかわらず、歴史上大きな意味を持ったことは、歴史教科書に必ず取り上げられていることで分かる。その一つ、『小学社会』六年の教科書（教育出版）には、つぎのように記されている。

「19世紀の中ごろ、大きなききんが起こり、農村では百姓一揆《いっき》が急増し、都市でも打ちこわしが起こりました。大阪では、幕府のもと役人であった大塩平八郎が、役人や商人がききんで苦しんでいる人々を救おうとしないことに抗議して兵をあげました。この反乱は、一日でおさえられましたが、幕府を大いにおどろかせました」

この記述は、乱の当日に撒《ま》かれた「檄文《げきぶん》」を基にしている。大塩自筆の檄文は、なぜ今、同志たちと決起するかを語り、民衆に参加するよう呼びかけている。字数二〇〇〇字からなる儒学者大塩平八郎畢生《ひっせい》の書でもある。しかもその大塩、大坂町奉行所の元与力《よりき》（町奉行を補佐する中間管理職で、行政を中心に、警察官と裁判官の役割も兼ねた）ならびに三大功績と呼ばれる事件の立役者として広く知られていた。乱が大きく注目される前提があったのである。

しかし、大塩の乱の評価は、当時も、そして現代も、それほど単純ではない。大塩嫌いと大塩贔屓《びいき》が共存し、毀誉褒貶《きよほうへん》相半ばする人物として大塩平八郎は捉《とら》えられている。

大塩の乱の研究は、首謀者大塩自身のライフヒストリーを跡付けることから始まった。幸《こう》田成友《だしげとも》の『大塩平八郎』（一九一〇年）が先陣を切り、石崎東国《いしざきとうごく》の『大塩平八郎伝』（一九二〇年）が、それを受けた。戦後もその流れは受け継がれ、大塩の肉声にも等しい一九〇通余の書簡を収めた相蘇《あいそ》一弘《かずひろ》『大塩平八郎書簡の研究』全三巻（二〇〇三年）で一つの到達を見たが、乱自体の分析が少ない点で共通する。

大塩の評価が二分する原因は、大塩の乱そのものに起因している。「檄文」や決起直前の窮民への施行《せぎょう》（物を施し与えること）が、その一つの要因だとすれば、飢饉《ききん》の最中、市街戦を決行し罹災者《りさいしゃ》を増加させたのが、いま一つの要因である。大塩の乱は、のちに大坂三大火災の一つとして記録されているが、「救民」の善意が、結果として「窮民」を生むこととなったのである。その要因は、「兵を挙げた」ことにある。

檄文が大塩の「文」を語っているとすれば、市街戦は「武」を象徴している。それが十分に捉えられていないのである。そこには「兵道《へいどう》に通ぜし者」としての大塩平八郎がいた。

大塩を「兵道に通ぜし者」と評したのは、伊豆《いず》の代官で西洋流砲術家であった江川英龍《えがわひでたつ》である。奇《く》しくも彼は乱の前日、大塩が江戸に送った最後の密書を入手し、筆写して残した人物でもある。

四〇通余の書類からなる密書は発見者仲田正之《なかだまさゆき》によって『大塩平八郎建議書《けんぎしょ》』（一九九〇年）と名付けられたが、仲田によればその内容は、救恤《きゅうじゅつ》（金品の支援）問題に触れず、天保の飢饉とは無関係な上、蜂起《ほうき》の動機や理由を示した文でもない。それに反し、「大塩と江戸との関係のみが、鮮明にみえてくる」というのであるから、これまでの大塩の乱評価を揺らがせるに十分である。

その一方、建議書の登場によって、大塩の乱最大の謎《なぞ》、すなわち壊滅後なぜ大塩は、四〇日近くも市中に潜伏していたか、に回答を得る可能性が生まれた。なぜならそこには、老中たちに対し「国家のことについて掛け合う」と記した文書が添えられていたからである。建議書を受け取った老中水野忠邦《みずのただくに》ら幕閣に、大坂で大事件が起きていることを報《しら》せ、その張本人が誰《だれ》であるかを教えることで、大塩は江戸からの返答を待っていたのである。

こうして大塩平八郎の乱の見える景色は激変した。いまここに、あらためて大塩平八郎の乱について著す所以《ゆえん》である。

目次

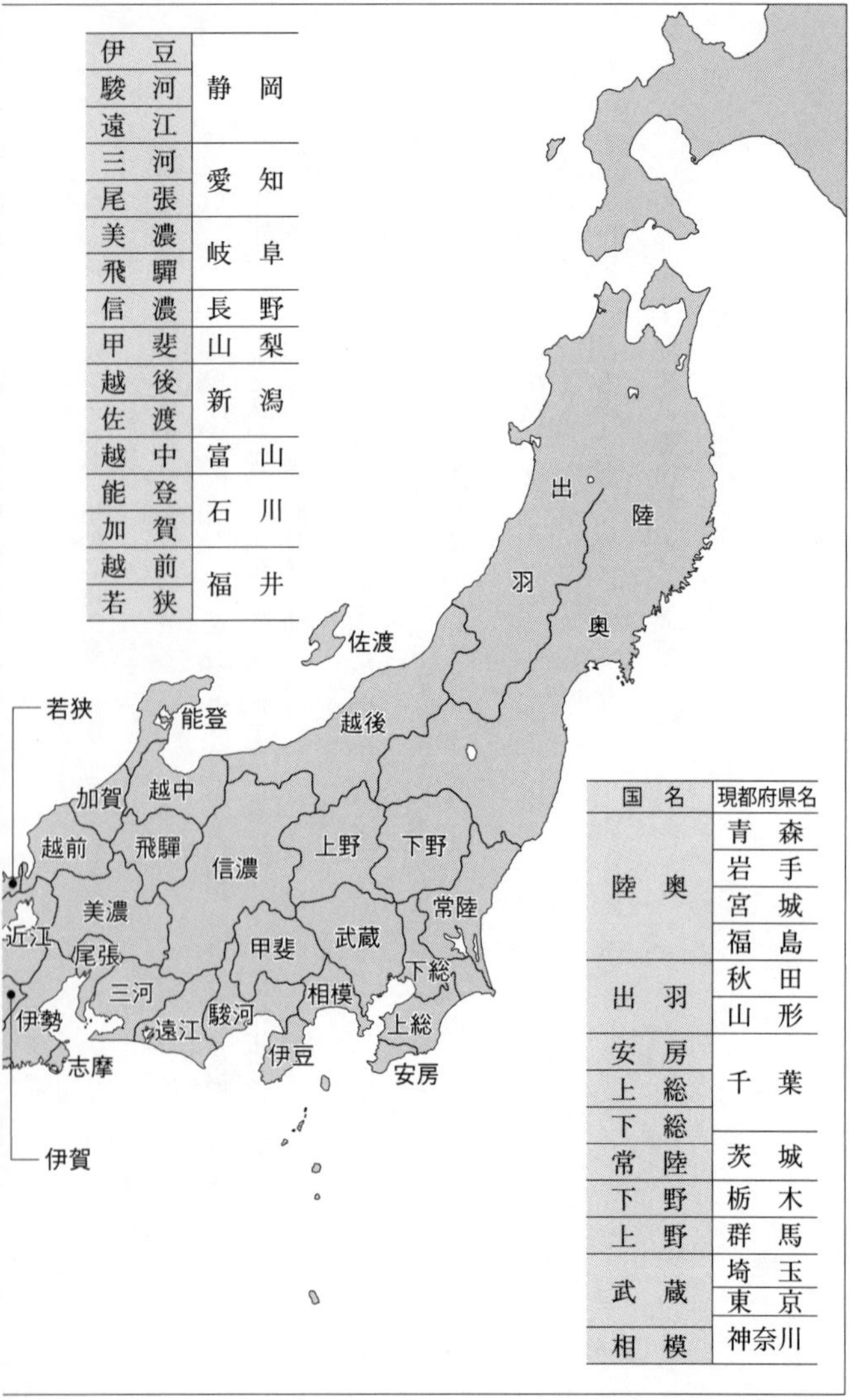

伊豆	静岡
駿河	
遠江	
三河	愛知
尾張	
美濃	岐阜
飛騨	
信濃	長野
甲斐	山梨
越後	新潟
佐渡	
越中	富山
能登	石川
加賀	
越前	福井
若狭	

国名	現都府県名
陸奥	青森
	岩手
	宮城
	福島
出羽	秋田
	山形
安房	千葉
上総	
下総	
常陸	茨城
下野	栃木
上野	群馬
武蔵	埼玉
	東京
相模	神奈川

旧国名地図．国名は『延喜式』による．

旧国	府県
筑前	福岡
筑後	
豊前	
豊後	大分
日向	宮崎
大隅	鹿児島
薩摩	
肥後	熊本
肥前	佐賀
壱岐	長崎
対馬	

旧国	府県
阿波	徳島
土佐	高知
伊予	愛媛
讃岐	香川
備前	岡山
美作	
備中	
備後	広島
安芸	
周防	山口
長門	
石見	島根
出雲	
隠岐	
伯耆	鳥取
因幡	

旧国	府県
近江	滋賀
山城	京都
丹後	
丹波	兵庫
但馬	
播磨	
淡路	
摂津	大阪
和泉	
河内	
大和	奈良
伊賀	三重
伊勢	
志摩	
紀伊	和歌山

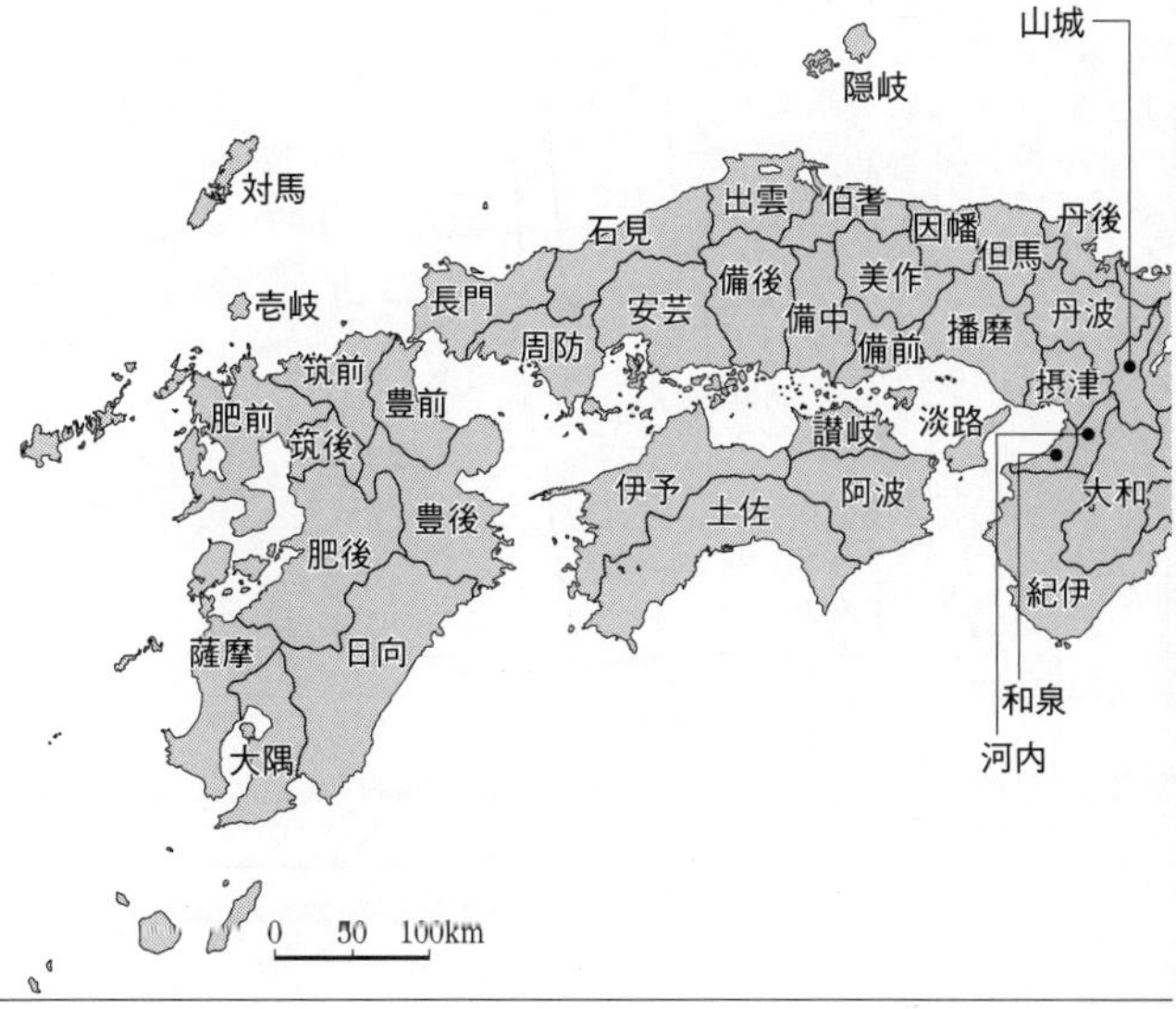

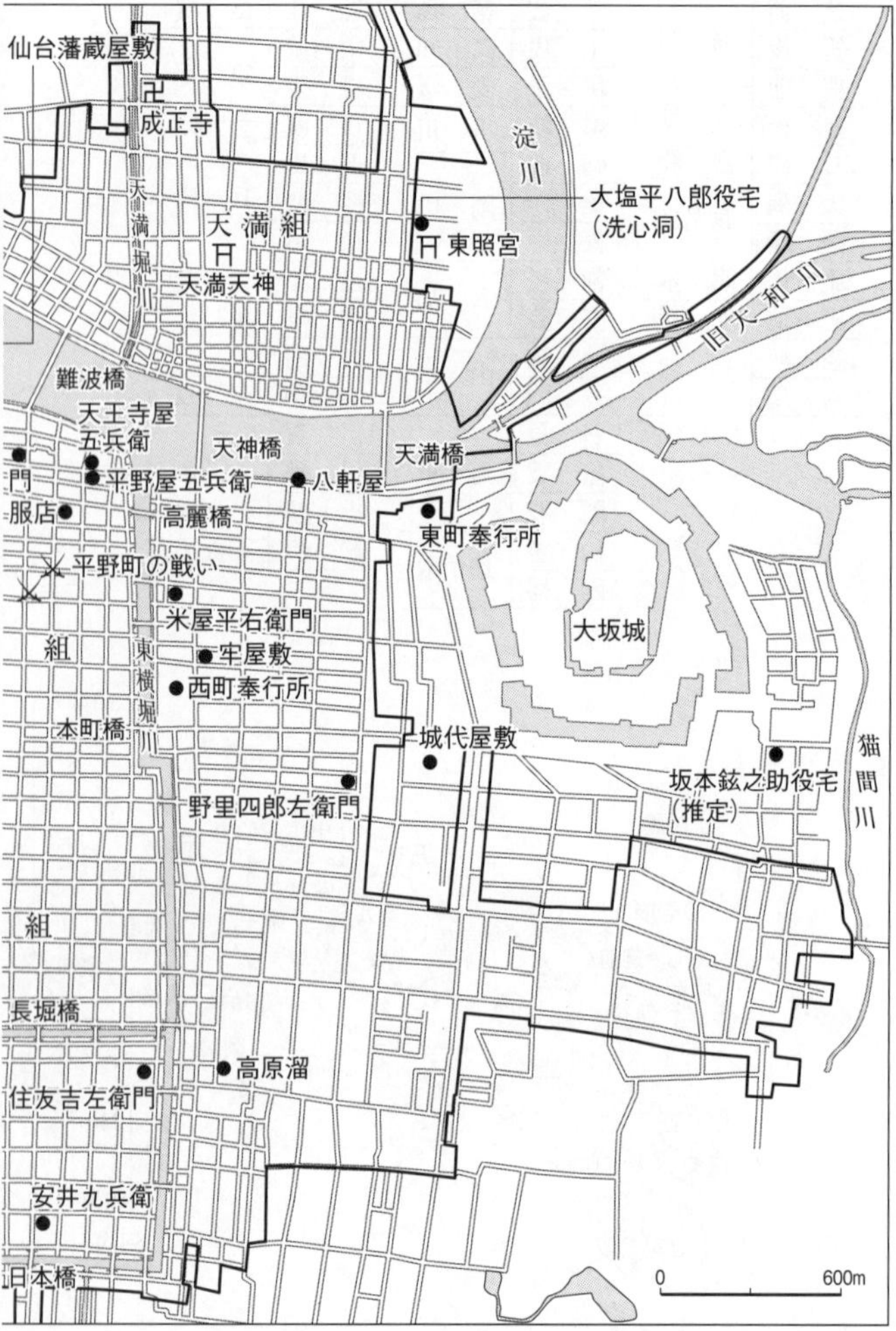

『角川日本地名大辞典27　大阪府』をもとに作成

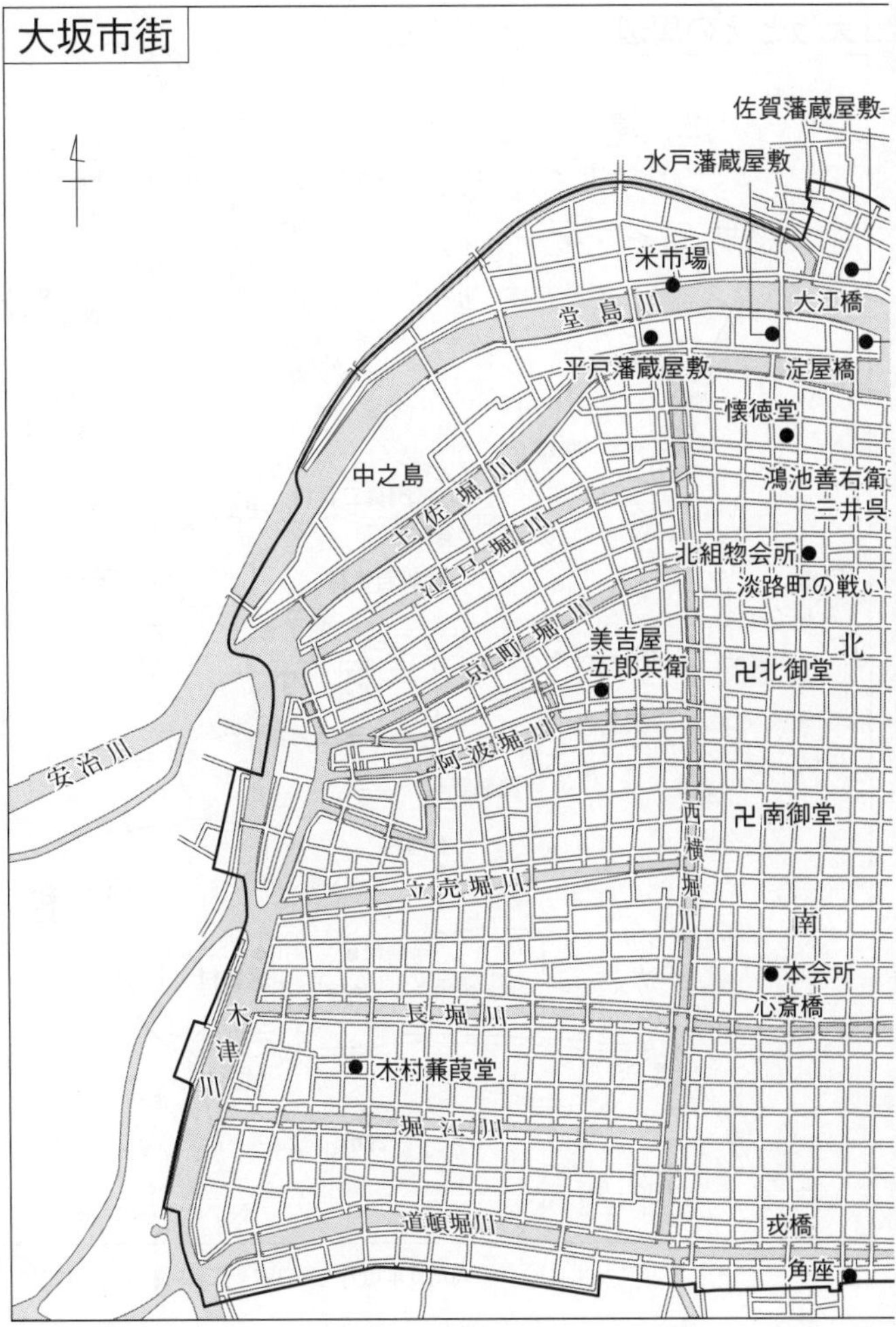
大坂市街
佐賀藩蔵屋敷
水戸藩蔵屋敷
米市場
大江橋
堂島川
平戸藩蔵屋敷
淀屋橋
懐徳堂
中之島
鴻池善右衛
三井呉
土佐堀川
江戸堀川
北組惣会所
淡路町の戦い
京町堀川
美吉屋
五郎兵衛
北
卍北御堂
阿波堀川
安治川
卍南御堂
西横堀川
立売堀川
南
本会所
心斎橋
長堀川
木津川
木村蒹葭堂
堀江川
道頓堀川
戎橋
角座

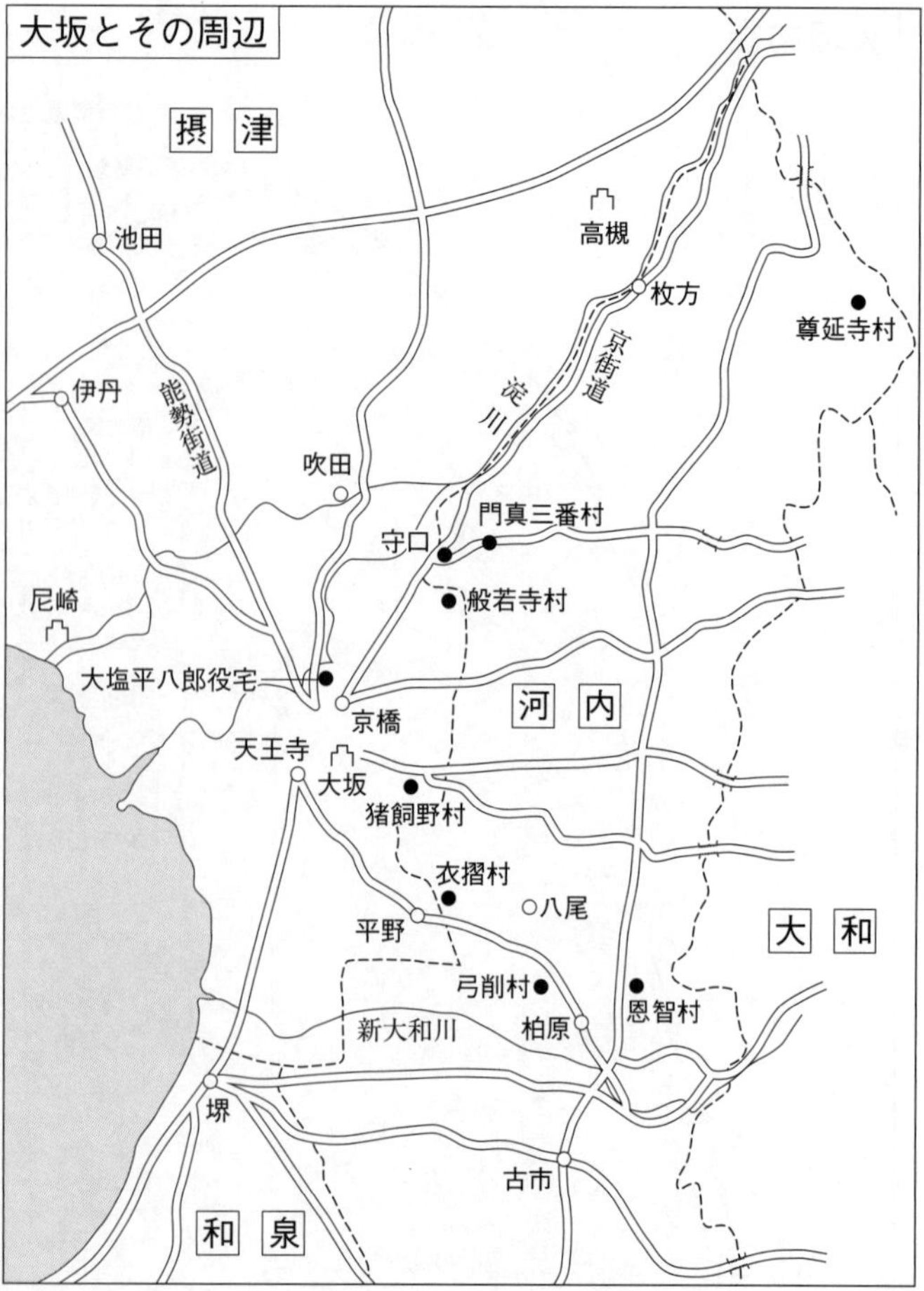

『角川日本地名大辞典27　大阪府』をもとに作成

大塩平八郎の乱

序章「大坂大変」

幸田成友と石崎東国

「大阪は天下の台所である、然《しか》り台所であって書院又《また》は広間では無いが、台所の一小事は一家の煩《わずらい》となり、大阪に生じた異変は海内《かいだい》に波動する」

これは、明治四十三年（一九一〇）一月、東京の東亜堂書房から文学士幸田成友《こうだしげとも》著として出版された『大塩平八郎《おおしおへいはちろう》』（原題は『大鹽《おおしお》平八郎』）の緒論の冒頭である。巻末の出版目録に、幸田露伴《ろはん》著として『工芸新意論』『小説はるさめ集』を載せるが、成友はその露伴の実弟である。

近刊として伊藤痴遊《いとうちゆう》『正伝西郷南洲《さいごうなんしゅう》』を載せることから、同書房の偉人伝シリーズの一つであったことは明らかであるが、「自序」にはこうある。「大阪の人大塩中斎《ちゅうさい》は一代の偉人なり、前人其伝を草するもの数部を下らずと雖《いえど》も、私に按《あん》ずるに、史料の捜索を忽《ゆるがせ》にし、事実の真偽を詳《つまびらか》にせず、是《これ》を以《もっ》て過褒過貶《かほうかへん》当らざるに似たり」。古めかしい表現だが、伝記として信頼するに値しないと断じているのである。だから、帝国大学文科大学で史学を修めた自分が書くのだ、との自負が見え隠れする。

「著者久しく大坂に在り」と自序にあるように、明治六年（一八七三）東京に生まれた幸田は、二九歳（数え年。以下同様）の若さで『大阪市史』編纂《へんさん》の重大任務を任され、しばらく大阪に赴任していた。来阪は明治三十四年（一九〇一）のことで、市史編纂事業を円滑に進めるべく書籍商組合事務所内に大阪史談会が創立された。当時の大阪を代表する文化人、村《むら》山竜平《やまりょうへい》や藤沢南岳《ふじさわなんがく》らが発起人となり、幸田と鹿田松雲堂《しかたしょううんどう》二代目静七《せいしち》が幹事となった。鹿田の死去に際し幸田は小伝を寄せ、「（本業の書籍商のほかに）大塩中斎、尾崎雅嘉《おざきまさよし》、萩原広道《はぎわらひろみち》、木村蒹葭堂《きむらけんかどう》、山川正宣《やまかわまさのぶ》等名家の薦事《せんじ》（顕彰）を行ひ、建碑を首唱し、数々図書展覧会を開きて埋没せる古典の真価を発揚し、又大阪史談会保古会《ほうぐかい》を創立して旧時の保存を図るなど功績一にして足らず」と記している（四元弥寿《よつもとやす》『なにわ古書肆鹿田松雲堂五代のあゆみ』）。江戸後期から続く古書籍商の協力は、幸田にとって大きな手助けとなったと思われる。

『大阪市史』の本編と史料編・付図・索引の刊行が明治末年から大正初年であることを見る時、明治四十三年の『大塩平八郎』の出版は、いかに幸田が、大塩平八郎について書きたかったかを物語る。そこには鹿田ら、「大塩の乱」の記憶を共有する大阪人の影響が考えられる。大塩の乱は当時、まだ「生きていた」のである。その結果、「挙兵より自滅に至るまでの平八郎を知るに足る書物は随分多いが、彼が幼年より挙兵に至るまでの履歴を書いたものは極めて少《すくな》く、偶々《たまたま》有っても真偽混淆《こんこう》で信じ難い」という判断になったと思われる。大塩の「乱」ではなく、大塩の「人となり」を描くことが幸田の最大の目標となった。

こうして稗史《はいし》列伝ではなく、歴史学としての大塩平八郎研究はスタートしたが、その後、洗心洞後学《せんしんどうこうがく》と自称した石崎東国《いしざきとうごく》（生まれは茨城、生年は幸田と同じ明治六年）が大正九年（一九二〇）、『大塩平八郎伝』を著し、「彼が幼年より挙兵に至るまでの履歴」を「年譜」としてまとめ上げた。巻頭に写真版で載せられた「大塩先生檄文《げきぶん》真文」は、「自分は多年心掛けているが、いまだ檄文の原物を見たことがない」という幸田を驚かせた。その逸品、大塩家菩提寺《ぼだいじ》成《じょう》正寺《しょうじ》に巻物として現存する。箱書に自筆で「大正八年十二月洗心洞後学石崎東國」とあり、どこかで石崎が入手したのである。それを見て幸田は「一方に大いに悦《よろこ》ぶと同時に、他方に少からず遺憾《いかん》を感じた。それはこの稀有《けう》な史料に対する説明が欠けているからである」（「大塩乱の檄文と施行札《せぎょうふだ》」）とコメントするが、悔しさが滲《にじ》み出ている。檄文は『塩逆述《えんぎゃくじゅつ》』『塩賊騒乱記《えんぞくそうらんき》』などの「見聞書風説書」の類《たぐい》に写されていて内容を承知していた幸田だが、「大塩の乱」を語る上で最高の資料原物の発見は、特筆されるものであった。

幸田が、「彼が幼年より挙兵に至るまでの履歴」として何よりも求めたのは、日記である。「日記があれば絶好の材料であるが」と記す通りである。しかし大塩の日記はなく、そこで幸田は代わって大塩の書簡に注目し、一四通を『大塩平八郎』に付録として収めた。その一つを口絵として巻頭に配したが、それは現在、「大塩の清廉潔白を示す史料」として知られる逸品である（相蘇《あいそ》一弘『大塩平八郎書簡の研究』）。

大塩の書簡一四通はその後、石崎東国の『洗心洞尺牘集《せきとくしゅう》』（一九一九年）には九四通に増える。石崎は『大塩平八郎伝』で書簡三五通を部分的に紹介しているが、その底本として別に『洗心洞尺牘集』を編集していたのである。しかし未完のため、その全容を確認した人はいない。正確に言うなら二〇〇三年、相蘇一弘によって『大塩平八郎書簡の研究』が発刊されるまでは。全三冊からなる同書には、『洗心洞尺牘集』に収録されたものも含め、じつに一九一通の書簡が収められている。一九一〇年の一四通、一九二〇年の三五通を経て、二〇〇三年には一九一通に到達しているのである。「ここまで来たらもう大塩と心中するしかない」（「大塩と私」）と書く相蘇の生涯をかけた労作である。

まさか大塩が！

こうして「彼が幼年より挙兵に至るまでの履歴」の解明は、一つの到達点を迎えるに至った。その反面、後景に退いたのは「挙兵より自滅に至るまで」の経緯である。大塩の乱に関する見聞書・風説書を排する幸田が、『大塩平八郎』で「大塩乱の研究に屈強なる材料」の三部作として挙げたのは、「評定所吟味《ひょうじょうしょぎんみ》伺書《うかがいしょ》」「玉造組与力同心《たまつくりぐみよりきどうしん》働《はたらき》前明細書《まえめいさいしょ》」と『咬《こう》菜秘記《さいひき》』である。

幸田は、これらの資料が「従来の大塩平八郎伝に引用されて居《お》らぬは遺憾至極である、否《いな》寧《むし》ろ不思議千万と言わねばならぬ」と言うが、歴史家としては当然の態度であろう。今日「評定所吟味伺書」は、『大塩平八郎一件書留』（国立史料館編、以下『書留』）として公刊されているが、幕府評定所が審理した乱の裁判資料である。それに対して「玉造組与力同心働前明細書」は、大塩の乱を壊滅に追い込んだ大坂城 定番《じょうばん》玉造組の与力・同心が、その「働前」つまり功績を長官である定番に報告した報告書である。これが史料となって、与力・同心のなかに表彰された者がいることは、『書留』にも詳しい。

乱である以上、処罰された者と、褒賞された者がいる。敗者と勝者がいる。勝者の筆頭が、城方《しろかた》与力坂本鉉之助《さかもとげんのすけ》（乱の当時四七歳）であるが、「明細書」には彼の手紙が添えられ、伴信《ばんのぶ》友《とも》編『浪華《なにわ》 緑林《りょくりん》』に収められたものを幸田は利用した。その詳細は後述するが、『咬菜秘記』もまた坂本（号咬菜軒《こうさいけん》）の著述である。「固《もと》より他人に示すべき積《つもり》でなき故、表裏明暗遠慮会釈《えしゃく》なく書いてある」と幸田は記すが、原本はなく、写本しか残されていない（国会図書館蔵）。しかし、大塩軍と大坂市中で交戦し、敗走させた人物であるだけに、その証言には迫力がある。「挙兵より自滅に至るまで」の資料として、幸田が着目したのも肯《うなず》ける。

その『咬菜秘記』で坂本は、乱についてこう触れている。

　然る処《ところ》二月十九日の大変同人所存一円合点《がってん》の得ぬ事にて、ケ様《かよう》の事致すべくとは夢さら覚悟申さず驚き入《いり》候《そうろう》。

まったくの予想外であった、というのである。

『咬菜秘記』は冒頭、自分が大塩に初めて会ったのは文政四年（一八二一）の四月頃と、乱の一六年前に始まる大塩との交遊を想《おも》い起こす形で記述されるが、乱の当日の朝、「大塩が大砲を射ち、乱妨《らんぼう》している」との報に接してもなお「他の人ならともかく、大塩はそういうことをする人ではない」と否定していたことを率直に記す。しかし、銃撃戦を通して首謀者が大塩その人であることは明白となり、さらに合戦の勝敗が決することで坂本はやおら「平八郎が徒党を企てたのは」と、その理由を探し出して述べるのである。

しかし当時、「大坂大変」が大塩の仕業だと想定できなかった知人・関係者は少なくない。それほどに大塩を知る人にとっても「大塩の乱」は、意表を突く事件であった。「大塩の乱」とは何よりもまず、そこに大きな特徴がある。

京都で出火の報を聞いた老学者猪飼敬所《いがいけいしょ》（乱の当時七七歳）は二月二十七日、四〇歳ほど年下の友人、大和《やまと》（奈良県）の谷三山《たにさんざん》（高取《たかとり》藩の儒者。同じく三六歳）に宛《あ》てて書状を送っている。その中で、「門下生の言うには、昨日の大火は天満《てんま》与力屋敷より出火したとの報せ《しら》を得た。大塩が災難に遭ったただろうから、一昨年の夏から音信が絶えていたので、この機会に見舞い状を送ろうと思った」と記している。大塩を被災者と考え、見舞おうというのである。

しかしその後、各所から届く報せによって乱の首謀者が大塩自身で、大騒動になっていることを知る。鎮火後、大塩平八郎はじめ主だった首謀者の行方《ゆくえ》が分からないとしてつぎのように言う（『猪飼敬所先生書柬集《しょかんしゅう》』日本芸林叢書第四巻）。

大坂御陣二百年来ニテ甲冑《かっちゅう》ヲ見ル。逆罪誅《ちゅう》ヲ容《い》レズ、其家ヲ滅《めっ》シ族類門人ニ禍《わざわい》及ブ、
如何《いか》ナレハ如此《かくのごとく》ニ到《いた》ルヤ。

決死の覚悟で行ったのに逃亡するとは何事か。大坂の陣（一六一四、一五）以来二百年絶えてなかった合戦が行われたが、逆賊となることで、大塩と門人たちはそれぞれ家を滅ぼし、親類縁者にも禍が及ぶこととなるが、どうしてこんなことをしたのか——。

首謀者と判明した途端、手のひらを反すように大塩を酷評し、指弾するのは猪飼一人ではない。九州の豊後《ぶんご》日田《ひた》の儒者広瀬淡窓《ひろせたんそう》（乱の当時五六歳）の許《もと》にも三月八日、「大坂大変」の報が届いている（『大分県先哲資料叢書』）。その後、大塩が自害した三月二十七日の二日後、「懐旧楼筆記《かいきゅうろうひっき》」二十九日条に「大阪乱アルコトヲ聞ケリ」として、元町奉行所与力で能吏の評判があったこと、飢饉《ききん》下での窮民への施行、蜂起《ほうき》、敗走後の潜伏と自死に至る経緯を詳しく記し、こう結ぶ。「其作リシ檄文ヲ見タリ。自ラ湯武《とうぶ》ニ比シタリ。是《これ》失心スルニ非《あらず》ヤ」（『淡窓全集』）。檄文に「湯武の勢、孔孟《こうもう》の徳はなけれども」と出る一節を踏まえての、儒学者ならではの非難である。

「大塩様」

その一方、猪飼敬所が「大塩ハ大阪町人皆《みな》服シ居《おり》候故、丸焼《まるやけ》ニ合《あい》候テモヤハリ大塩様ノ御《お》

働《はたらき》ニテ世直リ申《もうす》ベシト悦《よろこび》居候」と書いていることが注目される。家が火災に遭っても大塩のお蔭《かげ》で「世直り」できると喜んだというのである。この「丸焼」、のちに「大塩焼」として瓦版《かわらばん》に載るが、淡窓も、「大塩本《もと》能吏ノ誉レアリ。加フルニ此挙飢民ヲ済《すく》フヲ名トセリ。故ニ大阪ノ人心、後ニ至ツテモ之《これ》ヲ慕ヒ、今モ大塩様ト称シテ、尊崇スル由ナリ」と書き添えている（「懐旧楼筆記」）。名与力としての評判に加え、飢饉で苦しむ民を救おうとしたとして「大塩様」として尊敬されていると不思議がっているのである。

この点で最も人口に膾炙《かいしゃ》しているのは、水戸《みと》藩彰考館《しょうこうかん》総裁藤田東湖《ふじたとうこ》（乱の当時三二歳）が著した『浪華騒擾《そうじょう》紀事』の一節である（大阪城天守閣蔵）。

「大坂市中殊之外《ことのほか》平八郎を貴《たっと》ひ候由」

「大坂のもの申《もうし》候にハ、たとひ銀の百枚が千枚になろう迚《とて》、大塩さんを訴人されうものかと申居候」

銀百枚は、逃亡中の大塩を発見するべく奉行所が出した懸賞金のことであるが、それが千枚になろうとも誰《だれ》も訴え出ないと市中の人々が語っている、というのである。

猪飼敬所も広瀬淡窓も、そして藤田東湖も、当時、名だたる学者として知られている。学者仲間として大塩をそれなりに知っている。その分、大塩の所業への評価は、「奸族《かんぞく》」などと手厳しいが、同時に、現地大坂の町人たちの間での評価が高いことも記し、自分たちの判断との落差を認めている。この評価の落差の大きさも、「大塩の乱」の特徴である。

しかし最大の特徴は、二月十九日の蜂起の以後、大塩の行方が分からなかったことである。その実、大塩は二十四日夜以降一ヵ月余り、大坂市中の一角に潜伏を続けたのであるが、敗軍の将が、自決することなく隠れ続けたのはなぜか。

猪飼敬所は大和・河内《かわち》（大阪府東部）に撒《ま》かれた檄文に触れるとともに「大塩先期《きにさきんじ》、関東、寺社奉行へ其企《くわだて》ヲ届ケ、上《かみ》ノ政《まつりごと》ヲ譏《そし》リ救民ノ為《ため》ニ事ヲ挙《あ》グ」と記している。決起に先んじて大塩が、幕政を批判し、救民のために決起するとの書面を江戸に向けて送ったというのである。もしそれが事実なら大塩は、大坂と江戸の二方面作戦を取っていたことになる。はたしてこの企て、建議書《けんぎしょ》の発見によって事実であることが判明した。大塩は決起前夜の二月十八日夜、江戸に宛てて密書を出していたのである。密書を見出し、全文筆写させて後世に残したのは、伊豆韮山《いずにらやま》の代官江川《えがわ》太郎左衛門英龍《ひでたつ》（乱の当時三七歳）である。大塩は軍事に通じていると聞いていた江川は、乱後の大塩の生死に強い関心を持ち、剣術家斎藤弥九《さいとうやく》郎《ろう》（同じく四〇歳）を大坂に派遣したが、その報告を藤田東湖が直接、弥九郎から聞いたのである。『紀事』と『記事』の二冊が残り、前者は弥九郎の報告（『藤田東湖全集』所収）、後者には弥九郎の報告に加え、東湖が独自に集めた情報も入っており、藩主徳川斉昭《とくがわなりあき》に配慮したものと判断されているが、市中での大塩の評判は『紀事』にしかない（青木美智男『文政・天保期の史料と研究』）。

そんな江川が、偶然、支配地の塚原新田《つかはらしんでん》で、大塩の遺書とも言うべきその書類を入手したのである。韮山でそれを見た斎藤は三月十一日付の書状で「口外しがたい書面」と、師の赤《あか》井《い》源三に伝えている。その書面を伊豆韮山にある江川文庫（代官を世襲した江川家の資料を所蔵する）の中から一九八四年、青木美智男が探し出し、さらに仲田正之によって一九九〇年、『大塩平八郎建議書』として公刊された。密書には「大塩後素《こうそ》建議書」などと表題が付いていたのである。その解説で仲田は、「老中宛建議書では、救恤《きゅうじゅつ》問題に一切ふれていないし、天保《てんぽう》の飢饉とはまったく無関係の感がある」「逆に大塩と江戸との関係のみが、鮮明にみえてくるのである」と記している。これまでの通説では理解できない、という意味である。

この建議書、三月十五日から二十日前の間に幕府評定所に提出されたが、まさに大塩潜伏中のことである。潜伏先の美吉屋《みよしや》五郎兵衛（乱の当時六一歳）の「吟味書《ぎんみしょ》」によれば、退出を求める五郎兵衛に対して大塩は、「いまだ時節至らざるにつき今しばし忍ばせよ」と答えたという。時節とは何かは不明だが、大塩は「何か」を待っていたのである。大塩の乱が起きた天保八年（一八三七）から数えて一五三年後に公刊された建議書は、それに一つの手がかりを与える。

「大塩の乱とは何か」――以下、八章にわたって論じる。

注記　乱の当時、大塩平八郎は数えで四五歳であった。長幼の序を重んじた当時の社会を考慮して、彼と関係の深かった人物については乱の当時の年齢をカッコ内に併記する。

第一章　与力大塩平八郎

二つの肖像

大塩平八郎には、よく知られた肖像《しょうぞう》がある（図1）。大阪城天守閣が持つ摸本《もほん》が教科書などに使われ有名であるが、近年、原本が東北大学附属図書館で見つかった。付属資料から、かつて文人画家富岡鉄斎《とみおかてっさい》の所蔵品であったことが分かる。

脇差《わきざし》を差し、羽織袴《はおりはかま》姿で着座し、その前に測量器（象限儀《しょうげんぎ》）と天球儀（坤天儀《こんてんぎ》）が置かれている。幕府天文方《てんもんかた》に勤める友人間五郎兵衛《はざまごろべえ》（乱の当時五二歳）との交流を通じて天体観測に興味を持ち、「夜は午前二時頃に起きて天体を観測する」という門人林良斎《はやしりょうさい》（讃岐多度《さぬきたど》津《つ》藩家老。同じく三一歳）の証言を想起させる画像で、学者・文人、すなわち洗心洞《せんしんどう》主人としての大塩である。

画中に容斎《ようさい》老人と署名がある。その主の名は江戸の生まれの画家菊池《きくち》容斎。狩野《かのう》派の出身

図1　大塩平八郎の肖像　菊池容斎筆.
東北大学附属図書館蔵

で有職故実《ゆうそくこじつ》（朝廷や武家の礼式・典故）に明るく、「孝明天皇《こうめいてんのう》像」など歴史人物画を得意としたが、「宇治川真景図《うじがわしんけいず》」のような洋風真景画の作例も残している（ベルリン東洋美術館蔵）。美術史家小林忠はその作品の解説で、「幕末・明治初の転換期に際会して、もっとも興味深い反応をした日本画家の一人」（文化庁監修『国宝』3、絵画Ⅲ）と評している。

大塩よりも五歳年長で、乱の当時五〇歳。したがって、同時代人としてこの事件の報に接している。がしかし、二人の間柄はもちろん、本作の制作年代も制作事情も明らかでない。しかし旧蔵者鉄斎には、画の師である大田垣蓮月《おおたがきれんげつ》（同じく四七歳）を通じて大塩を知る機会があった。蓮月尼には乱を起こして逃亡を続ける大塩を激しく責めた長歌が残されているのである（『蓮月尼全集』）。酷評する理由は、洗心洞の門人として連座して投獄され、のち赦《ゆる》された田結庄斎治《たゆいのしょうさいじ》（同じく二三歳）と蓮月尼が特別な関係にあったからである（『大田垣蓮月』の著者杉本秀太郎は、斎治を蓮月尼の実子と記している）。容斎は維新後の一時期、京都に住んでいるので、もしそこで蓮月尼や富岡鉄斎と接点があれば、この肖像を描くことも可能であるが、後考を待つ。

ただしこの肖像画、全国に指名手配された人相書に言う「顔細長く色白き方、眉毛《まゆげ》細く薄き方、額《ひたい》開き月代《さかやき》厚き方、目細く釣り方」とはかけ離れている。

他方、人相書をもとにしたと思われる肖像画もある。裏に大正五年（一九一六）十一月二十四日という日付とともに偉人表彰明珠堂《みょうじゅどう》所蔵の角印を据えた掛幅《かけふく》である（図2）。肖像の上には事績が添えられ、「蔵書ヲ売リテ貧民ヲ賑《にぎわ》シ、又危激《きげき》ノ策ヲ廻《めぐ》ラシ幕吏ト富豪トヲ懲《こらし》メシテ其財ヲ貧民ニ頒《わか》タントス」と乱に触れている。

この容貌《ようぼう》、大坂の医師が描いた随筆『浮世の有様』に収められた「大塩平八郎之相」と似ている。筆者は城方同心糟谷助蔵《かすやすけぞう》。城方与力坂本鉉之助《げんのすけ》の指揮下、当日、乱の鎮圧に当たっ

図2　大塩平八郎の肖像
作者不詳．成正寺蔵

て功績を残した人物である。『浪華騒擾紀事』の情報源も、同じ城方与力本多《ほんだ》為助《ためすけ》であることから判断すると、彼らが人相書の情報提供者ではないかと推測される。

　幸田成友が『大塩平八郎』の改訂（一九四二年）に際し収録した村松笠斎《むらまつりっさい》（乱の当時六六歳）の描く肖像画も、このタイプである。本図には頼山陽《らいさんよう》の遺子聿庵《いつあん》（同じく三七歳）の賛《さん》（絵に書き添える詩文）が付いており、大塩の死後、「先生の霊を慰め」んとして描かれたと記されている。幸田は「中斎の真影を写せるもの」とするが、この図もまた一時期、富岡鉄斎の所蔵となっていた。

　いずれにしても大塩には、与力然とした肖像と、文人面《づら》した肖像の二つのイメージが残されている。見る人によっては「大塩は二人いる」、と言うこともできる。しかし、どちらも大塩平八郎中斎の実像であった。

人生の三変

大塩には、みずからの半生を総括し、陽明学《ようめいがく》を修めるに至った「思想的自伝」として知られる自筆書簡がある。主著である『洗心洞劄記《せんしんどうさっき》』家塾版が上梓《じょうし》されるに及んで天保四年（一八三三）六月、幕府学校昌平黌《しょうへいこう》の教授佐藤一斎《さとういっさい》（乱の当時六六歳）に献呈するにあたって認《したた》めたものである。末尾には「先生の覧《み》られたる後は、復《ま》た林公に転呈せられんことを」と、一斎の師でもある総裁林述斎《はやしじゅっさい》（同じく七〇歳）の名前も出ている。幸田が『大塩平八郎』に引用して載せたことから、大塩の最重要資料の一つとなっている。したがってほとんどの大塩関係図書に紹介されているが、相蘇一弘『大塩平八郎書簡の研究』（以下、『大塩書簡』と略記）には原文・読み下し・現代語訳が解説とともに収められ便利である。

冒頭に、一斎先生の『愛日楼《あいじつろう》詩集』を読み、教えを受けたいと思うようになったが、身辺の事情で上京することができない。そこで書面に僕の志を告げ、教えを乞うものであるとして生い立ちに触れる。「夫《そ》れ僕は本《もと》遐方《かほう》の一小吏なり。只《た》だ令長の指揮に従い、顔を獄訟箠楚《ごくしょうすいそ》の間に抗《あ》げて、以《もっ》て禄《ろく》を保ち年を終え、佗《た》の求め無くして可なり」というのが、その一節である。要するに、江戸から遠く離れた大坂の地方官（与力）として、長官（奉行）の指揮に従い、大小の民事・刑事事件を処理し、俸禄《ほうろく》を得ることで日々を過ごし、他にするべき目標もない、という身上の告白である。

師として仰ぐ中国明代《みんだい》の学者王陽明《おうようめい》（一四七二～一五二八）に「学三変」「教三変」とする説があるので、その影響も見て取れるが、この手紙、真文といい、すべて漢文で書かれ、難解な用語に溢《あふ》れている。幸いにも中国哲学専門家による解説があるので、それを引用する（竹内弘行・角田達朗『大塩中斎』。なお、第一・第二・第三は筆者が補った）。

最初は、十五歳のとき「家譜」を読み、大塩家の祖先が徳川家康《いえやす》に仕えて小田原《おだわら》の役《えき》に出陣し敵将を倒して弓を賜ったことを知った。この事から、功名の志を抱いた（第一）という。

ところが、与力見習いになった彼がみたものは、罪人や小役人ばかりで、口をひらけば出世と金、手にするのは法律書、時の儒者の学問といえば訓詁《くんこ》か詩文で、意に満たないことばかりであった。こうした中で独学を進めている（第二）うちに、明の呂新吾《りょしんご》の著した『呻吟語《しんぎんご》』を読み、道はここにあると悟った。この『呻吟語』から明代を代表する学問・陽明学を知った。かくして中江藤樹《なかえとうじゅ》・熊沢蕃山《くまざわばんざん》・三輪執斎《みわしっさい》ら日本陽明学の学統から、王陽明の主著『古本大学《こほんだいがく》』・『伝習録』等の著作の研究をとおして、道を自己の外に求める、いわゆる「外求《がいきゅう》の学」から一変した（第三）。自己の心中の誠意を求めて、陽明の言う「良知《りょうち》を致す」工夫に邁進《まいしん》した。あわせて吏務に尽力し、虚名を得ることとなった。

この背景には、大塩家の宗家にあたる尾張《おわり》藩大塩家、輸入品である『呻吟語』を大塩に紹介した書籍商、与力として虚名を得る機会を与えた町奉行など、現実の人間関係が存在する。

脱与力化

当時、大塩は四一歳、すでに養子格之助《かくのすけ》に跡番代《あとばんだい》（与力職）を譲って三年、洗心洞主人として文人生活の真《ま》っ只中《ただなか》にいる。その地点から回想して記していることに留意する必要があるが、一貫して大塩が、意識の上で与力社会からの離脱、すなわち「脱与力」化に努めていることが窺《うかが》われる。

そのきっかけは家譜を見たことで、与力生活を「恥」とする思いが生まれた。日々接するのは「赭衣《しゃい》罪囚」と「府吏胥徒《しょと》」、つまり赤い服を着た囚人とそれを懲《こ》らしめる小役人（与力・同心）のみ。しかも与力・同心の中には「未だ嘗《かつ》て学問する者あらず」。それでは「笞《ち》杖《じょう》」（刑罰の道具である鞭《むち》と杖《つえ》）の下にいる囚人と自分たちとの間にどれほどの差があるのか、という疑問が湧《わ》き起こる。大塩は、それを「赭衣一間の罪」と呼び、その克服、並の与力からの脱却、すなわち脱与力化を目指す。

その過程で、思いがけず「虚名を得ることとなった」というが、それは三大功績事件を指している。この事件について大塩は、「辞職詩 并《ならびに》序」（「招隠詩《しょういんし》」ともいい、『洗心洞劄記附《ふ》録《ろく》』に載る）という一文を残している（これも幸田本に収める）。与力を辞める直前の文政十三年（一八三〇）、三八歳の時である。その意味で、「辞職詩并序」と「一斎佐藤氏に寄せる書」は相まって、町奉行所与力としての大塩の変身と奮闘を語って余りある。

たしかに与力は、一五歳前後に跡番代としてデビューし、御用日見習《ごようびみならい》（御用日は、月に六度ある両町奉行による審理の日）を皮切りに、与力の階梯《かいてい》を三〇年余の歳月をかけて上っていく。その年功序列型の秩序は、年に二度（年頭と八朔《はっさく》）発行される「浪華御役録《なにわおんやくろく》」という民間発行の人事録に示されている。大塩も例外ではなく、「御役録」を繰ると、彼の経歴が自動的にわかってくる。裏面には、天満川崎町《てんまかわさきちょう》一帯に並ぶ役宅が絵図として載る。与力六〇軒が凝集しているが、養子格之助が隣家の西田《にしだ》家の出自であるように、相互に姻戚《いんせき》関係が入り組み、まさに「個」が集団の中に埋没している。それが町奉行所与力の社会である。その生身の感覚を踏まえ、そこからの離脱、脱与力化を目指して大塩は奮闘していたのである。

幸田本が出たのは一世紀以上も前のこと。その後、相蘇の『大塩書簡』が出ることで、かつて森鷗外《もりおうがい》が「大塩に関した書籍の中で、一番多くの史料を使って、一番精《くわ》しく書いてある」と評した地位は、幸田の『大塩平八郎』から相蘇本に移っている。しかし、焦点が大塩にあることに変わりはない。したがって、大塩の解像度は高まったが、周囲の与力社会が一向に明らかとなっていないという問題は際立つ。以下、そのいくつかを取り上げ、検討する。まずは大塩が見た「家譜」とは何か。

「家譜」とは何か

一九八〇年代以降、大塩と同じ東町奉行所与力八田《はった》家の史料が大量に出たことで、町方《まちかた》与力の実態は、幸田の頃と比べて格段に明らかとなった（八田家文書は、大阪商業大学・神戸市立博物館・九州大学などに所蔵されている)。それによれば、八田家も含め与力にとって「家譜」は普遍的なものではない。史料として共通するのは、親類書《しんるいがき》と由緒書《ゆいしょがき》である。

東西それぞれ三〇家で構成される与力は地付きの武士で、大名家のように譜代《ふだい》の直臣《じきしん》(譜代席)ではない。頭《かしら》(長官)である町奉行が江戸から着任するたびに、臣従の儀礼を繰り返すことで地位を保証される抱席《かかえせき》である。大塩自身それを知っていたことは、天保三年(一八三二)の書状に「倅《せがれ》(格之助)御抱入席」と述べていることから分かる(『大塩書簡』)。江戸も京都も大坂も、与力である以上、同じであったが、臣従儀礼の中心は親類書の交換である。『大坂東町奉行所与力公務日記』によれば、明和《めいわ》五年(一七六八)三月、旗本《はたもと》室賀《むろが》源七郎の町奉行拝命を受けて、五月、江戸から室賀の親類書が届けられ、与力一同に披露される。それに対し七月四日、与力たちは着坂した室賀に御目見《おめみえ》を済ませると、二十日、親類書と役《やく》筋勤書《すじつとめがき》提出の指示を受ける。書き方を確認した上で提出し、二十八日、組中《くみちゅう》与力全員の誓《せい》詞《し》(誓約書)、役職ごとの誓詞血判が行われ、儀礼は終わる。

「役筋勤書」は、諸御用調役《しょごようしらべやく》以下地廻役《じまわりやく》までの業務マニュアルであるが、「親類書」は、現役与力当主の家族情報である。東組与力田坂幸昌《たさかゆきまさ》の親類書(嘉永《かえい》五年〔一八五二〕石谷因《いしがやいな》幡守《ばのかみ》初入《しょにゅう》の節以後に提出)が残されている(大野正義編『大坂町奉行與力史料図録』)が、先祖源右衛門から玄祖父・高祖父・曽祖父・祖父・父そして自分に及ぶ七代の継承を記した上で、実方・養方の姻族・兄弟姉妹を記している。田坂の場合、先祖源右衛門は寛永《かんえい》十七年(一六四〇)、町奉行曽我丹波《そがたんば》の時に与力となっている。注目されるのは冒頭に本国三河《みかわ》、生国摂津《せっつ》と書かれていることで、先祖源右衛門の先代か、それ以前の先祖が三河武士であったことが示唆《しさ》されている。

同様に本国と生国が書かれている人事資料がある。由緒書である。『大坂町奉行所与力留書・覚書拾遺』には、中島《なかじま》家・近藤《こんどう》家・八田家の由緒書が収録されているが、作成の契機は親類書と異なる。幕府の直接の指示である。

享和《きょうわ》三年(一八〇三)五月付「由緒書控」には、月番与力から組触《くみぶれ》として回された由緒書の雛型《ひながた》と並んで、それが達書《たっしがき》とともに江戸から届けられたことを伝える文面が載せられている。そこには先に提出された由緒書に加筆したものを返却するので、美濃紙《みのがみ》に清書して三月上旬までに提出するようにとある。つまり由緒書は幕府への提出物で、「御目見以下末々までの由緒書」と称され、享保度《きょうほう》と宝暦度《ほうれき》にも差し出されたことが付記されている。

早川《はやかわ》家の事例から宝暦度は宝暦五年(一七五五)十二月と分かるので、享和三年(一八〇三)の提出は四八年ぶりのことである。享保度については八田家文書の一つ『金言抄《きんげんしょう》』という史料に、享保四年(一七一九)として由比《ゆい》家の由緒書が載せられている。宝暦までの間は三六年であることから、由緒書の提出は不定期であったと判断できるが、幕府への提出が義務付けられたものである点は注目される。当然、大塩家も代々、提出したことと思われる。

はたして天保六年(一八三五)四月の知人平松楽斎《ひらまつらくさい》(乱の当時四六歳)宛書簡に、由緒書を目《め》付衆《つけしゅう》に提出したと出る。がしかし大塩は、家譜にこだわる。

古参と新参

享和三年（一八〇三）時に示された雛型は、本国・生国と並んで、高祖父・曽祖父・祖父・父・本人の五代の記載である。しかし同二年十二月付で作成された八田家由緒書（『人坂町奉行吟味伺書』）は、元祖・先祖が加わり七代に及んでいる。元和《げんな》五年（一六一九）、先祖八田五郎左衛門が仕えていた久貝《くがい》忠左衛門が初代町奉行となることで与力となり、一代前の元祖は、権現様《ごんげん》（徳川家康）の代に三河で土蔵番をしていたとある。本国は常陸《ひたち》とあるので、その前史もあると思われるが、「権現様の代」に言及することは与力の由緒として重要であった。それは『金言抄』（後述）にも確認できるが、八田家の由緒書はまさにそうである。大坂町奉行の創設とともに与力として着任した八田五郎左衛門家は、正真正銘、最古参の与力である。

設置当初、与力は奉行と同じく地方知行《じかたちぎょう》として河内国内に与えられており、総計一万六〇〇〇石。東西奉行が各三〇〇〇石、与力東西二五騎に各五〇〇〇石、一騎あたり二〇〇石というものであった。町奉行には急な御用の際に軍事的な役に就くことがあり、与力にもその覚悟が求められていたからという（渡辺忠司『大坂町奉行所異聞』）。

寛永十二年（一六三五）、東町奉行所与力が幕府から借金したリストが残り、与力数三五騎のうち東組八田五郎左衛門元祖のような注記があるのは一三家に過ぎない。それ以外は、入れ替わりで新たに与力職に就いたのである。寛永十七年に与力となった田坂は、その一人である。

当時、西の与力が三〇騎であったから合計六五騎となるが、慶安《けいあん》元年(一六四八)、定員が三〇騎に固定される。騎数に劣らず変化したのは、元禄《げんろく》四年(一六九一)の知行の俸禄への切り替えである。親類書と由緒書には、現米八〇石(二〇〇石の四ツ物成《ものなり》、すなわち四〇%の実収)とある。泰平の世となり、市中の治安維持と訴訟処理が主要な任務となることで、俸禄支給に変わったのである。このような変遷のなか、大塩家はいつ町奉行所与力になったのか?

大塩家の菩提寺成正寺の住職有光友逸《ありみつゆういつ》師によって、過去帳や墓碑などをもとに大塩家の系図が復元されている(「大塩中斎の家系略図と墓碑の所在」)。それによれば与力大塩家は、初代六兵衛成一、二代波右衛門、三代喜内、四代左兵衛、五代助左衛門(喜内の弟)、六代政《まさ》之丞《のじょう》成余《なります》、七代平八郎敬高《よしたか》、八代平八郎中斎となる。しかしすべての当主が与力職を全うしたのではないことは、父敬高が平八郎七歳の時に早世し、八代平八郎が祖父政之丞の死とともにバトンを受けたことから分かる。文政元年(一八一八)、二六歳の時である。父平八郎敬高が祖父政之丞とともに御役録裏面役宅図に見えるのは、天明《てんめい》六年(一七八六)から寛《かん》政《せい》十年(一七九八)の間わずか一三年に過ぎない。

祖父政之丞は、享年から逆算すると宝暦元年（一七五一）生まれ。明和元年（一七六四）の御役録には、揚羽蝶《あげはちょう》の家紋の下に助左衛門・政之丞とある。さらに享保十三年（一七二八）の大坂武鑑《ぶかん》（大坂城代以下、在坂役人の名鑑）や元文《げんぶん》四年（一七三九）・延享《えんきょう》年間（一七四四〜四八）の御役録には、三代喜内の名が見える。しかし四代左兵衛の名を確認する史料はなく、三代と四代の没年が近接していることから、四代は七代同様、与力在職の途中で死んでいる可能性が高い。

問題はそれ以前だが、参照するべき大坂武鑑・御役録がない。幸い、名古屋の大塩宗家に伝わる系譜に、承応《じょうおう》二年（一六五三）九月、初代六兵衛成一が、町奉行松平隼人正《まつだいらはやとのかみ》の下で与力となったとある。寛文《かんぶん》十一年（一六七一）に五〇歳で死去していることから、三二歳での来坂である。初代六兵衛は、定員三〇名のうち欠員を補充する形で与力となったのであろうか。その後、三代喜内に継ぐには、年数的に見てもう一人波右衛門（二代）が不可欠である。元禄八年（一六九五）刊行の「公私要覧」（市勢要覧の一種）の役宅図にその名が載る。勘案するに平八郎以前、与力職をそれなり勤め上げたのは、初代・二代・三代・五代・六代の五人と推定される。この間、役宅には移動があった。二代波右衛門の当時、役宅の左隣は西田家でなく丹羽《にわ》家である（保田恒雄「大坂町奉行所与力身分の継承」）。その丹羽家が川崎堤筋に移ることで、大塩家は西田の隣に移動し、平八郎の時代まで続くこととなる。

尾張宗家と阿波稲田家

元和五年（一六一九）に町奉行職の設置とともに与力となった八田五郎左衛門家と比べると、大坂大塩家のスタートは一七世紀半ばと新しい。新参者の部類に入る。当然それは親類書や由緒書に記されるので、与力仲間の間では周知の事実であろう。

しかし大塩にとっては「家譜」である。この意識、大名家家臣である尾張宗家なら理解できる。大坂大塩家と尾張宗家との関係は、幸田以来、十分に明らかにされていることであるが、なかでも平八郎自身による養子願は注目される。

文政九年（一八二六）十一月の本家波右衛門宛書状で大塩は、「小身ものながら元祖波右衛門様より当私まで血脈相続」する者として養子を願いたいので、いずれ拝謁し、元祖が神《しん》君《くん》家康公から賜った弓を拝見する機会を得たいと記す。

相蘇によれば、このたびの願は二度目で、初回は文政五、六年頃という。理由は実子がなく、本人の健康状態が悪化していることにあった。しかし頭《かしら》（奉行高《たか》井《い》実徳《さねのり》）の許しが得られず、このたびの出願になった。今後三年ぐらいは現役で頑張るので、それまでに養子を引き取ることが叶《かな》えば、「当地の勤向《つとめむき》」つまり町方与力の勤務修得とともに「文武の芸道」を鍛錬させたいと結んでいる。この一節、与力にとって何が必要か、語られており興味深い（後述）。当時三四歳ということで言えば、「脱与力」化の仕上げとして宗家からの養子取りは構想されたのではないかと思われる。

初代成一の前が元祖波右衛門義勝《よしかつ》であるが、両者の間柄が父子か兄弟かで記録に齟齬《そご》がある。元祖については官撰《かんせん》の尾張藩士系譜「士林泝洄《しりんそかい》」に「元和以後新参衆《しんざんしゅう》」として記事があり、大坂の陣ののち、松平忠輝《ただてる》（家康の六男）の改易《かいえき》後、尾張藩祖徳川義直《よしなお》（同じく九男）に召し出され、馬廻衆《うままわりしゅう》として仕え、二〇〇石を賜ったと出ている。八田家の由緒書に倣って言うなら、元祖波右衛門義勝である。この記事からも宗家に家譜があったのは明らかなので、その写《うつし》が大坂大塩家にあれば、大塩が「家譜を見た」ということは許される。

その一方、祖父政之丞が、阿波《あわ》藩筆頭家老で洲本城代《すもとじょうだい》を勤める稲田《いなだ》家の家臣（居住地名を取って猪尻衆《いのしりしゅう》と呼ばれる）の出身であることを知っていたことを考えると、「家譜を見た」には強い意図が感じられる。

政之丞は真鍋《まなべ》元右衛門の子として生まれ、同じく稲田家家臣で用人《ようにん》であった塩田鶴亀助《しおたかきすけ》の養子となるが、鶴亀助の娘が大塩家四代左兵衛に嫁いでいる。左兵衛の没後、実子がなく、叔父助左衛門が五代目を継ぐが、そこでも子がなく、左兵衛の妻の実家である塩田家に養子として入っていた政之丞が、六代目として大塩家を継ぐ。その結果、外様《とざま》大名の陪臣《ばいしん》（直臣の家臣）と姻戚関係を結ぶが、町方与力の社会では珍しいことではない。まずは同僚に相手を求め、周りに適当な相手がいなければ、周囲の武家に婿養子を求める例が少なくないからである。大塩が、政之丞の実兄真鍋市郎の婿（長女の夫）である阿波国脇町《わきまち》の三宅《みやけ》小一郎・弘《ひろむ》父子との間で頻繁な書状の遣り取《やと》りをしていたことは『大塩書簡』に明らかである。

しかし、御三家尾張藩の直臣が相手となると破格である。正体不明の「家譜」がその目を開き、神君家康から拝領した弓が、その心を広げた。文政十三年（一八三〇）九月、与力を辞め、名古屋の宗家に弓の拝見を願う書状で大塩は、いまは亡き祖父政之丞が赴いた時の供連れで訪ねると伝えている。与力大塩家に伝わる伝承を、大塩は強く意識していた。

念願の弓の拝見は、十月七日夜、名古屋訪問で実現し、十四日には大坂に戻っているが、弓蔵修復のため金五〇両の送金を約束している。併せてその場で詠んだ漢詩をその後書き直し、宗家に送っている（大阪歴史博物館蔵）。長詩は、天正十八年（一五九〇）小田原の陣で始まるが、文政十三年から数えて二四〇年前のことである。三大功績に触れて大塩が、「二百年来の御仁恩を報じ」と自画自賛する感覚はすでに備わっている。

文武の芸道

大塩の「脱与力」化の意図は、佐藤一斎宛書簡の他の部分にも認められる。「未だ嘗て学問する者あらず」という、与力社会の捉《とら》え方である。先駆者幸田が書いた「町奉行組の与力同心中には、文学、武芸共に余り行われなかった」という一節は、それに影響されている。大塩には陽明学という「文」、さらに玉造《たまつくり》口与力柴田勘兵衛《しばたかんべえ》に佐分利《さぶり》流槍術《そうじゅつ》を学び、印可《いんか》（免許）を貰《もら》ったという「武」があることが、幸田の念頭にあると思われるが、他の与力・同心たちはどうか、一切考慮されていない。だが、大塩が尾張宗家当主波右衛門宛の書状で述べた「文武の芸道」の鍛錬は、大塩家の養子にのみ期待されていたものではない。当時の与力社会に見られた顕著な傾向である。八田家は、その点でも有力な事例となる。

大阪市史編纂所が大阪市史料として公刊した『大坂東町奉行所与力公務日記』二三輯《しゅう》、『大坂町奉行吟味伺書』三三輯などの記録は、主として八田家の六代五郎左衛門が書き残したもので、時期としては延享～安永《あんえい》年間（一七四四～八一）、一八世紀の中葉に集中している。その内容も、由緒書・名前書・勤書《つとめがき》といった人事記録、公務日記、民事・刑事の裁判関係記録など多岐にわたり、与力の経験知が集大成されている感がある。頭《かしら》である町奉行の実務期間が短く、それに対して与力の家は世襲で、一代の在職期間が三〇～四〇年と長いことから、彼らの側に記録・資料を蓄積し、先例に当てようという意識が生まれたと思われる。その典型が八田家である。

町奉行創設以来の最古参与力である八田家の立ち位置は、文化《ぶんか》四年（一八〇七）、西町奉行所与力服部元春《はっとりもとはる》が記した『金言抄』に示されている。それは町奉行所の設置から寛政末年に至る町奉行所の役職・職務内容の変遷を記したもので、筆者は七代八田五郎左衛門定保《さだやす》。それを服部が借用し写したもので、「実に当職の金言」として名付けた。跋文《ばつぶん》（あとがき）で服部は定保について、与力の激務の間に歴史書や旧記を学び、聖経《せいきょう》（儒学）を読み、推敲《すいこう》し、多くの書物を著し、その教えを私も受けた、と記す。

この七代五郎左衛門定保の由緒書が残るが、文政九年（一八二六）当時、東町奉行高井実徳の下、諸御用調役・寺社役・勘定役・遠国役・御為替方《おかわせかた》・御用金掛を兼務する与力のトップである（『大坂町奉行吟味伺書』）。一五歳で御用日見習としてデビューし、鵜殿和泉《うどのいずみ》以降、高井山城《やましろ》まで一〇代の奉行に仕えた強者《つわもの》。折しも田沼意知《たぬまおきとも》（意次《おきつぐ》の子）政権から松平定信《さだのぶ》政権に移る時期で、家質差配所《かじちさはいしょ》騒動（安永九年）・和泉国一橋《ひとつばし》領一揆《いっき》（天明二年）・大坂打ちこわし（天明三年）・河内佐太来迎寺《さたらいごうじ》異宗一件（天明七年）、代官青木楠五郎《あおきくすごろう》手代処分事件（同年）・唐物《からもの》不正一件（天明八年）などの諸事件に取り組み、江戸表からの称賛に与《あずか》ったと記している。その後、江戸からの武芸免許調に対し、佐分利流槍術、東軍新当流《とうぐんしんとう》剣術、日置《へき》流・道雪《どうせつ》流弓術の免許、起倒《きとう》流柔術は免許皆伝、と回答したとある。町奉行所与力六〇軒の中に、文学・武芸ともに優れた人物のいたことが分かる。

寛政改革と与力社会

江戸からの武芸免許調とは、『続徳川実紀《ぞくとくがわじっき》』（将軍家代々の記録）の天明七年（一七八七）七月条に、文学・軍学・天文学に始まるすべての武芸について、師匠の姓名・流派・年齢・居所などを詳しく調べ、差し出すようにとある施策を指している。翌八年五月の大目付《おおめつけ》宛の指示では「諸向芸術書《しょむきげいじゅつがき》」として毎年提出するようにとあるが、老中松平定信による改革政治の一つ、文武奨励と人材登用策の表れである。折しも大塩が、寛政五年（一七九三）に生まれたことからいえば彼もまた、寛政改革という時代の空気を吸っている。

幸い、大坂・堺《さかい》両奉行所の与力・同心から提出された武芸調書が残っている（大阪市史編纂所蔵）。文化九年（一八一二）十二月付で、大坂の場合、砲術《ほうじゅつ》五名、槍術二名、剣術二名、柔術一名の一〇名が載り、槍術には佐分利流として柴田勘兵衛執立《とりたて》・八田衛門太郎の名が見える。大塩の師として知られる柴田の下に、門人として東組与力八田衛門太郎がいたのである。衛門太郎は大塩の兄弟子にあたるが、当時二〇歳の大塩の名は見えない。その域に達していなかったのであろう。一方、柔術には起倒流として八田五郎左衛門門弟・服部弥太郎（乱の当時二六歳）の名が見え、『金言抄』の跋文が語る師と弟子の関係を証明している。堺は、砲術五名、剣術二名、柔術一名で、どちらも砲術が際立っている。こうして見る時、当時、与力たちにとって「文学、武芸共に余り行われなかった」では済まされなくなっていたというべきであろう。

文化九年（一八一二）の調書は、大坂町奉行・堺奉行の名で大坂城代に提出されたものだが、時の東町奉行平賀貞愛《ひらがさだえ》については大塩自身に言及がある。天保五年（一八三四）十月七日付の佐藤一斎宛書簡に、「彼の学殖は豊かで、常に教えを受けた」と記しているのである。この平賀、目付から長崎《ながさき》奉行となり、その後、文化三年（一八〇六）から同十三年の間、東町奉行を勤めている。その一〇年間は大塩の一四歳から二四歳、「人生の三変」で言えば、「一変」から「二変」に至る期間に相当する。のちに述べる高井実徳との付き合いと並ぶ長期の交流が、頭《かしら》と与力としてあったことからすれば、先の一節は納得できる。とくに気になるのは平賀が、国際都市長崎の奉行を経験していたことである。この出会いも「三変」に含まれていいと思われるが、言及はない。

いずれにしても佐藤一斎に宛てた「三変」説には相当な取捨選択が行われており、吟味なしに鵜呑《うの》みにするのは憚《はばか》られる。

坂本鉉之助の証言

名古屋の宗家に養子願を出す少し前の文政四年（一八二一）、二九歳の大塩は、二歳上の城方与力坂本鉉之助と出会う。槍術の師柴田勘兵衛と坂本は、ともに大坂定番《じょうばん》玉造口付属の城方与力として同僚であったことから、柴田を訪ねた大塩との間に出会いが生まれた。その時のことを回想して坂本は、大塩を「免許の弟子」と記している。文化九年（一八一二）の武芸調書で名の見えなかった大塩は、その後、槍術の位である目録を経て、免許に昇格したのである。

『咬菜秘記《こうさいひき》』によると、二人の交流はつぎのようであった。坂本も学文《がくもん》（儒学を学ぶこと）を志しているので、お互いによき朋友《ほうゆう》となればという柴田の親心が発端で始まり、その後も坂本を伴い柴田は、天満の大塩邸に赴いている。ある時は会うなり、「よくおいで下された。事によると今日は切腹し、お目にかかることができなかったかもしれないが、幸いその仕儀に及ばず、来訪を待ちかねていました」と述べ、坂本を驚かせている。当時就いていた目《め》安《やす》・証文役として扱っていた事件の処理に関わっての苦労話の一コマだが、聞いた坂本は、「時候の挨拶《あいさつ》も済まないうちに、いきなりこうした話をするとは」と驚き、そこに大塩平八郎の人となりが窺えると記している。

その後、一人で訪れた時には、書物なら何でも貸すのでということで坂本は、「武備志《ぶびし》」（明代の兵学書）一〇巻を借りているが、そこで大塩は、「天満組の与力は六十人いるが、一人も学文のできる者はいない」と話す。八田五郎左衛門定保が聞いたら、何と言うだろうか。この発言にも、佐藤一斎に宛てた手紙と同様、町方与力社会からの脱却という想いが強調されている。

この想いを「城方与力は武役の専門」と「町方与力は獄吏《ごくり》」という対比、また「あなたたちの長官は万石以上の大名で家臣にも相応な者がいる」が、「自分の長官は禄高わずか三〇〇俵や五〇〇俵の小身旗本で、譜代の家臣はいない」という対比と突き合わせてみれば、白分の所属する町方与力社会に対するコンプレックスが、お互いの長官の比較にも及んでいることが分かる。たしかに東町奉行平賀貞愛や西町奉行斎藤利道《としみち》らは、俸禄三、四百俵の小身であるが、高井実徳は五〇〇〇石、新見正路《しんみまさみち》（乱の当時四七歳）は八〇〇〇石の知行取で譜代の家臣もいる。その差を無視して「坊主憎けりゃ袈裟《けさ》まで」の酷評は、大塩にとって代々の家職である町方与力がどういうものであったかを暗示する。そのコンプレックスは佐藤一斎に対し、親類書や由緒書でなく家譜を持ち出す意識と通底している。町方与力という下っ端役人の「現実の姿」に対する、文武に通じた譜代の武士という「アイデンティティー」の格闘である。

貧苦

この格闘は、家譜を発見することで始まり、青春をかけた「脱与力」化が進む。さらに文武の鍛錬、独学の歳月を経ることで、その完成へと向かうが、いま一つ大きな障害があった。それは「金」の問題である。

幸田は、当時の与力社会の特質として「与力中の幅利《はばきき》は二千石くらいの生活をした」という元与力関根《せきね》一郎の談話を引いている。大塩ら与力の年収は八〇石と決まっている。景気に一切左右されない固定給である。臨時の功績に応じて褒美として銀貨の支給があったが、中心は八〇石の扶持米《ふちまい》である。一石を一両、一両を一〇万円とすると八〇〇万円になるが、もし役得があれば二〇〇〇石、換算すると二億円にもなるというのである。その誘惑が大塩の前にもあった。

維新後の現役与力の回顧談だけに証言は生々しい。「年頭、八朔には三郷《さんごう》町々または諸株諸仲間から付届けがある、地方役《じかたやく》にでもなるとこれが大分《だいぶん》の額に上る。商業上の訴訟のごときは、和解願下げとなると、きっと原被両方から掛与力同心へ礼銀を持って来る、御用金が済んだといっては掛与力同心へ礼銀を持参する」などなど、「町人の都」大坂の豊かさが与力の懐を潤していくことが指摘されている（幸田成友『大塩平八郎』）。

しかし、この点でも大塩は脱与力化に努めた。坂本が一人で大塩を訪問した折の談話として、「しきりに自分に学文を勧め、学文は貧苦の中でこそ成就するもの」と言った、と記している。この一節、後年（天保元年十二月）の大蔵永常《おおくらながつね》（乱の当時七〇歳）宛の手紙にある「貧の一字さえ堪忍《かんにん》すれば、一生安楽に過ごせる」を彷彿《ほうふつ》とさせる。「貧」は「学文」と並び、脱与力化しようとする大塩にとってキーワードであった。なぜなら与力の中には、「豪家《ごうか》の丁人《ちょうにん》」、すなわち富裕な町人たちと入魂《じっこん》（懇意）にする者がいるからである。

この点をつぎに検討してみるが、頭《かしら》である町奉行自身、大坂着任で懐が豊かになる。小著『武士の町　大坂』で紹介したが、天保十四年（一八四三）六月二日に着任した西町奉行久須《くす》美《み》祐明《すけあきら》は、組の与力・同心との臣従儀礼の後、大坂市中の町役人や蔵屋敷《くらやしき》（諸藩が年貢米・特産物などを保管・取引した場所）から挨拶を受けるが、その時、進物が伴った。とくに約七〇〇人の「町礼」（町数は六〇〇弱）の祝儀進物は夥《おびただ》しく、その精算が済んだのは同月十四日のことで、総計一三四両と日記に記す。知行高三〇〇俵の彼にとっては、信じられない金額である。しかもそれは初入り時の金額で、上巳《じょうし》・端午《たんご》・八朔・歳暮にも町礼があり、惣《そう》年寄《としより》が交替するとその都度、進物が届く。その結果、久須美は「大坂は何事にも進物を差し出すが、それは町人国だからだ」と感慨を込めて記す。

「町奉行、一度やったら辞められない」という声が聞こえてきそうだが、平賀も高井も新見も、東西を問わず、歴代の町奉行はその恩恵に浴しているはずである。

そんな「町人国」のすさまじい金の力を、世襲の与力たちが知らないわけはない。彼らの場合、職掌柄、町人間の金銭出入《でいり》（紛争）が富を生むチャンスであった。幕末の記録だが、東町奉行一色直温《いっしきなおあつ》の史料に「天満与力心得方《こころえかた》ニ付風聞書《ふうぶんがき》」というものがある。「風聞」とは、市中の噂《うわさ》という意味で、のちに見るように大塩ら与力も活用する情報収集であるが、つぎのように記している（以下は要約。寺木伸明・藪田編『近世大坂と被差別民社会』）。

一　天満組の与力の心得は、金額の大きい裁判（出入）を好み、大金の案件なら相談に乗ると持ち掛け、町人は夜毎《よごと》に役宅に出入りし、また相談と称して茶屋や料理屋で接待する。

一　東西の与力で潔白な（金銭に厳格な）役人は、勝部《かっべ》与一郎と八田五郎左衛門で、この他にはいない。

一　内山彦次郎《うちやまひこじろう》・朝岡助之丞《あさおかすけのじょう》・成瀬《なるせ》九郎右衛門・荻野《おぎの》七左衛門・中島豹三郎らは、古参の与力で賄賂《わいろ》も少額では受け取らず、まず百両程度の金額を最初から持ち掛けないと相手にならない。

あくまで風聞であるが、天満の与力社会が構造的に持っていた悪《あ》しき慣習を指弾して余りある。大塩が与力であった頃も、悪徳与力の顔ぶれは弓削新右衛門《ゆげしんえもん》などに変わるが、本質は変わっていないだろう。大塩が「豪家の丁人と入魂いたし」と書くのは、こうした事態を指している。大塩が摘発した三大功績の一つ、奸吏糾弾事件はその典型である。

しかし同時に好漢がいることにも注意したい。その一人が、先述した八田五郎左衛門（おそらく八代目か）であるのは意味深い。ここでも、大塩だけが例外だったわけではないのである。

江戸と大塩

こうして与力社会の実態を検討してみると、自分一人が他とは違う、周囲の与力社会から脱しよう、とする大塩の自意識の強さを感じざるを得ない。とくに八田五郎左衛門という存在を知ることで、その想いは深まる。八田五郎左衛門家は、与力の由緒においても、実務においても、文武の鍛錬においても、そして清廉潔白さにおいても際立っている。それにもかかわらず、同じ東組ながらも大塩からの言及は全くない。完全に無視している。

一方、八田家の豊富な史料には、大塩平八郎に関する記述がない。五代と六代五郎左衛門の時期が、祖父大塩政之丞の時期にあたり、平八郎の活躍する時期とズレているためであるが、なんとも惜しまれる。

大塩の自意識の強さは、手紙の相手が江戸昌平黌の佐藤一斎であることで倍加されていると見ることもできる。そこで考えてみたいのは、大塩にとっての「江戸」である。

二九歳の大塩に初めて会った坂本は、その八年後にも大塩邸に本多為助ら城方与力の刀剣好きとともに、大塩所蔵の銘物《めいぶつ》を見に行く。乱の朝には敵味方に分かれて戦う間柄であるが、当時は知る由もない。この再会の折に坂本は、大塩が一度目を明瞭《めいりょう》に覚えていたのに驚くとともに、「礼節正しく、話も面白く、そのたびに有益なことが多く、文も武も自分よりはるかに優れている」とコメントする。彼の正直な感想と思われるが、同時に、こうも言う。大塩には「妄《みだ》りに政道を是非する癖がある」と。

この癖はどうして生まれたか。わたしはその背景に、大坂と江戸の関係、いいかえれば「大坂で見える江戸」を想定する。小著『武士の町 大坂』の終章で誰が大坂を「町人の都」と呼んだかと問い、それは大坂の町人でも、蔵屋敷を置く西国諸藩の侍でもなく、「江戸の武士」ではなかったかと述べた。具体的には大坂城代（幕府の城を将軍の代理として守衛・管理する役職）や定番（一定期間駐在して城を警護する役職）などの大名、町奉行・川奉行など大坂に任期付きで駐在し、町人との接点の多い旗本・御家人《ごけにん》たちである。与力大塩は平生、そんな種類の人間と接し、「地方の小役人」「町与力で獄吏」と自己規定を繰り返すが、その対極にいる存在である。大坂での彼らのトップは城代だが、その上には老中がいる。大塩は、彼らを通じて「政治の中心」江戸を見ていた。

大塩が、江戸の老中に強い関心を抱いていたことは、天保五年（一八三四）三月十八日付で伊勢津藩《いせつ》の儒者斎藤拙堂《せつどう》（乱の当時四一歳）と平松楽斎に送った書状で、水野忠成《みずのただあきら》の死去に触れていることでも分かる。斎藤らとは主著である『洗心洞箚記』を贈るなど親しい間柄にあったので話題に上るのは不思議ではないが、「哭《な》く者多きか、賀《が》す者少きか、僕未《いま》だ之を知るべからず」という一節は強烈である。忠成は二月二十八日、江戸で死去し、三月五日、大坂では鳴物停止《なりものちょうじ》（歌舞音曲の禁止）の町触が出ているが、その報を聞き、「泣くか、喜ぶか」とは普通の感覚ではない。その水野に代わって本丸に入り、老中となったのは水野忠邦《ただくに》（乱の当時四四歳）。これも三月十日付の町触で知らされている。大坂にいても幕閣の動静はそれなりに伝わってくるが、その程度では「政道を是非する癖」は身に付かない。

老中の大坂巡見

そこで注目したいのは、老中の大坂巡見である。生身の幕閣首班を目にする機会が、大塩らにあったという点である。

相蘇一弘の収集した大塩書簡約一九〇通のうち、その劈頭《へきとう》を飾るのは八月二十九日付で、槍術の師柴田勘兵衛に宛てて、兵庫《ひょうご》・西宮《にしのみや》勤番所への勤務の途次、姫路《ひめじ》藩家中の宝蔵院《ほうぞういん》流師範と手合わせをしたことを報じている。無断での他流試合は、のちに師匠から大目玉を食らうこととなり、九月十八日付の詫状《わびじょう》へと繋《つな》がっているが、血気盛んな青年大塩の一面が見られ貴重な史料である。綿密な考証を宗《むね》とする相蘇は、御役録をもとに文化十四年（一八一七）と推定しているが、「御老中御巡見幷雨天勝」とある一節は、別の年次を特定させる。

なぜなら老中の市中巡見は町触で知らされるが、十四年にはなく十二年七月二十二日に巡見の予定が、そして八月二十二日には大坂出発が触れられているからである（『大阪編年史』）。大塩二三歳、役付きの一年前、御用日見習の身である。東西の町奉行は、老中の市中巡見を差配し、案内する役目を負っているので、奉行配下の与力が知らないはずはない。

しかしより重要なことは、老中の大坂巡見はこの時にとどまらないことである。むしろ結構な回数来ている。それが分かるのは、大坂の銅吹所《どうふきしょ》住友《すみとも》が、老中や大坂城代といった高官の見分に対し常に応接し、その記録を書き留めているからである（今井典子「近世住友銅吹所幕府高官見分応接の儀礼について」）。

実際、文化十二年（一八一五）の巡見は老中酒井《さかい》忠進《ただゆき》によるもので、日付は八月十七〜二十日であった。今井によれば、宝永《ほうえい》六年（一七〇九）〜寛保《かんぽう》三年（一七四三）から幕末の安《あん》政《せい》五年（一八五八）〜慶応《けいおう》三年（一八六七）の間に、計一四回を数える。もちろん大坂城代の四〇回、町奉行の五七回と比べると少ないが、勘定奉行の一一回を超えている。この大坂巡見は、京都所司代《しょしだい》（京都駐在の地方官）が交替した折、老中が上京することが慣例であったということによっている。酒井忠進（若狭《わかさ》小浜《おばま》藩）の場合、寺社奉行を経て、文化五年（一八〇八）十二月京都所司代となり、さらに十二年四月老中に昇進している。

住友の記録によると、大塩の与力在職中、老中の大坂巡見は四度ある。文化四年（一八〇七）の安藤《あんどう》信成《のぶなり》、文化十二年の酒井忠進、文政五年（一八二二）の松平乗寛《のりひろ》、そして文政八年九月の老中水野忠成である。忠成はこの時、大坂城代から京都所司代に昇進した松平康任《やすとう》の事務引き継ぎのために上京しており、大坂に足を延ばしたが、随筆『摂陽奇観《せつようきかん》』（大坂の狂言作者浜松歌国《はままつうたくに》ほかによる記録）に九月二十七日着として見える。そればかりか五月十五日付で大坂城代を命じられた水野忠邦が九月二十五日、忠成と踵《きびす》を接するように大坂に着いている。

もちろんこの二人、そこで面談の機会を持った。「忠邦の大坂城代昇格は忠成の手がけた人事であったから、忠邦も長途の疲れもいとわず忠成をもてなした」（北島正元『水野忠邦』）。この両者には共通性があった。遠江《とおとうみ》浜松《はままつ》藩主であった忠邦は、城代就任とともに遠江の領地一万五〇〇〇石の替地《かえち》を摂津（大阪府北部）・河内・播磨《はりま》（兵庫県南部）に得ているが、沼津《ぬまづ》藩主忠成も老中就任とともに一万石を畿内《きない》で加増されている。いわば役職手当であるが、ミソは、その領地（本国から離れているので飛地《とびち》という）の年貢を抵当に大坂商人からの融資が受けやすくなることである（森泰博『大名金融史論』）。住友を訪れた忠成の場合、家臣の役人が早速、「館入《たちいり》」（出入りの町人）の是非を打診している（海原亮「老中水野出羽守忠成の大坂巡見と住友」）。館入となれば、藩の御用を頼みやすくなるのである。幕府中枢のポストは、「町人の都」大坂という磁場を使って殿様の懐具合を豊かにするチャンスであった。

「青雲之要路」

当時三二歳の水野忠邦は、大坂城代昇進を「青雲之要路」と記している。大坂城代から京

表1　歴代大坂城代とその後の昇進

京都所司代の在職	老中の在職	建議書
文化5年12月～同12年4月	文化12年4月～文政元年7月	
文化12年4月～文政元年8月	文政元年8月～天保8年3月	○
――――	文政6年11月～同8年2月	
文政元年8月～同5年9月	文政5年9月～天保10年11月	○
文政8年5月～同9年11月	文政9年11月～天保6年9月	
文政5年9月～同8年4月	――――	
文政9年11月～同11年11月	天保5年3月～同14年閏9月	○
文政11年11月～天保2年5月	天保2年5月～同7年9月	○
天保2年5月～同5年4月	天保8年4月～同12年6月	○
天保5年4月～同8年5月	天保8年5月～同年8月	
天保8年5月～同9年4月	天保10年12月～同15年10月	

老中の在職は初任時に限る。西丸老中の在職は除いた。

都所司代を経て老中に昇進するのは、重臣譜代大名にとって出世コースの一つであったからである。大坂城代は双六《すごろく》の「上がり」ではない。ゴールの老中に至る一マスだと知ってみると、「大坂の長官」である城代を見る目が変わってくる。

試みに、大塩が与力として出仕して以降の城代と所司代の顔ぶれを見てみよう（表1）。延べ八名が大坂城代に就いているが、そのうち六名が京都所司代に昇進している（土井利位《どいとしつら》もこの後、就任するので実質は七名）。さらにその六名が揃《そろ》って、老中になっている。わずかに酒井忠進と松平乗寛が、寺社奉行から京都所司代を経て老中になっているが、少数派である。その意味で水野が城代昇進を「青雲之要路」と表現するのは、理に適《かな》っている。

こうした出世コースを与力大塩は、仰ぎ見ていたのである。しかも厳しい目で。その厳しさは、建議書が出現することで明瞭となった。乱の直前の二月

譜代大名	大坂城代の在職
酒井忠進	――――
大久保忠真	文化７年６月～同12年４月
松平輝延	文化12年４月～文政５年７月
松平乗寛	――――
松平康任	文政５年７月～同８年５月
内藤信敦	――――
水野忠邦	文政８年５月～同９年11月
本庄宗発	文政９年11月～同11年11月
太田資始	文政11年11月～天保２年５月
松平信順	天保２年５月～同５年４月
土井利位	天保５年４月～同８年５月

グレーは大塩出仕以降の大坂城代。

十七日付で大久保《おおくぼ》加賀守《かがのかみ》ら六名の老中に宛てた書状には冒頭、「一筆啓上 仕《つかまつり》 候、然《しか》らば松平越中守《えっちゅうのかみ》（定信）殿より田沼主殿頭《とのものかみ》（意次）へ申し渡され書の通り、水野出羽守（忠成）見習、邪心を以て上様を惑わし、賄賂公行、賢人退かれ候義は、世間皆々《みなみな》同承知」と、将軍家斉《いえなり》の下での老中水野忠成の賄賂政治に対する非難が記されている。坂本の言う「政道を是非する癖」の全面展開である。

さらに注目すべきは、「各《おのおの》様御同職に御在りながら、一応の御異見《ごいけん》もこれなく、終《つい》に天下の害を引き出し候」として、現職老中の往時の悪事が名指して非難されていることである（表にゴチックで示した）。わずかに無傷は、天保七年（一八三六）九月に老中となった脇坂安董《わきさかやすただ》と、すでに死去している松平康任の二名のみである。

しかもその悪事、「加賀守様所司代の節、御法度《ごはっと》の無尽《むじん》を御催し」、「和泉守様・伯耆守《ほうきのかみ》様ニも、（中略）無縁之町人へ右無尽御企」「越前守様にも去年中、（中略）無尽御企もこれあり」と、無尽疑惑に終始している。この無尽、頼母子講《たのもしこう》と同様、本来は相互扶助的な金融方法で、講元《こうもと》（主催者）の許《もと》で講員が掛金《かけきん》を出し、講会のたびに割戻金《わりもどしきん》を受け取る仕組みである。町人の間で発達したが、武家が利用しようとしたことで不正の温床となった。大小の武家にとって「天下の台所」「町人国」の大坂には、その可能性が満ち満ちている。しかし譜代の大大名のこと、表立って金蔓《かねづる》に手を出せない。そこで町人と与力のペアによる仲介が必要となる。建議書にはこうある。

和泉守様・伯耆守様ニも大坂表において獄門《ごくもん》ニ相成候八百屋《やおや》新蔵、自殺致し候弓削新右衛門等ニ御頼、無縁の町人へ右無尽御企て

和泉守は三河西尾《にしお》藩主松平乗寛（知行高六万石）、伯耆守は丹後宮津《たんごみやづ》藩主本庄宗発《ほんじょうむねあきら》（知行高七万石）、八百屋新蔵と弓削新右衛門は、後述する三大功績の一つ「奸吏糾弾事件」で大塩によって摘発された人物である。彼らの陰に、譜代の重鎮大名がいたというのである。しかもその機会を、大坂城代と京都所司代という役職が保証していた。城代といい所司代といっても、彼らはいずれも大名として、領国の主《あるじ》である。そうである以上、領国経済の成り行きを考え、財政再建を図る必要性があった。そこで大坂で、無尽が利用された。老中として大坂を訪れた水野忠成が、沼津藩四万石の殿様として、その手を使わないわけはない。大塩の目は、それを見抜いている。

三大功績の前夜

建議書の発見者仲田正之は、この書状をはじめとする無尽関係の資料を念頭に「建議書に

みる意外性と無尽」と題する解説を書いているが、その意外性は、「挙兵の目的を示すものは檄文」「富を貧民に分配することを目的」「大坂の現実的問題に的を絞った」と、乱を理解していることに起因する。すべて大坂に偏った見方であるが、大塩には、江戸から城代として派遣される大名や、町奉行などとして派遣される旗本の「殿様」としての裏面が透けて見えていたのである。その手がかりが、無尽であった。しかもこの無尽関係調査は、大久保忠真のように、文化末年の京都所司代時代にも及んでおり、一体、その情報をどうして入手したのか疑問が残る部分もあるが、集中しているのは大塩が盗賊役に就任した文政十年（一八二七）から同十三年正月頃までである。したがってこの無尽調査は、与力大塩の存在と深く関わっている。弓削らを摘発した「奸吏糾弾事件」と同じ時期であるが、活《い》かされることなく大塩は与力を辞めた。したがって不正無尽一件は未完であったことを、新発見の建議書は教えている。

こうした事情を踏まえて文政九年（一八二六）年頭の「御役録」を見る時、一つの発見がある（図3）。最上段の右端に、建議書で指弾された御城代水野左近将監《さこんしょうげん》忠邦がいる。その下段には町奉行として東の高井山城守実徳と西の内藤《ないとう》隼人正矩佳《のりよし》が並ぶ。高井は、大塩が三大功績を挙げる時の頭《かしら》。内藤はのち勘定奉行に昇進するが、一段目の御定番大久保出雲守《いずものかみ》教《のり》孝《たか》と二段目の破損奉行《はそんぶぎょう》（城内外の建築物の管理を担当）一場《いちば》藤兵衛は、ともに建議書で指弾されている。

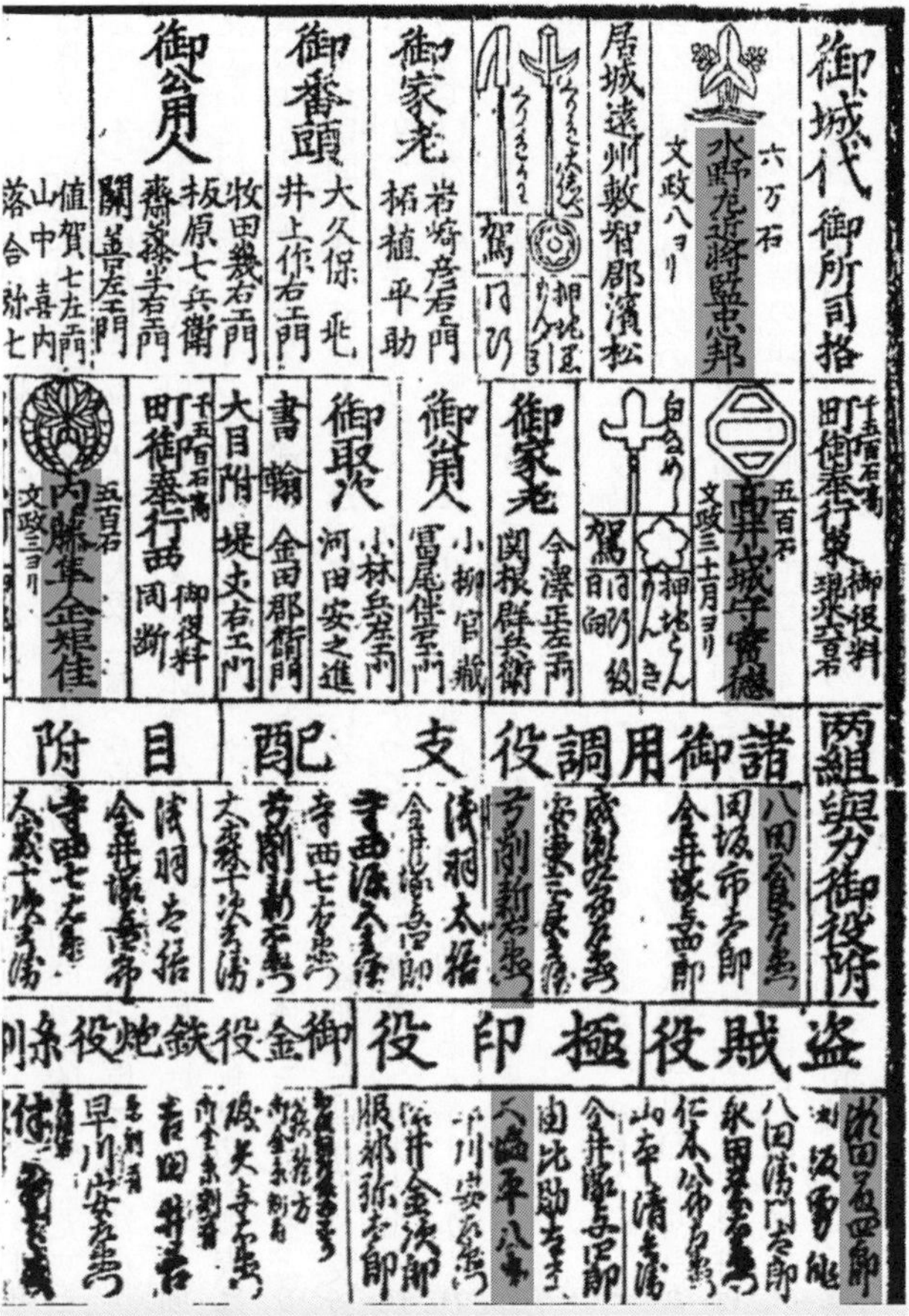

図３　文政９年の御役録（部分）　本文で言及される人名（大久保教孝，一場藤兵衛以外）をグレーに塗って目立たせた．筆者蔵

そしてその下に、両組与力御役付として与力トップの諸御用調役が並ぶが、西（左）の弓削新右衛門は、先述の通り奸吏糾弾事件の主役である。一方、東（右）にいる八田五郎左衛門は、第二章で紹介した六代定保のことで、当年取って七六歳の現役。大坂の金力に呑み込まれた与力と、毅然《きぜん》としてその誘惑に負けなかった与力が、先輩与力として当時三四歳の大塩の上にいる。

大塩の名は、彼らの下の極印役《ごくいんやく》（市中川船公認の焼印の管理を担当）として見え、隣の盗賊役に瀬田藤四郎《せたとうしろう》がいる。この二人、のちに盗賊役としてコンビを組み、三大功績の第一の事件、キリシタン逮捕事件に取り掛かるが、それは翌十年（一八二七）四月のことである。

こうして見る時、この御役録には、三大功績に関わる事件の関係者が揃っている。あとは「誰」がそこに、「火」をつけるかである。

第二章　未完の「三大功績」

大塩の三大功績

与力大塩平八郎といえば、三大功績である。幸田成友の『大塩平八郎』にも詳しいが、大塩自身が記した「辞職詩幷序」（原文は漢文からなる）が典拠である。宮城公子『大塩平八郎』はそれを、大塩の「自画自賛」と評しているが、そこに東町奉行高井実徳が登場することが重要である。

高井の着任は、文政四年（一八二一）二月。その直後の四月頃、大塩は坂本鉉之助《げんのすけ》に出会うが、「着任されたばかりで、その人柄は分からない」と語ったと『咬菜秘記《こうさいひき》』に出る。それから九年後の文政十三年七月、高齢に伴う病を理由に七〇歳の高井は江戸に辞職を願う。その許しがいまだ下りていないなか、大塩は「辞職詩幷序」を著すのである。高井の引退がきっかけであることが推測される。その中に三大功績事件が出る。幸田本によるとつぎの通り。

第一の耶蘇《やそ》教徒逮捕一件は、文政十年四月に起り、三年を費して落着し、第二の奸吏糾弾一件は、同十二年三月に起り、疾雷《しつらい》耳を掩《おお》うの遑《いとま》あらざる間に結了し、第三の破戒僧遠島《えんとう》一件は、同十三年三月に起り、再三訓戒を加えた後、改悛《かいしゅん》の状なき者数十名を遠島に処した

「辞職詩幷序」には、「文政十丁亥《ひのとい》の歳、すなわち吾官長《わがかんちょう》高井公任《にん》に莅《のぞ》むの七年なり」として、着任して七年後に奉行高井から出された命が発端であったと記す。したがって指揮権は頭《かしら》である高井にあった。

高井の奉行としての実績を知る史料は、三大功績を除いてほとんどないが、着任三年後の文政七年(一八二四)七月の記事に「近来は政道が厳正で博奕《ばくち》盗賊の族《やから》も少なく、大坂牢屋《ろうや》敷《しき》に入牢している者は七〇人ばかり」と、戯作者浜松歌国の『摂陽奇観』にあるのが注目される。この政道は、西の内藤をも含めて考えるべきだが、奉行高井の一面を知る手がかりとなる。

入牢者数が御政道のバロメーターとされるのは前提があり、町奉行は年に一度、入牢者数を城代に申告する義務があったからで、天明二年(一七八二)から六年、文化二年(一八〇五)から四年、嘉永三年(一八五〇)から安政三年(一八五六。ただし嘉永五・六年を欠く)の在牢人数、つまり一年を通じて牢屋敷に収容された犯罪者数が量刑とともにわかる。天明期

は五〇〇人程度、文化期には一〇〇〇人、嘉永・安政期には二〇〇〇人前後と増加しているが、単年度で見れば最大五六八名（天明三年）と最小三七九名（天明六年）とたしかに増減がある（『大坂町奉行所管内要覧』『大坂町奉行所旧記』）。

また重罪で見れば、引廻《ひきまわ》し獄門・獄門・引廻し死罪・死罪――ちなみに大塩の乱の首謀者は引廻し獄門となる――の四つの刑罰がそれに相当するが、その比率は最大で天明五年（一七八五）の一九％、最小で文化四年の〇・九％と相当の開きがある。『摂陽奇観』の筆者は、博奕・盗賊の罪を犯した者の数で判断しているようだが、政道の善し悪しを、入牢者数で計ろうとする市井《しせい》の感覚にも納得がいく。

盗賊役

「博奕盗賊の族」といえば、それは盗賊役与力が扱うところである。幸田成友が編集主任として完成させた『大阪市史』には、与力の役職の変遷と任務がまとめられている。盗賊役はもともと石役《いしやく》（大坂城石垣の修理などを担当）の加役《かやく》で本役でなかったが、天明七年（一七八七）に本役となり、役順は極印役の次席となったとある。たしかに延享年間（一七四四〜四八）の御役録《おんやくろく》（民間発行の人事録）には、石役三名のうち一人が盗賊役に就いている。東西合わせて二名であったが、寛政六年（一七九四）には四名、文政九年（一八二六）には六名に増加している。この背景には市中の治安の悪化とそれへの対処があった。これも人材登用と並んで寛政改革がもたらした変化であるが、大塩は、その下で与力として成長していく。

文化五年（一八〇八）の「町奉行所旧記」には、大略つぎのように説明している（『大阪市史』）。

火付《ひつけ》・盗賊・博奕・暴行などの逮捕・尋問を担当するが、その範囲は市中の三郷町中にとどまらず、摂津・河内・播磨に及ぶ。現地に出役《しゅつやく》する際には、配下の同心・惣代《そうだい》・若き者・役木戸《やくきど》・長吏《ちょうり》・小頭《こがしら》などを従える。また紛失物の届出あれば、質屋・古手《ふるて》屋《や》・古道具屋に命じて捜索させる

この盗賊役は、扱う事件が事件だけに、市井の関心が高い。そこでこんな記事となる

（二月）二十七日　天満与力屋敷ニて出入りの者ばくえき（博奕）仕《つかまつる》ニ付《つき》、皆々召捕えられ入牢　瀬田掛り。

（『摂陽奇観』）。

天満の与力屋敷で出入りの者が博奕をしていたとして、瀬田が逮捕した、という文政八年（一八二五）の記事だが、瀬田は同年の御役録に盗賊役として田坂とともに名を載せている。大塩が目安・証文役の頃である。翌九年年頭の御役録には、瀬田・田坂・八田が並ぶ。十年正月の御役録には、田坂が抜け、大塩が加わり、瀬田・八田と肩を並べる。右端瀬田の位置は盗賊役最古参を意味するが、御役録の寛政二年（一七九〇）に初見し、文政十二年（一八二九）正月まで継続して見える。したがってじつに四〇年近く盗賊役に就いていたことにな

る。相当のエキスパートと思われるが、他面、砲術家として知られ（後述）、養子済之助《せいのすけ》（乱の当時二五歳）が大塩の高弟で乱の中心人物となるなど興味深い人物である。

それに対し、大塩は極印役をわずか一年で終え、盗賊役の仲間入りを果たし、エキスパート瀬田の下で働くが、それは長官高井による抜擢《ばってき》と思われる。なぜなら大塩、文政九年（一八二六）の十一月、名古屋の宗家に宛てて「とかく不快がちで勤務しがたい」ので養子縁組を急ぎたいと申し出ているからである。また十二月の友人間確斎《はざまかくさい》宛書簡には「心病養生中閉戸」と述べる。その病、知人の医師小石元瑞《こいしげんずい》（乱の当時五四歳）の診療記録では漢方でいう疝気《せんき》、胃腸病の一種である。

ところがその後、小康を得たのか、翌十年正月盗賊役に就き、早速二月、『摂陽奇観』に「東盗賊方与力大塩平八郎様御懸《おかか》り」として顔を出す。同月五日の道頓堀《どうとんぼり》大火の条であるが、被災の状況が激しいとして通常の火事場改役人とは別に盗賊方が出張った。『摂陽奇観』に載ることで市井での与力大塩の認知は、東盗賊方与力としての登場を待って始まる。

文政十二年（一八二九）四月二十三日の条には、道頓堀小頭吉五郎の処刑に関して「東御与力大塩平八郎殿盗賊方ニて御政道誠ニ清廉ニて市中大評判」として見える。これは三大功績事件の一つ、第二の「奸吏糾弾一件」に関するもので、早速、市中では盗賊方大塩の政道が清廉だと評判になっている。

その功績は町医者の随筆『浮世の有様』にも記される。「文政十二年大塩の功業」と立項し、鳶田《とびた》刑場で処刑された罪人たちの捨札《すてふだ》（高札《こうさつ》の一種で、処刑後、捨て置かれることから言う）を紹介し、「両三年前より大塩氏に見顕《みあら》はされて、斯《か》く御仕置となりぬ。全く是《これ》も此人の功也」と結ぶ。さらに文政十三年（一八三〇）二月に女犯《にょぼん》（戒律に背いて女性と関係を持つこと）で逮捕され、四月に大坂近辺の寺院僧侶《そうりょ》が流罪になった事件（第三の功績）については、随筆『反古篭《ほごかご》』に、「町奉行高井山城守様、与力大塩平八郎也」とある（『大阪編年史』）。大塩がみずから言うまでもなく、当時市井でその功績は評判となっていたのである。

邪宗門一件

さて三大功績であるが、幸田成友は三件のうち第二・第三については、「いまだ詳密なる史料を発見せぬ」と断るが、第一の「耶蘇教徒逮捕一件」については「挙兵後平八郎を捕縛《ほばく》に向った西組与力内山彦次郎の留書に、『邪宗門一件書留』と題する二冊ものがあって、委細を知り得る」と自信たっぷりに書く。この史料、じつはいわく付きの代物である。東組大塩の扱った事件の、しかも公式文書を、なぜ西組の内山彦次郎（乱の当時四一歳）が持っていたのか説明されていない。第二に、この史料が、被疑者の逮捕から処刑まで約三年を要した経緯の中で、いつ、どこで作成されたものかも不明だからである。

それは幸田の問題というよりは、当時の研究状況の限界であった。町奉行所をはじめとする大坂の統治機構の実態が分かっていないという限界であり、史料的な限界でもあった。前者は、小著『武士の町 大坂』を含め研究の進展があった。しかし史料上の克服はある意味、「幸運」を待たなければならない。史料というものは探しても出てくるとは限らないからである。

ところがその幸運、二〇二一年二月、わたしの許《もと》に届けられた。宮崎ふみ子編『京坂《けいはん》キリシタン一件と大塩平八郎』には、幸田が扱った『邪宗門一件書留』とは別の、「邪宗門吟味書」と題する史料が全文収められているのである。旧蔵者吉野作造《よしのさくぞう》（大正デモクラシーの理論的指導者）の名を取って「吉野本」と名付けられているが、幸田の『大塩平八郎』出版から一一一年、当の事件から数えると一九一年ぶりの新発見である。

残念ながら幸田本の以降、大塩サイドからこの事件へのアプローチには新しい展開がない。宮城公子『大塩平八郎』は「大塩に摘発された細民に光をあてながらそのあらまし」を記すと断り、相蘇一弘の『大塩書簡』も「新興宗教がキリシタンの名のもとに処断されたもの」「今日的にみれば大塩の判断が間違っていたことは否定できない」とするにとどまる。

それだけに『京坂キリシタン一件と大塩平八郎』の衝撃は大きいが、興味深いのは発見の経緯である。史料の発見者であり同書の編者でもある宮崎によれば発端は、二〇一四年、「京坂切支丹《キリシタン》一件を取り上げて多角的な視点から共同研究を行い、これを翻刻し、注釈を施し、さらに英訳も行うという作業に取り組」んだことにある。共同研究者は宮崎とマーク・テーウェン、ケイト・ナカイの三名であり、*Christian Sorcerers on Trial: Records of the 1827*

Osaka Incident と題する英訳史料集は、同書に先立って二〇二〇年七月、コロンビア大学出版局から出ている。まさに日本研究の国際化の真っ只中で、新発見があったのである。潜伏中、アメリカ船モリソン号に乗って海外逃亡を図ったという噂のあった大塩も、この事態を見れば目を丸くするだろう。

幸田本と吉野本

宮崎によれば幸田本と吉野本の間には、いくつかの違いがあるというが、それを理解するためには、当時の司法について知っておく必要がある。

司法には民事と刑事があったが、盗賊役が扱うのは刑事で、訴人や被害届が出ていなくても職権で調査をすることができた。その時、手がかりとなったのは「風聞」、つまり「市中の情報」である。この一件も、誰が言い出したか不明だが、風聞があるのを奉行所関係者が聞き付け、探索することで最初の被疑者さのが浮かび上がった。

その後、さのが逮捕され、牢屋敷などで尋問することで、関係者へと調査の手が伸びていく。牢屋敷は西町奉行所の裏を走る松屋町筋与左衛門町《まつやまちすじよざえもんちょう》にあったが、残された絵図によると、北門から入ると左手は大小の牢、右手に長屋・吟味所・拷問場《ごうもんば》が並ぶ（『新修大阪市史』）。尋問の結果、一人ずつ「口書《くちがき》」（供述調書）が作成されるが、前後関係に矛盾などがないと判断されると「吟味詰りの口書」（供述調書の最終版）が作成される。司法史料として最重要なものである。後述のように残されていた新見《しんみ》正路の史料から見て、担当与力が作成し、署名して奉行に上げると理解される。それを根拠に刑罰が決められる。これを「御仕置附《おしおきつけ》」というが、もともと本紙と異なり黄色の紙に書かれていたので「黄紙《きがみ》」と呼ばれ、末尾には相当する刑罰が「○○哉《や》」として記される。

町奉行所ではその上で、一件ごとの書類を「大坂の長官」である大坂城代に上申し、裁可を仰ぐ。つまり「御仕置附」を伺う。吟味の結果をもとに御仕置附を伺うので、「吟味伺書」あるいは「御仕置伺書」と奉行所内では呼ばれていたが、八田家文書には、その写《うつし》が多数残る（『大坂町奉行吟味伺書』）。

奉行所ではその後、城代から附紙《つけがみ》が貼られて戻ってきた「御仕置伺書」をもとに、「科《とが》書《しょ》」が作成され、それに基づいて刑罰が執行された。この一連の経過を知るには、与力レベルよりは奉行のレベルの方が最適である。西町奉行新見正路の日記は、その期待に応《こた》えてくれる稀有の史料である（『大坂西町奉行新見正路日記』、以下『新見日記』と略記）。さらに新見については、彼の下で作成された「御仕置伺書」の現物、一冊が二〇〇丁《ちょう》（袋綴《ふくろと》じされた表裏を一丁と数える）前後という大部の簿冊が三冊残されていた（天理図書館蔵）。表書には「天保二卯年《うどし》　御仕置伺書　正月より二月中旬迄《まで》　新見伊賀守《いがのかみ》」、簿冊の底部には「天保二年卯窺書　二」とそれぞれ墨書があるので、普段、奉行所内の担当部署の棚に積み重ねられ、利用に供されていたものと思われる。

もちろん京坂キリシタン一件も、こうした簿冊に収められていたと思われるが、高井山城守名のものは残っていない。ならば現存している吉野本と幸田本は、誰が持っていた、どういう史料で、どんな違いがあるのか。詳しくは『京坂キリシタン一件と大塩平八郎』に譲り、結論のみを記す。

四冊からなる吉野本は、町奉行高井から城代松平(本庄)宗発に「御仕置附」を伺うべく提出されたもので、黄紙の末尾「不届きに候哉」の後が空白である。高井が御仕置附の前提になるべき先例が見当たらないとして、保留したまま城代に提出したからだと判断される。したがって持ち主は大坂城代松平宗発《むねあきら》となる。文政十一年(一八二八)十一月に彼は、京都所司代に転じているので公的にはもはや不要であるが、そのまま私蔵したと推定される。

それに対し、乾坤《けんこん》二冊の幸田本は、最終的に西町奉行所与力内山が所蔵していたことから見て、公的な史料である。中身も、量刑をめぐって行われた大坂町奉行所と江戸の評定所・老中間の遣り取りを反映して複雑である。注目されるのは、吟味書ではさのらが切支丹宗門を修めたとしているが、疑わしいので再吟味が妥当と提起する評定所に対し、老中(筆頭は水野忠成《ただあきら》)は、「いまさら切支丹でないというのは世間に疑念を散らすので、担当役人の判断の通り、切支丹宗門と決めたまま刑罰を与えよ」とし、さらに、さのの長崎での踏絵《ふみえ》の条を吟味書から削除するように指示していることである。結句、大坂ではこの指示を受けて、「御仕置伺書」の書き換えを行う。いわば改竄《かいざん》だが、幸田本にはそれが含まれている。

京坂キリシタン一件

宮崎によると、この一件については近年、近世における宗教的異端の歴史的位置を明らかにする立場と、ジェンダー史という視角からの研究が進んでいるという。前者を代表する大橋幸泰は、信仰の形態や行動様式によって事件の関係者を三つのサブ・グループに分類する。キリシタンであったと思われる水野軍記《みずのぐんき》という人物を頂点とする師弟の系統に属しているが、第一は軍記とともに秘密の集会を行っていた人々である。第二は軍記の弟子の豊田《とよだ》みつぎ(貢)、みつぎの弟子のきぬ、きぬの弟子のさのという女性で構成されるグループ。そして第三に伊良子屋桂蔵《いらこやけいぞう》と高見屋平蔵《たかみやへいぞう》の男性二人で、軍記と知り合い弟子となっていた者である。

このうち「切支丹」と認定された六人のうち女性三人を、奉行所や幕府は、男性三人(耶蘇の書を持っていたことで処分された藤田顕蔵《けんぞう》を含む)よりも危険で悪質とみなしていた。最終的に老中の判断で、全員に市中引廻し・磔《はりつけ》の極刑が科せられたが、大坂町奉行所の当初の御仕置附では、みつぎらの引廻し・磔に対し、桂蔵と平蔵は引廻し・獄門、顕蔵は死罪に処すことが提案されていた。同じ信者でありながら、男女で量刑に差を付けたのである。とくに幸田がみつぎに対し、「人生の悲惨を嘗《な》め尽した心狭き婦女子が、彼等《かれら》が認めて偉大なりとせるある勢力に偶然撞着《どうちゃく》した時、これを信ずる力の嵐に煽《あお》られたる野火《のび》のごとく熾《さか》んなるは、弁ぜずして明らかだ」と述べていることを思う時、ジェンダー分析の必要性は大きい。

新著に寄せた宮崎の論考は、その一つである。みつぎやさの・桂蔵らは京都や大坂の生粋の町人ではなく、祖父母や父母、あるいは彼ら自身が流入者で、都市の周縁部に生きた「細民《さいみん》」であった。したがってさまざまな困難に直面する生涯を送っているが、結婚後、夫を亡くし寡婦《かふ》として、あるいは子どもを抱えて生きていく手段として、民間宗教者となり祈禱《きとう》や占いで生計を立てる道があった。その状況は天保期の江戸でも確認されているが、京・大坂の場合、この時期に流行していたのは「稲荷下し《いなりおろし》」「稲荷明神下げ」であった。それを選ぶことで、「師匠の霊能に憧《あこが》れ、その指示に従い修行した。その成果を認められて師匠から修《しゅ》法《ほう》の伝授を受けたときに、師匠が帰依《きえ》する神が切支丹の天帝であり、自分自身も切支丹になったことを知った」と宮崎は述べる。「稲荷下し」から「キリシタン」への転換があったということだが、そこにどうして与力大塩は辿《たど》り着いたのか。

そこであらためて大塩がなぜ、この事件にキリシタンを見出そうとしたのか、に注目したい。

大塩の「辞職詩幷序」には、つぎのようにある。

是歳の夏四月、公、余に命じて耶蘇の邪党を京摂《きょうせつ》の間に捕索《ほさく》せしむ、以てこれを窮《きわ》め治む。

事件の始まりは、高井によるキリシタンの捜索の命令で、それを受けて被疑者を逮捕し、一件落着したということだが、その時期は四月。ところが「邪宗門吟味書」に収められたさのの口書には、文政十年（一八二七）正月二十二日入牢、とある。つまり、高井がキリシタンの逮捕を命じる前に、盗賊役として大塩と瀬田は、さのを逮捕していたのである。当然、その疑惑はキリシタンかどうかではない。別件での逮捕である。幸田は、大略このように述べている。

文政八、九年頃、堂島辺へ京都から宮方の隠居が見え、加持《かじ》祈禱をよくし、吉凶禍福を未然に示し、信仰次第で家道も自然、繁栄に及ぶという風説が立った。町奉行所がだんだん手を入れてみると、西成《にしなり》郡川崎《かわさき》村憲法屋《けんぼうや》与兵衛の借家にいる京屋新助の母さのが捜査線上に浮かんだ。彼女は「稲荷明神下げ」を本業とし、知人らが手先となって町人から金銭物品を詐取したことが判明し、逮捕となった。いうなれば、詐欺《さぎ》事件としての捜査であった。

「吟味詰りの口書」は、逮捕尋問された順に構成されているので、さの（事件当時五六歳）からきぬ（同じく五九歳）、きぬから豊田みつぎ（同じく五四歳）へと、捜査のルートが延びていく様子が手に取るように分かる（第二サブ・グループ）。さらにみつぎの逮捕は、すでに死去している師水野軍記とその関係者（第一サブ・グループ）と、彼に個別に関係していた桂蔵（事件当時六一歳）・平蔵（同じく四六歳）（第三サブ・グループ）に至る。「豊田みつぎの尋問が六月から始まると、水野軍記に関する情報を含めて多くの事実が明らかになり、捜査は急速に進展した」と宮崎の述べる通りである。

このプロセスを日付で見れば、さのの逮捕は正月二十二日、きぬは四月二十七日、みつぎは六月十三日、そして桂蔵は閏《うるう》六月十八日、平蔵は同月二十一日である。京都八坂《やさか》に住むみつぎを別として、それ以外は、さのの川崎村、きぬの天満龍田町《たつたまち》、桂蔵の曽根崎《そねざき》村、平蔵の松山町《まつやまちょう》、顕蔵（事件当時五七歳）の堂島船大工町《ふなだいくまち》など相互に近接した場所である。したがって逮捕は芋《いも》づる式に行われたと思われるが、さのの逮捕からきぬの逮捕までは三ヵ月を要し、最も長い。それはさのの尋問が、この事件の勘所であったことを教える。

さのと大塩平八郎

そういう関心でさのの供述を読むと、きわめて興味深い。『京坂キリシタン一件と大塩平八郎』は末尾に関係者年表を付けているので、それによって事件に関係する事柄を記すと、つぎのようになる。

第一に、さのがきぬに弟子入りし、修行を始める（一八一三年）。

第二に、きぬと弟子入りしたさのが二人で大坂に移り住み、稲荷明神下げを開業する（一八一六年）。

第三にきぬより入信の儀礼を受けたさのが、信心を確認しようと長崎に踏絵に行く（一八二〇年九月～二一年四月）。

第四に憲法屋与七の女房八重《やえ》を弟子として、知人の繁栄致富の祈禱を勧め、金品を受け取る（一八二二〜二七年）。

第五に憲法屋与兵衛の追及を逃れ、八重とともに播磨へ逃走し、連れ戻される（一八二六年末〜二七年初め）。

この経緯のどの部分が、盗賊役大塩・瀬田との間で接点が生まれるかを考えた時、八重が家主弥兵衛方へ行き、京都から来た貴人の隠居が堂島辺に住み、祈禱の力で病気や生活苦の者を治している、として誘い、吝嗇《りんしょく》な与兵衛から大金を巻き上げたことが注目される。こうした資金集めは五年ほど行われ、最後には二人で逃亡し、挙句、連れ戻されるという事態を招くが、ここまで大事《おおごと》になって奉行所の風聞探索に引っかからないわけはない。文政十年（一八二七）の正月は東組の月番であったことから、牢屋敷での吟味は、盗賊方大塩と瀬田が担当することとなったのである。

さのの拘留と尋問を通してきぬに至るのに、大塩らは明らかにてこずっている。その理由はさのが、貴人に扮《ふん》して金品をかたり取り、あるいは狐遣《きつねつかい》の術で掠《かす》め取った、など供述を二転、三転させているからである。しかし、家宅捜査で稲荷明神の神体に大きな蠟燭《ろうそく》、釘《くぎ》を打ち付けた紙人形などが見つかり、さらに吟味を重ねると「一命を差し出し、御仕置を受ける」と、さのが口走ったことから事態は動く。

「狐遣程度の者にもかかわらず、生死を恐れないという不動心を示すのは、いまひとつ理解しがたい」とは、「吟味詰りの口書」の一節であるが、書き手である担当者（おそらく大塩）

のいわば勘であろう。「奥に何かある」と大塩は勘働きをしたのである。ここでもし見込み違いをしていれば、キリシタン一件にならなかった。

その後、さのが「狐遣の術」を習ったというなみと名乗る女性が架空の人物だと分かり、さらにさのの息子新助が母親の指示で毎日通っていた場所がきぬのところだとの情報を得て、家宅捜査によってさの同様の神体・人形と隠し置いた金銭が発見される。さのの師匠であると判明し、この後、きぬの吟味詰りへと事態は進み、被疑者の尋問調書を照合する「突合《つきあわ》せ吟味」へと動く。

ここで留意したいことは、町奉行所の関係者にとって「稲荷下し」事件は、この時が最初ではなかったということである。町奉行高井自身、稲荷明神や狐の霊に現世的な利益を願う傾向は、利欲に敏《さと》い大坂の土地柄だと記しているが、すでに文化八年（一八一一）四月、それを禁止する町触が出ている。発端は同七年、摂津西宮で野狐を寄せ、奇怪な行為をしているとして医師の渋川周斎《しぶかわしゅうさい》らが検挙された事件である（中川すがね「近世大坂地域の稲荷信仰」）。尋問の結果、野狐を寄せる秘法を最初に伝授した者はすでに死んでいるので吟味に及ばないとしているが、「稲荷下し」の背景に教祖と門人の存在が想定されている。奇《く》しくも事件の起きた西宮——大坂から西へ一〇里の在郷町、人口約一万人、兵庫と並んで勤番所が置かれ、新参与力が交替で詰めていた——は、与力見習大塩が師の許可を得ず、槍《やり》の他流試合をしたまさにその場所であり、町触はその翌年に出ている。

さのの踏絵

さのの尋問の三ヵ月間は、彼女がいかに、きぬとの関係が暴かれるのを忌避していたか、逆に言えば師弟の間の緊密さを物語る。その中のハイライトは、さのがきぬに、ぜひ本尊を明かしてほしいと頼むシーン。弟子入りして六～七年の間、昼夜、不動心の修行をしてきたが、その上での懇願にきぬはついに「切支丹天帝如来を念じている」と明かす。その結果、さのは、きぬが、「影形がない」という天帝如来を確認するべく長崎に向かう。

この経緯はすべて口書に拠《よ》っているので、「天下御制禁の宗門切支丹天帝如来」は大塩らの創作であるかもしれない。だが、さのが長崎で踏絵をしたことは事実である。吉野本では、その経緯が再現されている。①先祖の墓参りに肥前《ひぜん》に行くので息子の政次郎（のち新助）をしばらく預かってほしいと隣人のそよに頼み、きぬには長崎見物に行くと告げ、②西国廻りをする人形遣いの一座とともに九月頃に家を出て、船路、豊前小倉《ぶぜんこくら》に着き、所々を遊覧し、十一月に長崎に投宿した、③翌年正月七日頃、町役人が廻ってきたところで旅籠屋《はたごや》の家族とともに踏絵をした、④すぐに帰坂すると怪しまれるので二月頃まで滞在し、旅の費用が尽きたことを口実に長崎の商人と一緒に、四月頃帰着した。

たしかにさのやみつぎらが正真正銘、キリシタンであったかどうかは疑わしい。しかしさのが長崎で、心の内で踏むのを詫《わ》びて「女の絵姿」を踏んだという事実は残る。この絵姿、重要文化財に指定されている真鍮《しんちゅう》製の踏絵四種のうち、「ロザリオの聖母」であろう。

長崎での踏絵は当時、年中行事になっており、正月二日、町年寄が長崎奉行所に踏絵板の借用を願うことから始まり、地区を分け、四日から九日まで町ごとに行われた（『新長崎市史』）。正月七日頃に踏絵したというさのの証言は正確である。もっと言えば、その時期に合わせてさのは大坂を出発した可能性がある。

著書『潜伏キリシタン』で大橋幸泰は、長崎の異宗徒たちは、恒例の踏絵を怠っていないとして、その理由を、彼らには複数の属性があり、キリシタンを信仰することよりも、村請《むらうけ》制《せい》下の百姓であることが優先されていたからだと説く。さのの行為は、それと正反対で、みずからの信仰を確認するべく踏絵をしたのである。

大橋が前著で取り上げている「浦上《うらかみ》崩れ」のうち「一番崩れ」は寛政二年（一七九〇）から八年の間の出来事である。当時、長崎奉行としてその処理を担当したのは、平賀貞愛《さだえ》である。この平賀、その後、普請奉行・作事奉行を経て文化三年（一八〇六）八月、大坂町奉行となり、同十三年四月まで勤める。東町奉行なので、与力大塩の頭《かしら》である。西宮の「稲荷明神下げ」事件が起きた当時、禁止令を出した奉行は、平賀その人である。

町奉行平賀に仕えた一〇年弱の間に大塩は、キリシタン信者の存在について情報を得ていたのではないかと想像を逞《たくま》しくする。さらにキリシタン一件の起きた文政十年（一八二七）にはオランダ商館付き医師シーボルトが、江戸参府の途次、大坂に滞在している。大坂と長崎は、一衣帯水で繋がっていたのである。

西宮の「稲荷明神下げ」事件を見聞し、長崎の「浦上一番崩れ」の情報を得ていたとすれば、大塩が、さのとの出会いを通じて、その先に「何を」見出そうとしていたかが見えてくるように思われる。ちなみに当時の実録物では、大塩の相手として登場するのは豊田みつぎである。教祖的位置にあることと並んで、生身のまま市中引廻しの上、磔に処せられた派手さに起因しているが、わたしの見るところ、事件の真のキーパーソンはさのである。

新見正路と大塩平八郎

さて三大功績の期間、多忙をきわめたことで大塩の書いた書簡の残りは少ない。そんななか、文政十年（一八二七）の手紙が二通残されている。一通は八月五日付の間確斎宛、いま一通は九月二十七日付の秋吉雲桂《あきよしうんけい》（乱の当時五二歳）宛であるが、前者には「此節吏事冗繁《りじじょうはん》、日々牢屋敷へ出勤」、後者には「何分ニも多事にて、未明出衙《しゅつが》、薄暮帰宅、無寸暇《すんかなし》」とある。尋問のために連日、早朝から牢屋敷に出て、夕暮れて帰るという日々である。時期から見て、「邪宗門吟味書」が高井から城代松平宗発に提出される頃にあたっている。この手紙を傍《そば》において吉野本の「邪宗門吟味書」を読むと、臨場感が湧く。

盗賊役としての多忙な勤務はおそらく、文政十二年（一八二九）の評定所の評議を経て十二月、老中からの下知に従って科書を作成し、関係者を処刑する間にもあったと思われる。

十二月五日に行われたみつぎらの処刑は、市中引廻しの上、鳶田の刑場で磔にされるという華々しいもので、大坂市中の耳目を集めるに十分なものであった。『浮世の有様』は、切支丹の仕置は国が始まって以来の珍事で、見物人は群れをなし、島之内《しまのうち》・日本橋《にっぽんばし》の辺りに集まった。ところが道筋が急に変更され、焦った「数万の群衆惣崩れ」で子どもらが下敷きになり多数の死傷者が出たと記す。

『浮世の有様』には刑場に立てられた捨札（高札）の文面を載せているが、写されて、全国に広く回覧されることとなった。こうして後世、与力大塩の名とともにこの事件が語られることとなったが、当の大塩にとっては処刑で終わりではない。彼には、「邪宗門吟味書」の改竄という仕事があった。

しかし、その経緯を窺わせる史料は残っていない。分かるのは、文政十二年（一八二九）後半の大塩の動静である。七月三十日、勘定奉行に昇進した内藤矩佳に代わり大坂西町奉行となった新見正路が、八月十五日以降、連日、日記を付けていたからである。その八月二十四日に、早速、大塩はじめ担当役人四人に会うとして、その名が見える。この四人、東西の盗賊役であろう。十月十九日には、同じく月番東役宅で、諸御用調役に任命されている。文政十三年正月版御役録にはたしかに、由比一郎助・瀬田藤四郎と並んで大塩の名が見える。

諸御用調役は享和三年（一八〇三）に新設されたもので、与力職のトップ。定員四名で手当として銀一〇枚が支給され、与力諸役から町奉行に提出される進達書《しんたつしょ》（上申書）・伺書などの文書の検閲をし、町奉行の諮問《しもん》に答え、東西間の事務の統一を図ることをおもな職務とした（『大阪市史』）。さらに十二月に入ると、五日に邪宗門一件の仕置、六日に寺院向取締触書案（破戒僧遠島一件に繋がる）の上申が彼の名とともに見える。

年が改まった文政十三年（一八三〇）正月二日には、年始に参上した城代屋敷で江戸から来た書付を受け取るが、翌三日、町触として公布された。そこには、上方筋《かみがた》において切支丹宗門として異法を行う者がおり、厳科に処せられたので、疑わしい者があれば訴え出るようにとある。

この事件、「切支丹宗門」として公式に扱われたことは明瞭で、その結果、切支丹類族《るいぞく》の取り調べは、さらの処刑後も続けられた。

高井実徳の辞職

ところがこの間、高井実徳の辞職があった。『新見日記』によればその理由は老齢によるが、高井の「不快」届は、月番が東から西に代わった文政十三年（一八三〇）六月一日以降、頻出する。月に六日の御用日や内寄合《うちよりあい》を欠席するとの通知が相次いで新見の許に届き、十六日と十七日には、城代との間で、こんな遣り取りがなされる。高井から出ていた病気養生願につき城代は、「休んで保養しながら勤めるように」と諭す。それに対し高井は、「耳遠にて公事訴訟も聞こえない」「昨年春以来心配していた取扱い事案は、すべて都合よく済み、称

賛に与《あずか》り、本懐の至り。もうこの上は転役を願わない」から早く、江戸出府を認めてほしい
と言わんばかりの態度に終始し、二十七日には、引込養生願と引込届を城代宛に出してしま
う。
そして七月一日、「腰痛もひどく歩けず勤めが果たせないので、参府養生したい」旨の内
慮伺書が、新見の許に届けられる。六日、城入りの日に城代に届けられるが、その間の二日
未明、京都は未曽有《みぞう》の大地震に襲われる。「辞職詩幷序」に、「其《その》秋七月、（高井が）養病之
疏（病気療養の願）を上げ、而《しこう》して未だ允《ゆるされ》ず」とあるのはこの時期にあたる。

やがて八月に入り十四日、「養生参府願書」が認められ、近々、高井が大坂を出立する旨
の触書が市中に出る。

この間、六月から八月に至る三カ月の間、奉行所の月番は西組の新見が連続して担う。東
組の取り扱う事件の報告も、彼の許に届けられる。そこでこういう事態が生まれる。『新見
日記』の八月十二日条にこうある。

一 御用談のため東より平八郎来、邪宗門吟味書幷四ケ所長吏《しかしょちょうり》御仕置一件書物等持参
　致し、一同受取預置
一 講之儀内調書、平八郎持参いたす

驚くなかれ、「邪宗門吟味書」が「四ヶ所長吏御仕置一件書物」（後述）とともに大塩から
新見に手渡されているのである。当然、高井の了承の上である。その書類、十四日、大塩に

一度戻されるが、追って取り寄せ一覧すると新見は伝える。それが文字通り実行されたとするなら、老中の指示によって改竄を加えられた「邪宗門吟味書」は、西町奉行新見の許に移ることとなる。職務上、担当である盗賊役に下げ渡されるが、そこに内山彦次郎がいた。その経緯は『新見日記』に見ることはできないが、その後、内山の筆跡で写されたのが、幸田本に言う「邪宗門吟味書」である。その筆跡、自筆の「勤功書」と瓜二《うりふた》つで、内山の書写であることは間違いない。大塩が精魂込めて作成し、その後、江戸の指示に従って改竄を加えた吟味書が、内山筆として残った瞬間である。

八月十五日、高井から十八日に出立するとの報せが届くが、合わせて「役所向《やくしょむき》幷《ならびに》組中《くみちゅう》取締方《とりしまりかた》」に関する書面が新見の許に届けられる。直後、新見は東組の人事を差配し、十六日、大塩の辞職と養子格之助の跡番代が命じられる（城代の承認は遅れ九月か）。

奸吏糾弾一件

『新見日記』が、三大功績について明かす問題はそれだけではない。八月十二日条によれば「邪宗門吟味書」は、「四ヶ所長吏御仕置一件書物」と一緒に大塩から新見に渡されたが、「四ヶ所長吏御仕置一件書物」こそ、第二の功績奸吏糾弾事件に関する資料である。

奇しくも同日付で大塩が内山彦次郎に宛てた書状が残されている。「文政十二年から十三年前半にかけてのものは非常に少ない」（相蘇一弘）とされる中での貴重な一点である。以下、意訳して示す。

東組の捕方同心が使っていた手先（犬や猿《さる》と呼ばれた）が、金品など不正に入手したとの風聞があり逮捕された。これまでもそういう人物は使わないと東西で申し合わせてきた。とくに頭《かしら》（高井のこと）の参府前であり、また昨年の八百屋新蔵の一件以来、種々悪党を逮捕されたことへの不満から、逮捕された人物が何を言い出すか分からないので、与力・同心はもちろん手先の者に至るまで、道に外れた者は使わないように申し合わせていた。その上で起きた事態なので、折り入って至急に会って相談したい。明日、午前、東役所に出向いてほしい。

大塩と内山が当時、ともに盗賊役であったことが手紙の背景にあるが、文中の「八百屋新蔵の一件」が、まさに奸吏糾弾事件であった。この事件については、キリシタン一件のような確実な史料が残されていない。したがって全体の構図が見えないなか、流布しているのは、『浮世の有様』の「文政十二年大塩の功業」である。

それには弓削が権勢を振るい民を苦しめ、賄賂を取るばかりか、弓削の手で無理やり罪をかぶせられ、入牢ののち無念の死を遂げ、罪なくして遠島・追放とされた者が多い、と典型的な悪役人として描かれている。とくに彼が、手先として使っている垣外《かいと》――天王寺《てんのうじ》・千日《せんにち》（道頓堀）・鳶田・天満、総称して四ヶ所という非人集団からなり、長吏に率いられていた――の小頭《こがしら》、なかでも鳶田の清八、天満（正しくは道頓堀）の吉五郎、さらに市中の情報を探索する犬や猿と呼ばれた町人、とくに堂島新町の八百屋新蔵、土佐堀《とさぼり》の葉村屋《はむらや》喜八らが、互いに申し合わせて利を貪《むさぼ》ることに対し、大塩が摘発し、逮捕したという話である。

容疑者として四ヶ所の長吏がいることから「四ヶ所長吏御仕置一件」とも言う。その典型が道頓堀の吉五郎。吉五郎はこれまで長吏配下の組頭であったが、文政十一年（一八二八）暮れ、奉行所の命で長吏別格に任じられている。この人事には、西方与力の最長老であった弓削の関与が十分考えられるが、建議書には町奉行内藤矩佳は弓削に欺《あざむ》かれて八百屋新蔵を目通りし、自筆の和歌を与えている、として証拠の色紙が添えられている。奉行内藤と古参与力弓削のラインが、長吏別格吉五郎や八百屋新蔵の傍若無人の働きを許していた、と大塩は判断したのであろう。

なかでも面白いのが、弓削最期の瞬間である。文政十二年（一八二九）三月十三日、弓削の頭である内藤が大坂を離任、江戸に発《た》った折、弓削は伏見《ふしみ》まで見送り、帰宅すると翌朝、早々の出頭を命じる書類が届いていた。翌朝、出かけようとするところ親類中が集まり、「八百屋新蔵や葉村屋喜八が逮捕され、もはやその罪逃れがたい。ついては家名断絶にならないように」と、無理やり切腹させられたのである。直後の三月二十一日吉五郎の入牢、四月二十三日処刑となった（『摂陽奇観』）。さらに彼らの菩提所である道頓堀の竹林寺《ちくりんじ》に、吉五郎が建立していた高さ一丈（約三メートル）余りの石塔が十月十九日、盗賊方大塩の手で破壊されたが、難波《なんば》村の庄屋《しょうや》が書き残した「道頓堀垣外一件」には、大塩の名とともに石塔の図が添えられている（『悲田院《ひでんいん》文書』）。

この一件、盗賊方大塩平八郎の政道誠に清廉、として市中大評判になった（『摂陽奇観』）というが、余談が『浮世の有様』に記されている。十月、町々に困窮している貧民がいれば申し出るようにと「貧民御救ひ」の町触が出され、世間では大塩を神仏のごとくありがたがったというのである。しかし、こうした強硬な措置、大塩一人で行えるものではない。「上に賢君なくしてかやうにこれを用ゆる事なくば、その功尽しがたし。高井君よくその人を用ひ給へること、賢御奉行なれば也」（『浮世の有様』）とある通りである。

破損奉行一件

残る被疑者は八百屋新蔵であるが、獄門に処せられた彼の罪は意外にも、建議書の冒頭に出てくる。「老中方宛建議書」にある、所司代松平乗寛と城代松平宗発が八百屋新蔵と弓削新左衛門を頼み、町人に無尽を企てたという一節である。奸吏糾弾事件には、続きがあったのである。

改めて「辞職詩幷序」を見ると、こうある（原漢文を読み下す）。

十二年己丑《つちのとうし》春三月、公（高井）また余に命じて猾吏《かつり》・姦卒《かんそつ》の豪強《ごうきょう》と潜通隠交《せんつういんこう》し、以て政《まつりごと》を蠧《むしば》み、人を害する者を糾察《きゅうさつ》せしむ。而《しこう》して其の汪連《おうれん》する所、要路の人臣・僕に及ぶ。歴世の官司これを知らざるに非ず。けだし怖《おそ》れ且《か》つ憚る所あらんや。これを遁《のが》れん歟《か》。

高井から「奸吏糾弾一件」の糾明を命じられたが、その疑いは要路の人臣とその僕（家臣）に及ぶ、つまり関係者は幕府の要人の間にもいる。しかし歴代の奉行は、権威を憚り、後難を恐れ、それを見逃してきた、と言うのである。その手がかりが、『新見日記』にある。

文政十二年（一八二九）十月十六日条に、破損奉行三人の風聞を探るように城代から指示があり、新見は盗賊役松井《まつい》金次郎に命じる。早速、二十日には「御破損奉行風聞書」と「仕法講中合帳」各一冊が、新見から城代に届けられている。さらに十一月六日には、地役人の風聞を調べることと並んで藤兵衛についても別に調べるように、と実名が出る。早速、御役録と照合すると、破損奉行の欄に一場《いちば》藤兵衛がいる。この一場、翌十三年正月二十八日に、同役飯島《いいじま》惣左衛門とともに江戸に召喚され（『摂陽奇観』二月条）、三月九日、江戸に着き、評定所で詮議《せんぎ》される旨、新見は城代太田資始《おおたすけもと》から伝えられる。

『藤岡屋日記』（江戸時代後期から幕末の江戸を中心とする記録集）によると、一場と飯島は揚《あがり》座敷《ざしき》（獄舎の一つで、御目見以上の旗本などを入れた）に収容され、評定所の審理に出頭するが、他にも出廷人がいる。大坂の大工頭山村《やまむら》与助の手代平七、城内左官頭為村《ためむら》長兵衛、河内国茨田《まった》郡出口《でぐち》村百姓半左衛門、二条《にじょう》殿家来松山《まつやま》右馬之助ら九名。江戸からの召喚に応じ、新見が逮捕して派遣したのである。

吟味の結果、一場は遠島、飯島は改易となるが、その原因は、大坂城の修復を担当する破損奉行一場と、それを請け負い、在郷の左官たちを管轄する左官頭為村との癒着にあった。両者の橋渡しをしたのは山村の手代平七で、摂津・河内両国村々の左官の統制を狙《ねら》う為村が一場に、「協力してもらえれば頼母子講《たのもしこう》を組む。講元《こうもと》になってもらえれば、掛金はなく、益金《えききん》が入る」と誘われ、それに乗る。さらに一場は飯島と相談し、為村の意を受けた触書を、破損奉行名として摂津・河内と三郷町々に発布する。為村の計略の背景には、在郷の左官を組織化しようとする出口村百姓半左衛門らの動きがあるが、この時期、大坂では各種の在郷株仲間《かぶなかま》結成の動きがあったと思われる。

実際、講は為村の代人大和屋《やまとや》庄兵衛が組み、出口村百姓半左衛門ら世話人が講銀（出資金）を用意し、触書の発布を契機として講銀を増やす段取りであったが、突如、触が回収され、暗礁《あんしょう》に乗り上げることとなった。触が出たのが八月上旬で、九月六日には触が回収されているが、この事件、東の担当であった。その後、十月十九日、正式に風聞書が奉行から城代に上申され、事件は公然のものとなり、翌十三年三月、奉行一場らとともに関係者が江戸に召喚されたと思われる。

七月二十九日、評定所の石谷備後守《いしがやびんごのかみ》らから、大坂で関係者を吟味するようにとの指示が届いている。それが終わったのか、八月一日には「為村一件」の書類が、そして九日には「破損奉行一件引合之者吟味口書」が大塩から新見に渡る。キリシタン一件と同様である。そして大塩が引退した後の十月二十四日に新見は、「邪宗門残御用」と並んで在郷左官一件と破損奉行講一件の書類を、それぞれ担当与力に申し渡す。

不正無尽一件

わたしたちはこれまで、大塩が「辞職詩幷序」で述べる三大功績を、すべて彼の手で完了した事件と誤解していたのではないか。なかには未決の一件もあった、と疑う必要があったのではないか。何より「辞職詩幷序」にあるのは、頭《かしら》高井の指揮下で取り組み、完結した事件を列挙したものである。したがって、そのレベルに達していない案件や高井から下命のなかった案件、あるいは捜査線上にあるも未決であった案件は、そこに挙げられていないと考えるべきであろう。破損奉行一件はその一つで、奸吏糾弾事件と関係するものの、被疑者一場らは江戸の武士で同列には扱えない。高井といえども、単独で許可を出すことはためらわれる。「其の汪連する所、要路の人臣・僕に及ぶ」との一節には、そんな雰囲気が漂う。

そう思って「老中方宛建議書」を見直すと、全一〇項目のうち、前半三項目が不正無尽に関する事項で、指弾されている大久保忠真《ただざね》ら現役老中が、かつて京都所司代や大坂城代を勤めていた時の行為、つまり大塩が現役与力時代のことである。大久保忠真の縁者として出る大坂定番《じょうばん》大久保教孝・西町奉行内藤矩佳の在任も、同様である。後半七項目が、大塩の与力引退後であることに比べると明瞭な違いがある。その第一項に、破損奉行一場藤兵衛ほか両人は無尽吟味の上、御仕置に処せられたが、誰もその結末に納得していない、と記す。

添えられた「武家方宮方寺社無尽名前書」には、破損奉行一場や飯島・池田《いけだ》の名はもちろん、松平和泉守・酒井若狭守・松平和泉守ら「要路の人臣」が載る。その数一四〇名を超えるが、それは文政十年（一八二七）から十二年四月までの間に開催された無尽講を調べたもので、いろいろの名目があり、御法度の無尽にあたるか、あたらないかは糾明しないと分からないとするのはじつに真っ当である。無尽には、不正でないものもあったのである。その上で、当四月より以後は新規の催しがなく穏やかだが、このまま進めば「連入の者」（出資者か）は多額の資金をつぎ込んでいるので、いずれ一悶着《ひともんちゃく》あるだろうから、このまま調査する、と結んでいる。四月は、弓削一件の関係者の処分が行われた月である。各種無尽の動きは、いったん鳴りを潜めたのであろう。

添付資料にはいま一つ「不正無尽取調書」という大部のものがあり、冒頭、去る十二月二十二日、定番・船奉行らの不正の無尽の内偵を命じられたとある。提出が寅（文政十三年）正月なので十二年十二月のことで、指揮をしたのは頭高井である。実際、そこに添えられた無尽調書の該当者、したがって被疑者はつぎのメンバーである（カッコ内は役職、十三年年頭御役録による）。

大久保出雲守（京橋定番）　五口　　一場藤兵衛（破損奉行）　二口
堀近江守《ほりおうみのかみ》（西大番頭）　一口　　池田新兵衛（破損奉行）　一口
太田運八郎（船奉行）　五口　　飯島惣左衛門（破損奉行）　一口

岸本武太夫《きしもとぶだゆう》（代官）　三口
辻《つじ》富次郎（代官）　六口
石渡彦太夫《いしわたりひこだゆう》（蔵奉行）　一口
福島《ふくしま》小左衛門（鉄砲奉行）　一口
上田《うえだ》五兵衛（弓奉行）　一口

いずれにも無尽仕法書写とともに世話方の氏名・割戻金と益金が書かれ、正当な無尽でなく富に似せた仕法と記している。なかでも注目は、大久保出雲守教孝（荻《おぎ》野《の》山中《やまなか》藩一万五〇〇〇石）で、掛戻しの金子《きんす》を出さないばかりか、三九貫《かん》九〇〇匁《もんめ》余の徳益を講元として得ている、と断定している。計量貨幣である銀は重さの単位「匁」で表示されるが、一〇〇匁は一〇〇目《め》、一〇〇〇匁は一貫目とも呼び習わされていた。したがって、銀五〇匁を金一両とすれば、この徳益は七九八両もの大金となる。

この無尽講、講員二七〇名を三組に分けるという大掛かりなものであるが、一場や池田も、そこに加わっている。したがって八百屋新蔵や、破損奉行一場・池田らが摘発されたなら、当然、捜査の手は、元凶の大久保出雲守に伸びてもよさそうだが、彼は無傷でいる。そこで大塩は、こう指弾する（「老中方宛建議書」）。

加賀守様御分家大久保出雲守方大坂御定番長々勤められ候得共《そうらえども》、一場藤兵衛同様の罪科
これ有り

大久保加賀守忠真（小田原藩）は城代・所司代を経て老中になり、当時、その筆頭であるが、その分家が一場同様の罪を犯している、というのである。事件担当者であった大塩の憤《ふん》

懣《まん》遣る方ない公憤が伝わってくる。

大塩の引退

どうしてこうなったのか？　その裏事情を解く手がかりが『新見日記』にある。文政十二年（一八二九）十一月十日、地役人の風聞探索につき城代の内慮を伺ったところ、御定番をはじめ大番・加番《かばん》と代官などは除き、地役人ばかり取り調べるよう指示があった。地役人とは、御役録の二段目左に並んでいる、破損・弓・鉄砲・具足《ぐそく》・金・蔵の各奉行――いずれも大坂城の保全に関わる――と代官を指すが、代官も除かれ、六役だけをターゲットにするよう、城代太田資始が線を引いたのである。それが太田の単独指示か、江戸老中の指示かは分からないが、いずれにしても不正無尽一件は、まさにトカゲの尻尾《しっぽ》切りで終わった。

この不正無尽の追及、もし「要路の人臣」に届いたとすればどうであろうか。その危険を深刻に受け止めた大名がいる。老中水野忠邦である。彼は文政十三年（一八三〇）四月、国許浜松の家臣に対し、無尽の処置を指示するが、それは①実弟である堀近江守（越後《えちご》椎谷《しいや》藩）の事例は不正であることを認め、止めるように伝える、②水野家の無尽は調べられると大変なので、領内を除き、京・大坂・堺・大津《おおつ》・江戸の分は、年賦証文か借金証文に書き替え、無尽仕法書は焼き捨てる、というものである。「そこには、無尽とは百姓・町人に限ることで、武家は相成らず。近年、武家にて無尽講と唱え催しているが、もし表沙汰《おもてざた》になれば、かつての伏見奉行小堀政方《こぼりまさみち》の例もあるので大変なことになる」と記されている（『浜松告稟録《こくりんろく》』、藤田覚「『大塩建議書』の政治史的意義」）。小堀政方の例とは、天明五年（一七八五）九月、伏見町人文珠九助《もんじゅくすけ》らが直訴し、同八年五月、政方は領地没収の上、小田原藩に永預《えいあず》け、子の政登《まさたか》は改易となった事件である。

この情報、老中の集まった席での話題というから、水野は確信犯である。大塩の無尽調査が、幕閣レベルにまで届いていたのは明らかである。さらに続きがある。同十三年五月十六日条によれば、武家方で開催されている講金について調べるよう、城代から沙汰があったとして、新見は与力勝部益次郎に東の大塩とも打ち合わせるよう命じている。武家の主催する講に幕閣の関心が集まり、正式に調査することが決まっているのである。大塩が辞職する三カ月ほど前のことであった。

こうした経緯を踏まえると、「辞職詩幷序」を大塩の自画自賛とすることが躊躇《ちゅうちょ》される。むしろ彼は、それが「未完」であることを認識していた。

引退後に大塩は、しばしば書簡の中で三大功績とともに辞職について触れている。その一つ、天保元年（一八三〇）十二月の大蔵永常宛では、高井の下で大坂表の悪弊を七、八分まで刷新したとして、邪宗門一件と奸吏糾弾事件を取り上げ、「その艱難《かんなん》苦痛は実に申し尽くし難く、戦場の血戦《けっせん》より辛烈《しんれつ》」と評している。それが原因で病気になり引退と心掛けていたところ、高井の病気養生のための参府があり、自分も引退しようと決めたと述べる。その頃の手紙には「尾張にて養生すれば一年のうちに壮健復すべし」「今より二、三年は薬用養生を加へ」などとあり、引退には持病の悪化という要因もあったようだが、「義は職を棄《す》て以て隠を招くを共にせずを得ず」、つまり高井と一蓮托《いちれんたく》生《しょう》だという。

ところが天保三年（一八三二）の与力荻野四郎助《しろすけ》宛では、宿願の通り三年前に引退したが、それは高井の江戸参府を契機に思い付いたのではなく、邪宗門一件の折、京都町奉行所与力と会話する中で言い出したことで、「士の一言泰山磐石《たいざんばんじゃく》よりも重く」引退願を出したとある。それは「功を忘れても、事を忘れない」という諺《ことわざ》の実践だと説き、遣り残したことへの想いを微塵《みじん》も感じさせない。

しかし同五年（一八三四）四月の平松楽斎宛には「所詮《しょせん》要路の大官ニ無之《これなく》ては、十分之存寄《ぞんじより》通り出来不申《もうさざる》ものニ候、已然《いぜん》吏務中ニコリ々々致し居候」とある。幕閣の中心にいる人物の支援がなければ、与力として十分な働きができないことは、現役時代に身に沁《し》みたというのだが、それを元に相蘇一弘は、与力の限界を痛感したことが辞職の大きな原因と判断する。この数年、おそらく心中は動いていたのであろう。「世外の人」と公言しつつ、門人の与力・同心を使って不正無尽の調査資料を集めさせていたことが、建議書が発見されることで明らかとなった今、未完に終わったその想いを、言い換えれば火種を、大塩は抱え続けたのは間違いない。建議書発見の意義は、とても大きい。

画僧愛石の死

第三の破戒僧処分一件については、新しい研究が生まれていない。新史料の発見がないことが深く関わっている。

この事件に関して文政十二年（一八二九）十二月十日、僧侶の不行跡があれば訴え出るようにとの町触が出ているが、『新見日記』の十二月六日に、寺院向取締のために触書を出すとして案文《あんぶん》（草稿）が城代に上申されている。東西両奉行の名による触書には、寛政十年（一七九八）の町触、翌十一年の江戸から指示、さらに文化十四年（一八一七）七月の触にもかかわらず、近頃また行状が宜《よろ》しくないとの風聞があるので、正さなければ厳しく吟味されるであろうとある。

そして翌文政十三年（一八三〇）二月、処分を受けた千日前《せんにちまえ》自安寺《じあんじ》の住職ら一二名の氏名が、『摂陽奇観』に記録されている。そこでは彼らの犯した罪が、「遊所《ゆうしょ》狂ひ」「妾宅《しょうたく》」「在家密通」「女犯」（『反古篭』）と、あからさまに述べられている。

この事件、キリシタン一件のような未曽有の事件でなく、また「奸吏糾弾一件」のような内部告発を含むものではないだけに、三大功績の一つとしてはいま一つ目立たない。『新見日記』にも「不如法《ふにょほう》の僧」（四月五日）、「盗幷《ぬすみならびに》不如法之僧隆覚《りゅうかく》」らに口書調べを申付ける（五月二日）など、散見されるのみである。しかし任を解かれた新見が江戸に戻った天保二年（一八三一）十二月二十五日として、千日自安寺掛りの事件が、三年目にして今日済んだとあり、そこに二条殿家来松山右馬之助・破損奉行一場藤兵衛・飯島惣左衛門・池田新左衛門ら「破損奉行一件」関係者の名とともに、奉行所の下宿に呼ばれた者は二千余人で大混乱と記す。ひょっとすると「破損奉行一件」と「千日自安寺掛り」は、どこかでクロスしていた可能性がある。

このように二つの事件がクロスすることで、最近、正体が暴かれた意外な有名人がいる。その人物、江戸の美術史に詳しい人しか知らないかもしれないが、画僧愛石《あいせき》という。

野呂介石《のろかいせき》・長町竹石《ながまちちくせき》と並んで三石《さんせき》と称された愛石については、代表作である「楓林停車図《ふうりんていしゃず》」「夏景山水図《かけいさんすいず》」を所蔵する和歌山県立博物館がホームページで、その略歴をつぎのように紹介している。未詳な点も多いが、出身地は紀伊国、師匠は野呂介石、流派は文人画で山水を得意とする。河内国西浦村宝寿寺《にしうらほうじゅじ》の住職として白鷗吟社《はくおうぎんしゃ》の文人に絵を教えた。別名として真契《しんけい》、黙叟《もくそう》、生年は明和元年（一七六四）で没年未詳。近世大坂の文人リストである『浪華郷友録《なにわきょうゆうろく》』に名を載せるが、興味深いのは木村蒹葭堂《けんかどう》の「日記」に、訪問者の一人として出ていることである（享和元年十一月十一日条）。

訪問者の筆頭の平田周二《ひらたしゅうじ》（竹軒《ちっけん》）は、白鷗吟社と呼ばれる地元の文芸結社のリーダーであるが、そのグループに画僧愛石は属していた。いつ宝寿寺の住職になったかは特定されていないが、西浦・野村《のむら》・古市《ふるいち》、のちに見る誉田八幡宮《こんだはちまんぐう》の所在地誉田村などの各村は相互に近接しているので、ローカルな文人ネットワークが作られていたことは間違いない。

謎《なぞ》は、その死である。明治初年に出た『河内人物誌』が「大塩後素《こうそ》ト友トシ善シ、天保元年事ニ座シ、疑ヲ蒙《こうむ》リ獄ニ投ゼラレ病《やん》テ寂《じゃく》ス」と述べるのが唯一の記事で、天保元年（文政十三年は十二月十日天保と改元）のこととは、破戒僧処分一件である。つまり大塩平八郎と親しかったが、破戒僧の疑いで逮捕され、入牢中に死んだ、というのである。

しかし真相は、まったく異なる。『摂陽奇観』の文政十年（一八二七）十月二十七日条に、つぎのようにある。

河州誉田八幡宮社僧富《しゃそうとみ》一件ニ付《つき》落着致し獄門ニ懸《かか》る事、画僧愛石師も是《これ》より已前《いぜん》牢死致され候事

誉田八幡社の「富一件」はこの日、決着したが、愛石はそれ以前に死んでいる、という意味で、破戒僧処分一件とは全く別個のものである。大塩の名も見えない。ところがこの事件、盗賊役大塩と交差する。

事件の発端は、河内国誉田八幡宮社僧の女犯一件、つまり破戒僧処分一件であった。文政十年（一八二七）正月、同宮に奉仕する社人《しゃじん》の椋木修理《むくのきしゅり》らが社僧大満院《たいまんいん》・中之坊《なかのぼう》の「密夫《みっぷ》」（情夫）を大坂町奉行所に訴えたことに始まる。その後、訴人椋木修理に社人跡の名跡《みょうせき》に関して不正のあることが発覚し、関係者が町奉行所に出向いたところで盗賊方大塩と出会う。キリシタン一件で奮闘中の大塩である。その後、五月、東西の盗賊役によって女犯一件の処分が行われるが、月末、社人仲間に身柄を預けられた椋木が出奔することで六月一日、大坂

から盗賊方同心に四ケ所の者らが現地に駆けつけ、大騒動となった。その折、一時期、椋木を匿《かくま》っていたとして愛石が逮捕される。この二人、文政六年に進めた富願《とみねがい》一件（奉行所の認可を得て富籤《とみくじ》を興行すること）を主導していたが、集まった資金のうち六〇〇両を二人して着服した疑いが出たのである。『摂陽奇観』の言う「河州誉田八幡宮社僧富一件」とはこのことで、審理の結果は黒と出て、宝寿寺の家財は闕所《けっしょ》、住職愛石は収容先の市中平野町《ひらのまち》惣会所で牢死した。文政十年七月二日のことである。すべての決着を見た十月二十七日の約三カ月前である。この記事に従えば、享年六〇歳とあるので明和五年（一七六八）の生まれとなる。

たしかに大塩が登場し、女犯一件として始まったことから、後年、「天保元年事ニ座シ」という結論になってしまったのであろう（藪田「画僧愛石の死」）。三大功績の産み落とした逸話である。それほどに与力大塩の名は、三大功績とともに語られていく。

第三章　洗心洞主人

二人の大塩

三大功績のインパクトの大きさは、『浮世の有様』など、当時のさまざまな随筆・記録に散見される。大塩平八郎の名とともに記憶され、わずか一日の反乱にもかかわらず、乱後、その印象を増幅させることとなった。「嗚呼《ああ》平八郎、其《その》はしめハ才気を顕《あら》ハし奉行の為に正路の公道を尽し、半《なか》ハ学業を売りて普《あまね》く名を弘《ひろ》め、終りハあらぬ企てをなして万世に汚名を止《とどめ》る」（「難波美家解《なにわみやげ》」）とある通りであるが、それを同時進行で見ていた人は、大坂の人士以外では頼山陽を除いて多くはない。そんななか、貴重な例として江戸の学者松崎慊堂《まつざきこうどう》（乱の当時六七歳）がいる。林述斎率いる昌平黌《しょうへいこう》で、佐藤一斎と並ぶ高弟として知られている人物である。

慊堂には、漢文で記された『慊堂日暦』（以降、『日暦』）が残るが、乱後の天保八年（一八三七）二月二十九日条には、十八日付で大坂東町奉行跡部良弼《あとべよしすけ》（乱の当時の推定年齢三九歳）が発した書簡が二十四日、勘定奉行矢部定謙《さだのり》（前任大坂西町奉行。乱の当時四九歳）の許《もと》に着いたとして、その文面を記している。「統下の同心　某《なにがし》、自首して云《い》う、旧与力致仕大塩平八郎、某々八人、民七八十人と、まさに奉行を途中にて狙撃《そげき》せんとし、約すでに定まる、某もまたその一人なり」とある（読み下した東洋文庫本による）。某とは、決起の前々日に跡部に密訴した平山助次郎《ひらやますけじろう》（同じく三三歳）のことで、この平山、跡部の密命を受けて書面を携え、単身江戸に向かい、二月二十九日夕刻、矢部の役宅に着く。乱の確証が江戸に届いた第一報である。

『日暦』にはさらに二十五・二十六・二十八日と乱の記事が続くが、二十六日には「相府《そうふ》」が姫路・郡山《こおりやま》・尼崎《あまがさき》・岸和田《きしわだ》・篠山《ささやま》の藩邸の役人を呼んで出兵の準備を命じたと出る。「相府」とは相模小田原藩主大久保忠真のことで、当時、老中の一人。果たしてこの日、老中の名で徒党の者を捕えるようにとの命が出されている（岩城卓二『幕末期における大坂・大坂城の軍事的役割と畿内・近国藩』）。

老中大久保といい、勘定奉行矢部といい、幕閣とその周辺に届いた機密情報を松崎は、いち早く入手している。この立ち位置は、彼が掛川《かけがわ》藩主太田資始《すけもと》に仕えていたからである。当時太田は、大坂城代・京都所司代を経て、天保五年（一八三四）四月には老中に就いていた（建議書で不正の指摘を受けていない人物の一人）。まさに、幕府の要路にいる。

興味深いことに太田のこの経歴は、乱以前、松崎慊堂をして大塩平八郎との接点をもたらしていた。大坂城代を勤める藩侯太田に仕える儒者として大坂にいたのである。『日暦』によれば、着坂は文政十二年（一八二九）三月二十三日で、出坂は九月二十七日。その間六カ月余だが、大塩が二度、『日暦』に出る。一度目は、三月二十九日の条。

○大塩平八郎。天満組屋敷与力盗賊方。

大坂に着き、大坂城追手門《おうてもん》の間近にある五軒屋敷に落ち着いた二十三日からわずか六日後の記事。連日のように城代太田に会っているので、大塩の名を聞く機会があったと推測されるが、「盗賊方」とあることに注意を要する。大塩の盗賊役は文政十年（一八二七）正月に始まっており、四月に京坂キリシタン一件が起きているが、『日暦』の十月四日条にキリシタン一件が出ている。

○耶蘇教《やそきょう》　大坂の蘭医《らんい》、蘭書に就いて耶蘇教を得て、以て国学者凡《およ》そ十余人に授く。事は発して、坊尹《ぼういん》の高井某君が案覆《あんふく》に云う、定めて耶蘇教に非ずと。十余人は云う、耶蘇教なること疑いなしと。

「尼崎邸にて伝うるところ」とあるので、同藩江戸藩邸からの情報と思われる。蘭医の藤田顕蔵を通じてキリスト教が広まっているとして、東町奉行高井実徳の下で捜査が行われたが、まことにキリスト教かどうかで意見が割れている、という意味だが、実際、九月には彼の名で城代太田に宛てて吟味伺書が提出され、その後、老中に判断を仰いでいる。したがってこの時、江戸にいた松崎は、大塩の名を聞いていたのではないかと推測される。その結果、着坂後、慊堂に大塩を想起させたのであろう。

さらに半年後の九月十三日に、再度、大塩が出る。

〇大塩平八郎。号は洗心洞、三十七八歳。

与力ではなく、学者・文人として記されているが、なぜこの日か。手がかりは九日の条にある。この日、斎藤巒江《らんこう》と舟遊びの約束をしており、そこに尼崎町の山脇元春《やまわきげんしゅん》、堂島中町の但馬天民《たじまてんみん》らが集った。斎藤と山脇は翌日にも慊堂を訪ねているが、注目は但馬天民（号椿《ちん》斎《さい》。乱の当時五九歳）。彼には当時一九歳の不動次郎《ふどうじろう》（のち千里《せんり》）という息子がいる。九歳で篠崎小竹《しのざきしょうちく》（同じく五七歳）の門に入り、一二歳で大塩の家塾に寄宿し、天保三年（一八三二）には大塩の命で私塾を開くという俊英で、この頃は洗心洞に寄宿の最中である（天坊幸彦「田結荘千里翁伝」）。母は京都の儒医野呂天然《てんぜん》の娘であるが、大塩平八郎の隣にその名が見える。

キリシタン事件を通じて与力大塩の名を知っていた慊堂は、在坂中、地元の文人たちとの交流を通じて、洗心洞主人としての大塩平八郎を知ることとなったと思われる。与力と文人、二人の大塩がその時、一致したのであるが、『日暦』にはその後、大塩の名は出ることなく乱を迎える。

大坂の文人社会

当時、洗心洞主人大塩平八郎の斯界《しかい》における地位はいかほどのものか。一つの手がかりとして当時の大坂文壇の状況を記した『新刻浪華人物誌』がある。定期刊行物の『浪華御役《おんやく》録《ろく》』が与力大塩の情報を載せるのに対し、こちらには文人大塩が載る。文政七年（一八二四）六月の刊行で、安永四年（一七七五）版・寛政二年（一七九〇）版の『浪華郷友録』の続編を意図し、儒家以下、医家・和歌国学・天学・易学・書・画・篆刻《てんこく》・文雅《ぶんが》の分野ごとに氏名が並んでいる。『慊堂日暦』に出る篆刻家阿部縑州《あべけんしゅう》や医家野呂天然、非業の死を遂げた画僧愛石も出るなど、当時の文人社会を一望するのに適している。

掲載順は序列ではないと断っているが、儒家四〇名のトップが懐徳堂《かいとくどう》の中井《なかい》七郎、ついで篠崎小竹、画家が森徹山《てつざん》・中井藍江《らんこう》と来れば序列の匂《にお》いも十分にする。一方、この頃、大塩が書状の遣り取りをしていた岡田半江《おかだはんこう》（彦兵衛、天満橋北。乱の当時五六歳）は儒家の二一番目、間《はざま》確斎（五郎兵衛、長堀富田橋北）は天学家（天文学者）のトップにいる。対して大塩平八郎（当時三二歳）は儒家の末尾に登場する。しかも「大塩　天満　大塩某」とあるだけで、篠崎小竹のように「名弼《ひつ》・字《あざな》承弼《しょうひつ》・斎藤町　篠崎長右衛門」とフルネームである人士との差が顕著である。城方与力の坂本鉉之助《げんのすけ》や町方の八田五郎左衛門定保の名は見えないので、彼らとは格が違うことは確かだが、文人大塩が当時、世間に熟知された存在とは言い難い。

その一方、書簡の遣り取りからは、文人然とする姿が窺える。たとえば文政三年（一八二〇）または四年と推定される岡田半江宛書状には、「獄訴繁多」と多忙な与力の姿を披露する一方、貰った絵の礼にと「蘭亭《らんてい》の一軸」を添えているのは、明らかに文人大塩の一面である。また文政十年八月の間確斎宛では、江戸からの書状は牢屋敷で読んだ、送ってもらった『黄石斎《こうせきさい》経学九種』も落手したと記している。

中国明末の黄道周《こうどうしゅう》（号石斎《せきさい》）は、明が滅ぶと皇帝の血を引く福王《ふくおう》・唐王《とうおう》を擁立して明王朝の回復に努め、清軍《しんぐん》に捕えられた時も屈することなく死に臨んだ忠義豪傑の烈士として知られていた。大塩の遺作『洗心洞詩文』にも、友人宅の書架で『黄道周列伝』を見付けて読み、涙して作ったという詩が載せられている。中国史のなかの英雄に、自己を投影する儒者大塩の一面が窺える。

手紙の相手である岡田半江は大塩の一一歳年長で、天保八年版『続浪華郷友録』では書家・画家・煎茶《せんちゃ》の部に顔を出す。高名なのは父の米山人《べいさんじん》。「豊かな米屋の主人で浪華文人画の巨匠」と『大阪人物辞典』にあるが、文政三年（一八二〇）に死んでいる。また間確斎は七歳年長で、通称十一屋《じゅういちや》五郎兵衛。これまた町人学者であるが、高橋至時《たかはしよしとき》とともに「寛政の改暦」を行った父重富《しげとみ》がよく知られている。そのコレクションは羽間《はざま》文庫として著名で、『木村蒹葭堂《けんかどう》日記』はその一つである。

その『木村蒹葭堂日記』に、坂本鉉之助が登場すると言えば驚く向きもあろう。大塩の二歳年上の鉉之助は、信州高遠《たかとお》の生まれ。藩士であった父天山《てんざん》（俊豈《としやす》・孫八）は家を長子俊元《としもと》に継がせ、寛政九年（一七九七）、末子鉉之助を伴い大坂に来て、砲術宗家坂本孫之進《まごのしん》宅に逗留《とうりゅう》していた。天山は、砲術荻野《おぎの》流増補新術の創始者として知られていた。『木村蒹葭堂日記』の十年四月九日に坂本孫八とあるのが初見で、その頻度は少なくない。『天山詩集』には、その年の冬、蒹葭堂宅で谷文晁《ぶんちょう》の描く蒹葭堂の肖像（大阪歴史博物館蔵）を見たとあるが、篠崎三島《さんとう》を梅花社《ばいかしゃ》に訪れてもおり、天山の文人としての足跡は豊かである。

寛政十二年（一八〇〇）十月、天山は鉉之助を連れ、海路西国に向け出発、翌享和元年（一八〇一）、大村藩《おおむら》で砲術の指導をしていることが、平戸《ひらど》藩主松浦静山《まつらせいざん》（乱の当時七八歳）の随筆『甲子夜話《かっしやわ》』に出る。その年の秋、鉉之助を伴い一時、浪華に戻ったことが、『木村蒹葭堂日記』十月十日条に書き留められている。その後、再び長崎に戻り、享和二年暮れに病を得て、翌三年二月十九日、長崎の平戸藩屋敷で死去する。父と養父の生前の約束で鉉之助が大坂宗家を継ぐのは、文化二年（一八〇五）のことである。

岡田半江・間確斎・坂本鉉之助に、さらに大塩の初学の師篠崎三島の後継者篠崎小竹（大塩の一二歳年長）を加えてみれば、大坂の文人社会の豊かさを感じるが、同時に彼らがいずれも、父親の恵まれた環境と資産を受けていることが注目される。単身、文人世界で身を立てていかなければならなかった大塩との差は歴然としている。大塩の反骨の重要な背景といえるだろう。

頼山陽と大塩平八郎

そんななか、エリートの中のエリートである頼山陽が、大塩と深い交わりを持ったことには大きな意味がある。

頼山陽と大塩平八郎との関係について幸田成友は『大塩平八郎』の中で、先輩交友として取り上げている。典拠は『洗心洞劄記《さっき》附録抄』である。天保六年（一八三五）夏四月という刊記があり、主著『洗心洞劄記』を贈った人物からの礼状・返信を収めたもので、その冒頭に佐藤一斎が来る。対する末尾には、天保三年九月に京都で死去している、したがって『劄記』を受け取っていない「亡友」頼山陽の序一編と詩六首が収められている。じつに異様な体裁を採っているが、そこには大塩の山陽への熱い想いが記されている。

二人の間の交流を考える時、中村真一郎《なかむらしんいちろう》（小説家、文芸評論家）の名著『頼山陽とその時代』が想い起こされる。同書は、頼山陽の生涯とともに交友関係、弟子、学芸を六部に分けて描いた大作で、第三部山陽の交友上の第一グループ「京摂の友人たち」に大塩が出る。文政七年（一八二四）三月、母梅颸《ばいし》を迎えに大坂まで出向いた山陽に、未知の大塩から詩が寄せられた。その答礼のため、篠崎小竹の案内で大塩邸に出かけたことから二人の間に交際が開けた、と中村は書く。

この文政七年説は幸田以来長らく定説となっていたが、相蘇一弘の書簡研究によって文政五年に遡《さかのぼ》ることが確実となった。同年十月一日付の山陽門人秋吉雲桂宛書状に、山陽が岡田半江宅へやってきて大塩に書を届けた、とあるからである。その意味で、山陽と大塩の接点は、大塩が三大功績によって与力としてブレークするはるか以前に始まっている。『附録抄』に収められた詩などによると、二人の交流は、文政五年（一八二二）から天保三年（一八三二）の間、山陽が四三〜五三歳、大塩三〇〜四〇歳の九年余に及ぶ。この間、大塩は与力と学者の二足の草鞋《わらじ》を履《は》いていたので、山陽の詩には、その様が活写されている。「衙《が》ニ上リテハ盗賊ヲ治メ、家ニ帰リテハ生徒ヲ督ス」はその代表で、日中の盗賊方と退勤後の洗心洞主が対比されている。

異色なのは文政十年（一八二七）秋、恩師菅茶山《かんさざん》遺愛の杖《つえ》を道中で失《な》くし、捜索して見付けてもらったことに謝意を表した詩。「どうしてこんなに早く見付けられたか」と問うた山陽に対し大塩は、「阪府《はんぷ》ノ所管僅《わずか》ニ方《ほう》数十里、其内在ル所ノ物繊芥《せんかい》ノ微《び》ト雖《いえど》モ我カ眼底ヲ逃ル、無シ、若《も》シ此《か》クノ如《ごと》クナラサル何《なん》ソ職ヲ盗賊方ニ奉スルヲ得ンヤ」と答えたという（石崎東国『大塩平八郎伝』）。狭い大坂市中、どんな些細《ささい》な物でも見つけられなければ、盗賊役は勤まらない、三大功績を挙げた自分なら「朝飯前」、とでも言いたげな自負である。

そんな吏員としての大塩に賛辞を惜しまない山陽だが、与力を引退し、名古屋の宗家に行く時に贈った詩では、自分はかつて「ソノ精明《せいめい》ヲ過用《かよう》シ、鋭進《えいしん》シテ折レ易《やす》キヲ戒《いまし》メ」てきたので、今後、閑を得て読書生活に入ることを喜ぶ、と詠む。大塩の与力としての鋭さに、不安を感じていたのである。

天保三年（一八三二）四月、最後の面談の折には山陽が「兄《けい》ノ学問、洗心以テ内ニ求ム、裏《のぼる》ガ如キハ外ニ求メテ以テ内ニ儲《たくわ》フ。而シテ詩《しこう》ヲ作ルト文ヲ属スルトハ、相反スルガ如ク然リ」と述べたとある。君と僕では哲学的には方向は違うが、互いに詩と文で繋がっているという意味であろう。儒者大塩にも詩文の領域があり、そこで二人は共鳴していたのである。

昌平黌と林述斎

盟友頼山陽が京都で亡くなったのは天保三年（一八三二）九月二十三日の夕暮れ。享年五三歳。葬儀を欠席した大塩は九月二十五日、知人で医師でもある小石元瑞に宛てて書状を認《したた》め、香奠《こうでん》を託している。山陽の京都滞在は二〇年であったが、中村真一郎は、山陽の最終の目的地は江戸で、京都は地盤を固める中継点に過ぎなかった、「五十三歳となって江戸進出に踏み出そうとした瞬間に、彼の生命は病気によって奪い去られてしまった」と書く。学長である林述斎の「最も信頼する二人の高足《こうそく》、佐藤一斎と松崎慊堂とが、いずれも山陽について絶えず遠くから気を配っていた」ことがその背景にあったからである（『頼山陽とその時代』）。

ここで注目されるのは、当時の学者・文人世界における昌平黌の位置である。中村は、こう説く。寛政改革ののち、各藩が急激に学校を設立しはじめたので、当時の知識人は昌平黌を卒業すると、諸侯の許に儒員として就職するのが習慣のようになっていた。しかも彼らは、雇い主である殿様よりも学校の同級生同士の藩を超えた人間関係が強く意識される、という意味で「新しい知識人」であったと。脱与力化しようとして奮闘する大塩の前に、そうした知識人が現れたとすれば、どうであろうか。

第一章で大塩が、主著とともに「人生の三変」を綴《つづ》った書状を昌平黌の教授佐藤一斎に送り、読了後、大学頭《だいがくのかみ》林述斎（中国風に祭酒林公《さいしゅりんこう》ともいう）にも回してほしい、と書いていたことに触れたが、そこには、「江戸という問題」が、与力大塩にとどまらず、洗心洞主人としてもあったことを示唆する。その問題は二つ、一つは建議書が、その存在を明らかにした林家への大塩の資金融通。いま一つは、江戸への招聘《しょうへい》問題である。この問題は幸田以来、厄介な問題としてある。

幸田は、江戸出仕一件については旧天満組惣年寄今井克復《いまいかつまた》翁の談話を、また林家借用一件については門人田結庄《たゆいのしょう》千里の証言を取り上げ、江戸出仕については明確に否定するが、双方の関係性については曖昧である。

つぎにこの問題を論じた宮城公子『大塩平八郎』の場合、石崎東国の説をもとに林家救済のための融通を大塩に持ちかけたのは前大坂町奉行新見《しんみ》正路であるとし、借財一〇〇〇両の存在は、「祭酒林公も亦《また》僕を愛するの人なり」という一文と符節が合うと説いた。それを天保四年（一八三三）と推定するが、その後、六年正月の新見家家宰武藤《むとう》休右衛門が大塩に宛てた書状で、江戸出府が確定的になったことを伝えてきたとして、「夢心地で倥偬《こうそう》のうちに認めた大塩の返信」を引用する。幸田とは反対に、江戸出仕を積極的に認め、それは大塩にとって長年の秘められた念願であったとして今井克復翁の談話を引くが、大塩と林家を繋ぐ存在として新見正路が浮上しているのがポイントである。

その後、建議書が発見されるに及んで仲田正之は、「(林大学頭名の借用証文を含む)この膨大な資料が、大塩個人の栄達のために作成されていた可能性を考え、大塩の猟官運動に関する史料を見なおしてみたい」と指摘するに至る。そこで彼が得た結論は、林家への融通と江戸出府は繋がっており、林家に用立てた一〇〇〇両は、大塩が不正と決めつけた無尽仕法に拠るものであったというものである。

こうして整理してみると、大塩と林述斎の関係をどう理解するかについては、著者によって論拠がさまざまであることも分かる。こうした入り組んだ状況は相蘇の研究によってほぼ一新されたといえる(相蘇「大塩の林家調金をめぐって」「大塩平八郎の出府と「猟官運動」について」)。以下、それによって記す。

大塩の資金融通

第一に、大塩の林家への融通が文政十年(一八二七)十一月であったことは、建議書に収められた証文と年賦返済勘定書(利子付き・一五年賦)で確定される。ただし証文の金額は三筆七〇〇両で、田結庄千里の証言にある一〇〇〇両と異なる。この融資の依頼の次第は、門人千里の証言に詳しい（石崎東国『大塩平八郎伝』。ただし年次は天保二年〔一八三一〕とする）。

大塩がある日、同僚の与力八田五郎左衛門を訪れた時、来客があったので、誰かと聞くと、江戸の客で林祭酒の執事だと答える。さらにその用向きが、近年、林家が極度の財政難で困っている、そこで大坂で頼母子《たのもし》・無尽講を組み、一〇〇〇両ほど四方から出資を得れば状況も改善されるだろうから協力してほしい、という意向だと伝える。そこで大塩は、林家は天下の学政を掌《つかさど》っている、それにもかかわらず利殖家が常用する頼母子を組もうとは「天下これ何とか言わん」として、千金を用意すると述べたのである。「不正無尽」がクローズアップされるのは文政十二年（一八二九）以後なので、この時の林家の提案が不正無尽であったかどうかは不明だが、そこに大塩が危険を感じたのは間違いないであろう。

この執事、建議書によって林家の用人島村《しまむら》兵助であることが判明し、さらに彼宛の書状が三通添えられることで、①融資の話は同年七月であったこと、②金額は一〇〇〇両、③資金は門弟たちが負担すること、④融資に当たっての見返りは特になく、入手しがたい書物の借用ができればありがたいと大塩が述べたこと、などが判明する。

文政十一年（一八二八）三月二十三日付で林述斎から大塩に宛てた私信も添えられているが、そこには意外の周旋《しゅうせん》に感銘を受けた、年来学問に励んでいる様子なので、もし出府する機会があれば面談しようとある。こうして大塩からの融資提案は、江戸出府への大きな契機となったが、資金源が白井孝右衛門《しらいこうえもん》（乱の当時四九歳）や橋本忠兵衛（同じく四二歳）・木村司馬之助《しまのすけ》などの富裕農民であったことは、洗心洞という私塾を見る上で注目される。

　この証言に信を置くならば、頼母子講の相談に用人島村兵助はなぜ、東町奉行所与力八田五郎左衛門（衛門太郎という説もある）を訪ねたかが問題となる。もし五郎左衛門なら、第一章で見た七代定保のことで、最長老与力として諸御用調役などに就いていた。したがって相談相手としては妥当であるが、その頭《かしら》は高井実徳であるから、島村は述斎の命を受けてまず高井を訪問し、その許可を得て、八田に面会したと推測される。その意味で、この証言には頭高井の姿が見えないという問題がある。しかし八田は、実績豊かな最古参与力であるから、彼との間に相談が進んでも不思議ではないが、明確な回答を避けたことから、大塩に回ってきて、林述斎との奇縁が生まれたのではないか。脱与力化の志向の下、学問に励む大塩にとって、林家祭酒の命を受けた用人島村兵助の東町奉行所訪問は、千載一遇のチャンスとなったのである。

　だが大塩は当時、留守中に訪れた頼山陽が残していった詩で言うように、キリシタン事件という激務に加え、塾生の教育で超多忙な日々を送っていた。したがってこの約束が実現し、江戸に出向くのは与力を辞めた翌年、天保二年（一八三一）三月のことである。

大塩の江戸出府

大塩の江戸行きは、旧天満組惣年寄今井克復翁の談話として知られている。乱後五五年経った明治二十五年（一八九二）、史談会で語ったものである（『大阪編年史』）。

段々《だんだん》高井が用ひて、年若の者が席を進みました所から致して、江戸に出て一廉《ひとかど》の役人に取用ゐられたいと云ふことを懇願したものであるから、高井も其意を酌《く》みて居りましたが、文政十二年（十三年の誤り）に、高井は参府を申付けられた。参府と云ふと転役に極《きま》って居る事で、夫《そ》れに就きて平八郎は他日江戸に出ますから、予《かね》て心願の趣を御取扱を願ひたいと云ふことを強《しい》て申しました。高井は江戸に出立する前、密《ひそか》に平八郎に諭したことがある。其頃は江戸に出るとて容易に望《のぞみ》の通りにハ出来ぬ趣意と、又《また》江戸に出る心ならば、与力は一旦《いったん》退かずバ、与力のまゝにては昇進は出来かぬれば、責《せめ》ては江戸にて御家人の株に入《はいり》、身分を替《かえ》たる上でなければならぬ。

この証言には前段があり、乱の原因は平八郎の性質を考えればわかることで、深い理由はない。一廉の役人になりたい一心で、政治を批判し、その挙句、「その一念からアノ事が起きた」と断じている。つまり乱の原因は、大塩の出世欲にあるという今井翁の信念が大前提にある。その意味で予断に支えられているが、真実味が窺える部分もある。それは彼が文政十一年（一八二八）以降、天満組惣年寄（御役録に今井友之助として載る）になることで職務上、東町奉行所内部の事情にある程度通じていたからである。

しかしその客観性は、『新見日記』がある以上、それとの照合なしには担保されない。いくつか点検してみよう。

⑴文政十三年（一八三〇）七月に高井が参府を許可されたのはその通りであるが、それは「養生参府願」で、以後、転役を願わないという条件が付いている。したがって自身の転役を前提に、大塩を世話することは不可能である。

⑵高井の「養生参府願」が江戸で認められ、大坂城代の許に届き、近々出府との触を出すのが八月十四日。翌十五日に餞別《せんべつ》を贈り、十六日、大塩の引退と格之助への跡番代就任を新見が申し渡す。明らかに高井の出発と大塩の引退はリンクしており、二十日条によれば、大塩の病気による引退と格之助への交代を、出発前に高井は新見に伝えている。

⑶もう一件、新見に高井が伝えていたことがある。『新見日記』八月十九日条には、「平八郎儀身分之儀ニ付《つき》山城守より先達而《せんだって》相願置《あいねがいおき》候儀有之《これあり》、未《いまだ》御下知《おげち》無之《これなく》候付、御暇申渡《おいとまもうしわたし》候段御届書一通、手元ニ而《て》相仕立」と記す。この一節、つぎのように解せられる。

奉行が配下の与力の引退・交替を認可するのは当然であるが、それが高井の出立前でなく、出立後のことで、しかも新見による申し渡しとなったのは、高井が「大塩の身分」について願い出ていた件につき、出立前に城代からの下知がなかったから、まずは大塩の「御暇」、つまり引退届を高井に代わり城代に届ける、という意味である。これによれば高井は、与力を辞めた後の大塩の身分について、城代（あるいはそれを経て江戸）に願書を出していたことになる。もちろんその中身を『新見日記』で知ることはできないが、高井が大塩の「意を酌」んでいたという克復翁の証言に真実味を与える。

この話、大塩も知っていたと思われる。宗家で弓を見た後、一度大坂に戻った大塩は十月十五日付で礼状を出すが、「いまだそちらに滞在していると周囲に伝えているので内密にしてほしい」と述べている。こんな嘘《うそ》をつく理由は分からないが、続けて「頭《かしら》も今以て何の沙汰これなく、御沙汰これあり次第、私義直《ママただち》に参上仕るべく積《つも》り」と記す。この頭を相蘇は新見とするが、江戸の高井から新見を通じてなにがしかの沙汰があるはずで、あればすぐに江戸に参上するつもり、と解する。つまり大坂を離れる前に高井が大塩に語った「身分の儀」について、江戸からの下知がないので奉行新見は、とりあえず大塩の引退措置を先行させ、つぎに回答が来るのを待っていたのである。八月十九日のことであるが、大塩もその回答を、十月半ばの時点で待っていたと思われる。

いずれにしても大塩は、林述斎から資金融通の功績に応えるべく江戸出府の折には面会するという約束（実際、天保二年〔一八三一〕三月、ひそかに江戸に行き、述斎を訪問する）とともに、仕えていた町奉行高井から与力引退後の身分について公儀に願い出るという約束（ただし返事は来なかった）を得ていたのである。それは、彼が「猟官運動をした」という次元とは異なるもので、むしろ江戸の林述斎や高井実徳が、一方的に期待を抱かせたものといえるだろう。したがって、乱の原因と直結するのは飛躍しすぎている。

一〇〇〇両の融資

宮城の指摘以降、江戸と大塩の関係を考える上で重要人物として浮上した新見正路であるが、文政十三年（一八三〇）八月十五日の格之助への跡番代任命以降、その公日記に大塩の名が出ることはほぼない。わずかに、同組与力大西与五郎《おおにしよごろう》（母清心院《せいしんいん》の兄弟）を介して、人事に関して書類を提出したとの記事が九月七日と九日に見えるのみである。ところが私日記の九月十四日条には、以前大塩に頼んでおいた頼山陽の著作『日本外史《にほんがいし》』二二冊の写本（代金三両）が届いたとあり、大塩との間で、学者・文人としての付き合いが継続していたことが窺える。それは八月十四日条に大塩が『読史管見《とくしかんけん》』を持ってきたという記事と同様、文人同士の私的な関係に属することと新見が判断していたからである。そこには、懐徳堂主中井七郎を招いて『貞観政要《じょうがんせいよう》』や『逸史《いっし》』を講釈させる新見の姿が見えるが、彼はまた、無類の書籍コレクターとして知られる。天保九年（一八三八）の序を持つ『賜蘆書院儲蔵志《しろしょいんちょぞうし》』には、一六二八種、三万四七二巻、一万一五一八本の書目が挙げられているが、しかもその大半を町奉行在任時に集めたと序文で記している（『武士の町 大坂』）。その中に、山陽の『日本外史』がある。

希代の名著『日本外史』について中村真一郎は、文政十年（一八二七）に完成し、松平定信に献呈されたのちに刊行されたが、その出版前から各藩の図書館に写本が売れたと紹介する（『頼山陽とその時代』）。新見はその写本を、大塩を介して入手したのである。山陽の機嫌を損ない、両者の交友に亀裂《きれつ》が入りかねなかった入手事情については、相蘇の論考に詳しい（「大塩平八郎と頼山陽―文政十三年の『日本外史』の譲渡を巡って―」）。

しかし新見に対する大塩の貢献は、それだけではなかった。一〇〇〇両もの資金を融通しているのである。相蘇によれば、新見に対する大塩の資金調達は、林家への資金融通ののち、天保三年（一八三二）のことで、仲介したのは旗本新見家の領地である近江国蒲生《がもう》郡小中《こなか》村の庄屋で代官を兼ねる武藤休右衛門である。大塩から武藤に宛てた書簡は二〇通を超え、その親密度が窺えるが、この人物、『新見日記』に登場する。文政十三年（一八三〇）四月二十九日条に「休右衛門が近江より帰坂した。知行所に変わったことはないそうだ」とあるように、奉行新見の傍《そば》に仕えながら、殿様でもある新見の領地（近江に四カ村約八〇〇石）支配に関与しているのである。当然、与力であった大塩とも懇意であったが、とくに新見が御用取次見習となり、天保二年八月二十二日に大坂を発って以降、江戸の新見との間を一身に取り次ぐこととなった。二人の間の私信の往復を増加させた要因であるが、そこでの主題が、一〇〇〇両の調達である。

新見から調金依頼があったのは天保二年（一八三一）の暮れで、用途不明ながら金額は一〇〇〇両。大塩がその調達を頼んだのは、盗賊役としてともに京坂キリシタン一件を処理した与力瀬田藤四郎。鴻池《こうのいけ》家に関係する者でとりわけ入魂《じっこん》という瀬田の地位を利用して借り出し、翌三年秋に一〇〇〇両が調う。大塩は一〇〇〇両のうち七〇〇両を為替手形にして腹心に持たせ、残る三〇〇両は十月五日、みずから小中村に足を運んで手形を渡し、休右衛門を驚かせている。それについて大塩は、「公儀を大切にされているので、御世話させていただく」と述べているが、林家宛の資金融通といい、新見宛のそれといい、公儀に関わる人物への献身的な姿勢は異常なものであり、与力としても、また洗心洞主としても、通常の範囲を超えているように思える。

「公儀を大切に」という言葉をどう理解するかはしばらく措《お》くとして、彼とその周辺における資金力の豊かさについては注意する必要がある。洗心洞という世界を見る、新しい視点である。

第四章　洗心洞の内外

後素・連斎・中斎

さて、大塩平八郎の平八郎は通称で、家の当主はしばしば同じ通称を名乗り、父も平八郎。しかし父の諱《いみな》（実名）は敬高《よしたか》で、大塩自身は正高《まさたか》といった。「高」の一字を受け継ぐことで、父子の関係を示している。ところが文政二年（一八一九。推定）十月の師柴田勘兵衛宛の書状に「後素《こうそ》」とあり、諱を改めている。二七歳の頃で、「三変」が行われたことに因《よ》ると思われる。この諱、典拠は『論語』にある「子曰《いわ》く、絵の事は素より後にす。曰く、礼は後なるか。子曰く、予《われ》を起こす者は商《しょう》（孔子《こうし》の弟子の子夏《しか》）なり」に由来する。「絵は真っ白い素地の上にさまざまな絵の具で彩色する。人間の生活も生来の美質の上に礼などの教養を加えることによって完成する」と注釈されている。

この一文から大塩はさらに、「子起」という字《あざな》を取っている。文政十三年（一八三〇）九月、尾張の宗家に行くに際して頼山陽が贈った文「奉送大塩君子起適尾張序」(『洗心洞劄記附録抄』)に出る「子起」である。諱や字は、中国の古典に造詣《ぞうけい》のある文人・学者なら誰でも持つもので、ひとり大塩に限らないが、その人となりを示すものとして興味深い。

その後大塩は与力引退後、連斎《れんさい》と名乗り、大蔵永常宛の手紙には「雅人付合之名ハ連斎」《がじんつきあい》とあり、文人社会を生きる上での名であることを示唆するが、その背景に、与力を辞めた身の上が潜んでいる。したがってさらなる身上の変化は、再度の改名を生む。四〇歳の天保三年(一八三二)五月に中軒《ちゅうけん》と改め、さらに六～七月頃、中斎に改めたことを相蘇一弘が明らかにした。よく知られたこの名、『中庸《ちゅうよう》』に由来するが、この改名の背景として、同年六月、藤樹書院(中江藤樹の私塾)訪問の帰途、琵琶湖《びわこ》で暴風雨に遭い、臨死体験をしたことがきっかけではないかと相蘇は推測する。

その後、天保四年(一八三三)五月下旬、主著『洗心洞劄記《さっき》』を刊行し、七月には富士山の石室と伊勢の林崎《はやしざき》・豊宮崎《とよみやざき》の両文庫へ奉納する。豊宮崎文庫奉納には木箱が残り、墨書で「浪華大塩平八郎源後素」とある。家譜を発見することで、先祖は今川《いまがわ》氏の臣で、主君の滅亡後、神君家康に仕えたとする家系を誇りとしていた大塩が突如、源氏を名乗っている。与力引退後、念願だった宗家での東照神君から拝領した伝説の弓との対面を経て、「三変」に続く変化が、大塩の意識の上で起きていたのではないかと推測される。地元の画家岡熊岳《おかゆうがく》に宛てた天保四年七月六日付書状には、『劄記』を読むことで一人でも「忠孝の豪傑」が生まれれば、拙《つたな》い寸志が立つだろうと述べている。教育者として、洗心洞主としての自信と決意の表れである。

私塾洗心洞の名にも、源泉となる古典がある。洗心とは、『易経《えききょう》』繋辞《けいじ》上伝の「聖人は此《これ》を以て心を洗ひ、退きて密《ひそか》に蔵《ぞう》する」（福永光司ほか『佐藤一斎・大塩中斎』）に由来し、我意・私欲を洗い去り、心の奥深く包蔵するという意味で、王陽明の陽明洞に倣って名付けたものと理解されている。大塩の信奉する学問の心学的性格を著した美しい名である。

『洗心洞詩文』

その塾の名を冠した書物がある。『洗心洞詩文《しぶん》』と題する二冊本で、上巻に詩を、下巻に文を載せる大塩の遺稿集である。編者は中尾捨吉《なかおすてきち》、刊行は明治十二年（一八七九）十一月。中尾は天保十二年（一八四一）、土佐の生まれで、若い頃、陽明学者奥宮慥斎《おくのみやぞうさい》の下で学び、民権思想家として知られた中江兆民《ちょうみん》と同門であったという。明治十年と十七年の『官員録』には、判事長の児島惟謙《こじまいけん》と並んで、大阪控訴裁判所の判事として名が見える。出版年次から見ても、刊記にある西区土佐堀裏の住所から見ても、判事の職務の傍らに編集したものと思われる。明治八年の大阪会議、同十一年の愛国社再興大会、十八年の大阪事件を想起すれば理解されるように、当時の大阪は政治の中心であった。同じ土佐出身では天保四年生まれの島本仲道《しまもとなかみち》が明治二十年、大塩中斎五十年忌に際して著した『青天霹靂史《せいてんへきれきし》』と並んで、自由民権運動の熱気が大塩の乱を思い起こさせた作品といえる。

上巻の初めに論伝と題し、大塩の経歴と乱に触れたのち、去年来、大阪市街で大塩の遺書を探し、また目撃者の証言を集めてきたとして、協力者の氏名とともに出版事情を明かす。生き残った門人の一人田結庄《たゆいのしょう》千里（不動次郎）が中心となって大塩中斎奠書祭《てんしょさい》を開催したのが明治二十四年（一八九一）であったことを思う時、中尾の先進性が際立っている。

あわせて『洗心洞詩文』が、詩と文の二部構成であることも注目される。上巻には一三〇編余の詩を収め、下巻には「洗心洞入学盟誓」など、洗心洞に関する文書を収めている。したがって下巻は、幸田成友以降、洗心洞を論じるにあたって必ず参照される基本文献である。

それに対し上巻はどうかと言えば、近年、全首に語釈と大意を付けて紹介した森田康夫の『大塩思想の可能性』（二〇一一年）が出るまで、本格的な研究がない。生前に詩集が上梓されていないことにも関係しているが、それだけに研究の深化が求められる。

そこには大きな理由がある。第一に詩は、反乱者として歴史から抹殺された大塩の「生きた記憶」を伝える最良の資料である。掛幅の作品は古美術として出回っているが、原蔵者が、かつての門人や支援者・知己であることが少なくない。最近も、大塩の漢詩一五首を収める八曲一双《はっきょくいっそう》の屛風《びょうぶ》が新たに発見されたが、所蔵者宅には、逃亡中の大塩を匿った礼として貰った、という伝承が残されている。そこには大塩が、民衆のために命を投げ出して乱を起こしたことへの敬慕と慰霊の想いがある。

第二は、詩が文や書・画と並んで、文人の基本的な素養として求められたことである。どれを欠いても、文人の仲間に入ることができない。田能村竹田《たのむらちくでん》（乱の当時六一歳）の「蘆雁図《ろがんず》」は、大塩との交友を語る作品として有名である。山陽を介して大塩を知った竹田がある日、大塩邸を訪れ、中国明代の画家趙之璧《ちょうしへき》の「霜渚宿雁図《そうしょしゅくがんず》」を目にしたことから生まれたことが、画賛に記されている。二人の交流は、のちに弟子の伝太《でんた》（田能村直入《ちょくにゅう》）を洗心洞に入門させるに至る。

与力として天満に住むことから大塩には、淀川の支流である大川《おおかわ》を題材にした詩が多いが、そこは景勝地として画題にも好まれていた。友人の岡田半江の「米法山水図巻《べいほうさんすいずかん》」はその代表作だが、それを念頭に福島理子は、「大塩の描く淀川畔の光景はとても絵画的だ」（「大坂をうたう大塩平八郎」）と評する。「一瓢《いっぴょう》景を探りて　春風に酔う」に始まる七言絶句は、大塩

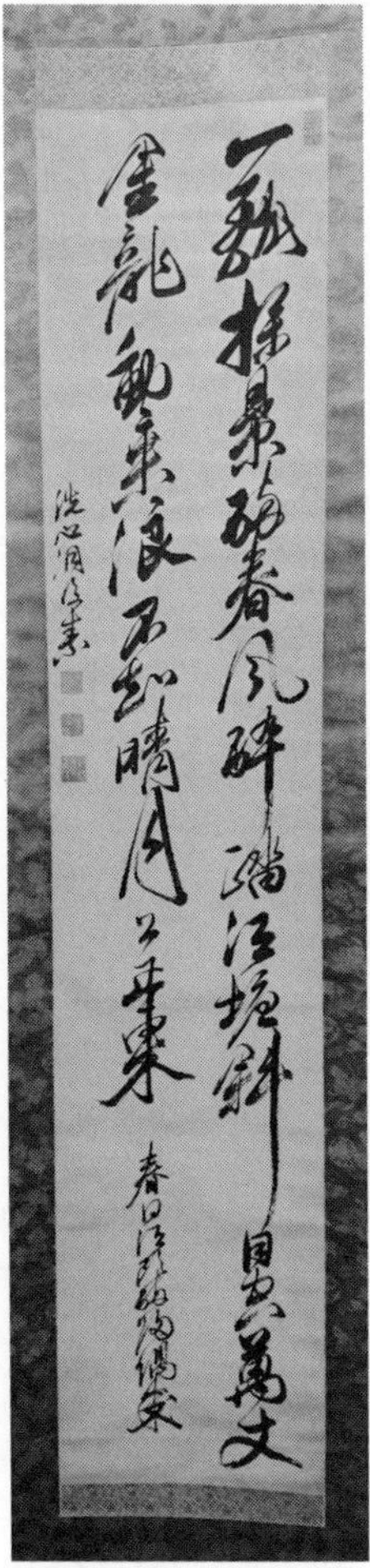

図４　漢詩「一瓢」
成正寺蔵

事件研究会初代会長酒井一の遺品（図4）。「川にさしこむ月の光を龍に見立てたもので、スケールの大きい、楽しい詩だ」と福島はコメントする（「大塩平八郎の詩心」）。だがその後、天保四年（一八三三）に始まる飢饉の進行とともに、その基調は大きく変わり、憂国の詩となる。

大塩の詩に注目する理由の最後は、そこに門人たち、とくに近郊に暮らす農民たちへの想いが披瀝《ひれき》されていることである。天満の役宅を出て、大川の左岸に出れば京街道。それを辿れば郊外に至る。洗心洞の最初の門人、摂津東成郡般若寺村《はんにゃじ》（大阪市旭区）庄屋橋本忠兵衛らが暮らす世界である。

『詩文』には「橋本氏ヲ訪《と》イ、邑俗《ゆうぞく》ヲ観《み》テ、之ヲ賦《ふ》シ以テ贈ル」が載る（詠みは森田康夫に拠る）。

　女織リ男耕ス　淳朴《じゅんぼく》深シ　城中ノ妖俗《ようぞく》未ダ相《あ》イ侵《おか》サズ
　若《も》シ文教ヲ加エ三代ニ遡《さかのぼ》ラシメバ　知ラ使《し》ム可《べ》カラザルハ豈《あ》ニ聖心ナランヤ

「文教」を加えて、夏《か》・殷《いん》・周《しゅう》と続いた古代中国の理想の世界に導くことができたらば……とは洗心洞主としての想いであるが、この詩を引用し、大塩を「農民の師友」と呼んだのは、岡本良一『大塩平八郎』であった。

洗心洞の塾則

大塩の詩には、洗心洞を詠んだ作品がいくつか残っている。「甲申《きのえさる》（文政七年）冬十二月大雪ヲ望ミ偶成《たまたまなす》」とある詩には、雪の降る景色に一瞥《いちべつ》もくれず、真剣に学んでいる洗心洞の様子が歌われるが、夏には「洗心洞裏ノ新夏、即事」（年次不詳）として、新出の八曲屛風にも収められた一首がある。入門したばかりの塾生の読書の声を、軒で巣作りをしていた燕《つばめ》のヒナドリが餌を求めて鳴いている様子に喩《たと》えた詩である。彼らは時に「童冠《どうかん》」として出る。

自ラ遊嬉《ゆうき》ヲ棄テ来リテ仁ヲ聴ク　憐《あわれ》ムベシ万死シテ身ヲ修メント欲スルヲ
群書《ぐんしょ》ヲ看了《みおわ》ルハ長年ノ後　能《よ》ク初心ヲ守ルハ更ニ幾人ゾ

「学士の針礎」と注記があるが、遊び盛りに決死の覚悟で儒学を学ぼうとするが、この先、万巻の書を読み終わるまでに耐えられる生徒は何人いるだろうかとは、長く教育者としてあった身として共感を覚える。

そんな洗心洞に塾の規則が出来上がるのは文政八年（一八二五）正月、大塩三三歳、バリバリ現役与力の頃である。

町奉行所与力の役宅の間取りを示した資料は八田家も含め、一切知られていない。したがって洗心洞の位置や規模も不明であるが、中心に置かれたのは読礼堂《どくれいどう》と呼ばれた講義室で、東西の二室あった。西には王陽明、東には呂新吾の格言が掛かり、入学者は、「吾門《わがもん》に入れば道を学び」「吾門に入れば人為《た》らんと欲し」に始まる扁額《へんがく》に迎えられる。

入学にあたっては、謝礼を納めるとともに誓いを立てなければならない。「洗心洞入学盟《めい》誓《せい》」というが、要約すればつぎの通りである（宮城公子『大塩平八郎』に従う）。

第一に、門人たる者は忠信を主とし、聖学の意を失ってはならない。もし世間の俗習に倣い、学業を怠れば、貧富に応じて書籍を買って、洗心洞に提供すること。

第二に、学門の要はみずから孝悌《こうてい》仁義を行うことである。故に、小説や雑書を読んではならない。もしこれを犯せば、罰として年齢に関係なく鞭朴《べんぼく》を数回与える。

第三に、毎日の授業は経業《けいぎょう》を先にし、詩と文書を後にする。もしこれを犯せば、罰として年齢に関係なく鞭朴を数回与える。

第四に、ひそかに俗輩《ぞくはい》悪人と交わり、妓楼《ぎろう》に上がり飲食をするなどの放逸《ほういつ》は許されない。もし一度でも犯せば、退塾処分となる。

第五に、寄宿中は塾を出入りしてはならない。自分に断りなく勝手に出入りすれば、帰省の場合でも許し難く、鞭朴を数回与える。

第六に、門人の家に異変が起きた時は、自分に必ず相談すること。

第七に、冠婚葬祭や吉事・凶事の折には、必ず自分に報告すること。

第八に、公罪を犯す時は、親族といえども擁護せず、お上に告げて処置に任せること。

「大坂の学校」とされた懐徳堂は、創立当初は、規則はわずか三カ条であったが、安永七年（一七七八）には八カ条となり、塾生の間では行儀よくし、足を投げ出して座ったり、ゴロンと横に寝てはならないなど、生活態度が細かく定められている（湯浅邦弘『懐徳堂事典』）。

一方、洗心洞とほぼ同時期に、市中淡路町《あわじまち》（大塩の乱後、瓦町《かわらまち》に移る）に讃岐の人藤沢東畡《ふじさわとうがい》が開いた私塾泊園書院《はくえんしょいん》も罰則規定があるが、寄宿生が早朝の掃除を忘れた場合、掃除当番が一日増える（吾妻重二『泊園書院歴史資料集』）。懐徳堂は朱子学、泊園書院は古学と流派が異なるが、同じ陽明学の池田草庵が開いた青谿書院《せいけんしょいん》の場合、塾中一体、乱雑を誡《いまし》める、とあるのみ（木南卓一『池田草庵先生』）。こうして見ると規則が多く、違反すれば鞭による体罰がある点で、洗心洞は厳格な塾であったといえよう。拷問を常用する町奉行所与力という職務が影響していようか。

「弟子に与える説」

大塩が洗心洞を開き、整備していった頃の大坂には、懐徳堂をはじめ、篠崎小竹《しょうちく》の梅花社、藤沢東畡（乱の当時四三歳）の泊園書院、広瀬旭荘《きょくそう》（同じく三一歳）の塾などが林立していた。大塩自身、幼少時、梅花社と並んで懐徳堂で句読を学んだことが知られている。いわば競合状態にあり、向学心に燃える青少年たちに門戸を開いていた。

洗心洞の入門者については、旧門生疋田竹翁《ひきたちくおう》が、門弟はたいてい与力衆で四、五十人もいたというが、最盛期もしくは延べ数ではないかと思われる。『近世私塾の研究』の中で海原徹は、総計七四名の門下生を入門年順に整理している。最も早いのは般若寺村の橋本忠兵衛の文化八年(一八一一。当時、大塩一九歳)であるが、彼が後年、大塩の妾ゆう(乱の当時四〇歳)との仲立ちをし、さらに養子格之助に娘みね(同じく一七歳)を嫁がせていることから、むしろ親類縁者と見る方が適している。文政四年(一八二一。大塩二九歳)の平山助次郎、同七年の庄司儀左衛門《しょうじぎざえもん》(乱の当時四〇歳)、同八年の白井孝右衛門の頃に本格化していると見るべきであろう。注目すべきは大塩が与力を辞める文政十三年秋(大塩三八歳)までの入門者二一名のうち、一四名が乱に関係していることである。

大塩が全身全霊を傾け、粉骨砕身して勤めた三大功績事件を彼らは、門人として目の当《ま》たりにしていたことであろう。門人の一人医師の松浦誠之《まつうらせいし》は、『洗心洞劄記』の天保六年版の跋文《ばつぶん》にこう記す(福永光司ほか『佐藤一斎・大塩中斎』)。

嗚呼《ああ》、先生の嘗《かつ》て仕路《しろ》に在るや、謹慎廉潔《きんしんれんけつ》にして、風節徳威《ふうせつとくい》あり。諸《これ》を天地神明に質《ただ》して愧《は》ぢざるものなり。其の啇長《がちょう》を佐《たす》けて以て強を抑へ弱を救ひ、邪を挫《くじ》き正を扶《たす》けしこと、人は過激と謂《い》ふと雖《いえど》も、然れども宿弊《しゅくへい》は立《ただ》ちに祛《はら》はれ、積蠹《せきと》は直ちに滅びぬ。

「仕路」は与力、「啇長」は町奉行高井実徳で、三大功績について語っているのは明らかで過剰との批判もあったが、そのお蔭で積年の宿弊は一掃され、悪人どもも退治された。しかし、その功績を世間では大塩の「天資聡明《てんしそうめい》・果毅《かき》の決」にあるとし、「学問の力」にあることを知らない。王陽明をはじめ明末・清初の大儒者たちの書物を読み、研鑽《けんさん》を積まれたのは一朝一夕ではない、と強調するのである。

こうした確信を抱けば、檄文の趣旨は、ストンと腑《ふ》に落ちたことであろう。しかし決起の瞬間松浦は、当惑のあまり諾否を明らかにせず、作り笑いを残して大塩邸を去って帰宅、乱には参加していない。師の教えである「知行合一《ちこうごういつ》」（正しいと知っていることは実行して初めて意味がある）を頭で理解することと、身を挺《てい》して参加することは同じではなかった。

塾の厳格さと師の過激さは、門人にとって諸刃《もろは》の剣《つるぎ》ではなかったか。そう思わせる事件が後年起きている。天保六年（一八三五）、門人の同心二名が同僚と申し合わせ、盗賊の廉《かど》で逮捕された罪人の顔に灸《きゅう》を据え、髪を切って追放したのである。その行き過ぎに対し奉行から譴責《けんせき》を受けた門人二人は自殺。一人は年齢二一歳。この事件を、東町奉行所内の内部処理で穏便に済ますよう同心組頭が願い出た書類が建議書に入っている。

その意図するところは、老中宛の意見書に明らかである。そこでは前西町奉行矢部定謙《さだのり》の行為として指弾し、若気の至りの類に過ぎないのを矢部が大仰《おおぎょう》に、城代土井利位《としつら》に申し上げたことで自殺するに至った、と大塩は批判する。この事件を通じ、門弟を教育することの難しさを知った大塩は、「弟子の良知を喪《うしな》へる者」に対し誡《いまし》めを草した。

世は海たり、身は舩《ふね》たり、心は舵《かじ》たり。終日身の舩世の海に浮沈し、如《も》し心の舵無くんば、則《すなわ》ち利の雨、名の風、慾《よく》の瀾《なみ》、情の波の為に覆溺《ふくでき》せられざる者幾《ほと》んど希《まれ》ならん。是の故に妄《みだ》りに性の宝を喪はざる者、宜《よろ》しく堅く心の舵を執りて、以つて那《か》の無涯無底《むがいむてい》の世の海を渡るべし。縦《たと》ひ其の風雨波瀾《はらん》に逢《あ》ふとも、覆溺の害を免《まぬか》るるに庶《ちか》からんか。

「世」を海に、「身」を船にたとえ、名声・利欲・知情の渦巻く大海原《おおうなばら》を、沈むことなく航海するには「心」という舵が大切だ、「心の舵」とは何か、それは良知だ、という意味。

一〇〇字余りからなるこの「弟子に与える説」(福島理子の命名、詠みも同じ)は、自筆の掛幅(個人蔵)と石版摺《せきばんずり》(拓本、大阪城天守閣蔵)の両方が確認されている。摺物にすることで門人に常に学ばせたいという配慮は、「初学者訓」と名付けられた一文にも示されている。どちらにも「山中の賊は破り易く、心中の賊は破り難い」との関防印《かんぼういん》(書画の右肩に捺《お》す印)が捺されている。宮城公子は、それをこう説く――大塩には「慎独《しんどく》」という「功夫《くふう》」により、「心中の賊」を去ることが、「山中の賊」との戦いよりも苛酷《かこく》に思われたことを示している。

大塩が生涯をかけて獲得した哲学・思想については、宮城ら日中の哲学・思想史に精通した専門家の著述に委《ゆだ》ねるが、血気盛んな若い与力・同心たちへの教育は、容易なことではなかったのである。

「農民の師友」のその後

与力・同心の子弟を門弟の第一グループとするならば、第二のグループは、岡本良一が「農民の師友」と呼んだ農民、百姓身分の人々である。なかでも中心となったのは、東成郡般若寺村の橋本忠兵衛と守口《もりぐち》宿(大阪府守口市)の白井孝右衛門であった。彼ら豪農の場合、当人が処刑され、闕所《けっしょ》処分となっても、その後、親類縁者の支援によって復興されるとか、あるいは父の罪を負って流罪となった子どもたちが成人し、明治維新後、郷里に帰ることで、父祖を弔い、事件の真相を語るなどして、乱の伝承行為を進めた。昭和五十四年（一九七九）に結成された大塩事件研究会は、そうした伝承行為を集約する場となった。その結果、会誌『大塩研究』には、幸田成友や石崎東国の頃には得られなかった情報が大量に集約されることとなった。大塩の子孫だと名乗る人も現れた（小西利子『曽祖父大塩平八郎』）。

初代会長であった酒井一らは、その潮流に乗って門人調査に専心した。橋本忠兵衛、白井孝右衛門に加え、門真三番《かどまさんばん》村（大阪府門真市）の茨田郡士《まったぐんじ》、志紀《しき》郡弓削《ゆげ》村の西村《にしむら》七右衛門（履三郎《りさぶろう》。乱の当時二五歳）、交野《かたの》郡尊延寺《そんえんじ》村の深尾《ふかお》治兵衛・同才次郎《さいじろう》らがクローズアップされたのである（彼らの居村については、本書の冒頭に掲げた地図「大坂とその周辺」を参照）。酒井は彼らを「農民的反対派」と呼び、「大塩与党」の筆頭に置いている（『日本の近世社会と大塩事件』）。それに呼応して相蘇の書簡研究も生まれた。

したがって農民の門人について言えば、幸田の『大塩平八郎』はもはや通用しない。全面的に刷新されたといえるが、それを仔細《しさい》に展開する余裕はない。そこで以下に絞って記すにとどめる。第一に、彼らはどういう農民であったか。第二に、農民闘争のひとつである国訴《こくそ》と大塩与党との関係。第三に、大塩の乱への参加の動機・目的は何か、の三点である。

まず彼ら農民門人の第一の特徴は、豪農であること。豪農とは歴史学上の概念で、地主・

富農という経済的な側面に合わせ、村の庄屋《しょうや》ないし組の大庄屋という政治的な側面を併せ持ち、さらに中世以来の土豪の系譜を引くという武士的な一面を持つ農民もいた。

橋本忠兵衛はほおずき忠兵衛と別称され、菜園に酸漿草《さんしょうそう》（ほおずきの漢名）を作って売り出し、利徳を得、やがて富裕になったと伝える。米作のほかに綿や菜種《なたね》・藍《あい》・煙草《たばこ》・青物などを栽培することを商業的農業といい、医薬用としての酸漿草もその一つであった。忠兵衛の石高は約五〇石、茨田郡士は六〇石、弓削村七右衛門に至っては一六九石で、中規模から大規模の地主。当然、奉公人や日雇などを雇っている。市場に販売する作物を作り、小作料を金銀で得、労働者に給与・労賃を金銀で支払うということで、貨幣経済と背中合わせで生きている。大塩が詩で言う「邑俗」は、都会の「妖俗」と表裏であった。

したがってその分、貨幣＝都市経済に呑み込まれない自主性が彼らに求められた。彼らが儒学に向かおうとする意欲は、そこにあった。文政六年（一八二三）の『続浪華郷友録』には大坂近郊の文人名が見え、画僧愛石をトップに八〇名余に及ぶ。高井田《たかいだ》・豊浦《とよら》・花園《はなぞの》（大阪府東大阪市）・植松《うえまつ》・東郷・久宝寺・弓削（八尾市）・島泉《しまいずみ》（羽曳野市）・一津屋《ひとつや》（松原市）・小山《こやま》（藤井寺市）・佐太《さた》（守口市）などの所在地は北河内から南河内に広がるが、それは大塩門人の分布とも重なる。

豪農門人から大塩を見る

しかも豪農として彼らは、姻戚関係を通じて繋がっていた。白井孝右衛門は、守口の質商彦右衛門の娘婿であるが、義父彦右衛門の妻は尊延寺村の深尾治兵衛の妹である。そして孝右衛門の甥《おい》が渋川《しぶかわ》郡衣摺《きずり》村の政野《まさの》市太郎と儀次郎で、彼らは孝右衛門の紹介で洗心洞に入りている。白井家を中心に深尾家と政野家が繋がっているのである。

こうした事例を見れば、「冠婚葬祭や吉事・凶事の折には、必ず自分に報告すること」という入学盟誓に記された条項が、実際に履行されていたことを推測させる。茨田家文書の発見は、その決定的な証拠を提示した（乾宏巳「大塩の乱と農民的基盤」）。天保六年（一八三五）六月の郡士（栄信）の婚礼に際し、「大坂天満大塩氏」から赤飯一重が届けられているのである。妻は星田《ほしだ》村和久田《わくた》家の二女のぶであるが、その弟庄九郎が同月、郡士の紹介で洗心洞に入門している。入学金として金百疋《ぴき》とあるなど洗心洞の入塾記録として貴重である。さらに同年十二月、父郡士（興栄）の葬儀に際しては、大塩名代として高弟松浦貞助《さだすけ》（誠之）が参列している。

茨田家文書の発見は、それに尽きない。門真三番村は中世の門真庄を母胎として形成された近世村落で一番から四番まであったが、それを差配したのは門真六人衆という有力百姓で一三家からなるグループであった。その下に旦那衆《だんなしゅう》・百姓衆・下衆《したしゅう》がいるという典型的な門閥制をとる村落で、六人衆は相互に親密な交際を続け、村の庄屋を持ち回りした。旦那衆に位置する茨田家は、庄屋のつぎのランクである年寄に座っている。郡士も二七歳で年寄となっているが、祖父の栄武（九代）・曽祖父の栄孝（八代）に遡ると、意外な姿が見えてくる。八代栄孝は前田《まえだ》郡司を名乗り、和泉伯太《はかた》藩渡辺《わたなべ》氏（一万石）の家臣今井《いまい》家から養子として入っているが、その代に郡の名である茨田に改姓する。死を前に書置を残し、養子弥次郎に今後「茨田」を名乗ることを指示する。九代当主茨田郡士栄武である。安永二年（一七七三）のことで、大塩家は祖父政之丞の代である。注目されるのは書置の宛名の広瀬氏と瀬田氏である（『門真市史』）。

広瀬氏とは京橋口定番《じょうばん》与力広瀬治左衛門《じざえもん》のことで、瀬田氏は弥次郎の生家、天満の与力瀬田八右衛門である。この瀬田家、八右衛門―音右衛門―藤四郎―済之助と続き、藤四郎・済之助の代で大塩と接点を持つが、その以前から、茨田家と瀬田家は縁戚関係にあった。そればかりか八代栄孝の葬礼帳には般若寺村忠兵衛の名がトップに見える。そうだとすると洗心洞が整備される文政八年（一八二五）の半世紀も前に、橋本―茨田―瀬田のネットワークが出来上がっていたこととなる。それが大塩の代にごっそり、洗心洞門人として組み入れられることで私塾洗心洞が確立したといえるだろう。

ただ注意すべきは、栄武（九代）の代にも茨田家は在村しながら、堺に知行所を置く旗本今井帯刀《たてわき》の家臣として仕え、堺屋敷に出向く折、若党《わかとう》と草履取《ぞうりとり》を伴い、帯刀を許されている（常松隆嗣「豪農と武士のあいだ」）。まさに武士である。郡士への改名には、その思いが込められている。また弓削村の西村七右衛門家の先祖は楠木《くすのき》氏（南朝方の武将、楠木正成が著名）

に繋がり、子孫は河内高屋《たかや》城の畠山《はたけやま》氏に仕え、のち帰農したと伝える（森田康夫『大塩平八郎の時代』）。大塩が源氏、門人が楠木氏にルーツを求める点で相似形である。かつて岡本良一が「富農の洗心洞門弟は、本来農民とはいえ、多分に武士的な昇華をとげていた」と指摘していたことが想起される。豪農門人の第二の特徴である。

そう気づくと、檄文にある「馳せ参じた者の中に器量や才能などがある者はそれぞれ取り立て、無道の者どもを征伐する軍役としてひと働きしてもらいたい」との一節にも納得がいく。「摂河泉播村村」に宛てたとしながら軍役に取り立てるという時、大塩は、「尚武の気象《しょうぶのきしょう》」を保つ門人を念頭に置いていたのではないか。門人の側にもそれを受け止める人物のいたことは、乱の当日、尊延寺村の深尾才次郎の母が語った「才次郎が大名になるか、御仕置を受けるかは、今日の勝負次第」という言葉が示唆する。大塩から門人を見るのでなく、門人から大塩を見ることの重要性である。

地域の政事

彼ら豪農門人は第三に、ほぼ例外なく庄屋・年寄などの村役人であった。いわば地域の政事《まつりごと》の担い手であった。大坂の政事に与力として深く関わり、また中央の御政道に異常なくらいに関心を持っていた師の大塩とは次元が異なるが、共有されるものがあった。檄文には、地頭《じとう》役所や村方《むらかた》にある年貢などに関する諸記録・帳面類はすべて破棄し、焼き捨てろとあるが、この実行はまさに「世直し」である。こうした帳面類は、庄屋らが管理するもので、主体となるならば庄屋ではなく、貧農・半プロレタリアと呼ばれた人々である。豪農の形成は、同時にこうした下層の民衆の成長過程でもあったことをかつて佐々木潤之介は著書『世直し』で説いたが、そこで生起するのは、村内に起きる争論、村方騒動である。

茨田郡士の門真三番村では文政十三年（一八三〇）、庄屋の交代をめぐる騒動が起きており、年寄の郡士が調停に乗り出しているが、この時期に郡士の洗心洞入門がある。また白井孝右衛門の生家である河内衣摺村では、文政十一年に「大騒動一件」が起きた。孝右衛門の兄で庄屋を勤めていた十郎右衛門（重郎右衛門とも）が正月に逮捕され、入牢の上、死罪に処せられたのである。罪状は明らかでないが、領主の命で家屋敷と家財は闕所処分となる。その後、親類縁者の手を経て、持高《もちだか》四五石のうち三分の一が長子市太郎に戻されている。この差配を調えたのが、後年、白井家に入って孝右衛門を名乗る弟三郎右衛門であった。

当時、衣摺村は幕府領と淀藩領の二つに支配が分かれ、十郎右衛門は幕領の庄屋であったが、淀藩領でも騒動があった。天保六年（一八三五）、当時の庄屋熊蔵（乱の当時二八歳）が罷免《ひめん》の上、放逐されて流浪する。その後、杉山三平《すぎやまさんぺい》と改名し、白井孝右衛門の世話で洗心洞に入る。衣摺村の村方騒動を通じて敗者となった十郎右衛門と熊蔵が、ともに大塩の門に入っている。衣摺村に異変が起きた時は、自分に必ず相談すること」（第六項）が履行されているとすれば、大塩はこうした村落状況を認識していただろう。

その影響と見られる言動を、大塩が乱の直前にとっている。門人政野市太郎が、窮民を救うべく施行札《せぎょうふだ》三〇枚（後述）を衣摺村に持参するよう命じられた時、大塩は、衣摺村・正《しょう》覚寺村《がくじそん》・北蛇草村《きたはぐさ》・恩智村《おんじ》の庄屋を、自己の強欲のみを優先し、小前百姓《こまえびゃくしょう》（一般の平百姓）を非道に取り扱ったと激しく批判したというのである。つまり大塩の目には、村の豪農・庄屋の政事にも、領主支配の善悪が影響し、村方騒動に際して本来「正」として守られるべき十郎右衛門と熊蔵が失脚し、「悪」である庄屋たちが居座っている姿が映っており、蜂起とともにそれを正そうとしている（酒井一『日本の近世社会と大塩事件』）。だとすれば彼らは、ルサンチマン（恨みの念）を抱いて洗心洞に入ったこととなる。

村落内部の問題の発現が村方騒動であれば、外部への展開は国訴となる。ここでも「化政期のひきつづいた国訴闘争には、平八郎の門下の富農たちも、彼の影響下に有力な指導者として活躍していたと解して大過ないのではないだろうか」との岡本良一の指摘がある。たしかに大塩の時代には、国訴が多発していた。それは、百姓一揆の少ない当地域独自の農民運動であるが、問題は、大塩の「どういった」影響下で起きていたかである。

一九八〇年代の国訴研究の進展は、国訴を大坂市中の問屋資本と周辺農村の間の商業的利益をめぐる経済闘争という規定に疑問を呈し、国訴が、その前提となる村々の連合と協定、つまり郡中《ぐんちゅう》議定《ぎじょう》と表裏一体であることを明らかにした（藪田『国訴と百姓一揆の研究』）。

国訴というのは摂津・河内・和泉（大阪府南部）などの村々が、千カ村前後の連名で綿や菜種販売の自由や肥料の値下げを求めて大坂・堺町奉行所に訴願する運動を指している。しかし、そんな大連合は一挙に出来るものではない。数十から数百、そして千へと規模を拡大していくが、その時、集会した村々では最も困っている問題を列挙し、その最大公約数を絞り上げることで最終的に千ヵ村前後の大戦線が出来上がる。この過程で訴願の惣代と村々の庄屋の間で委任関係が構築されていく。その一方、要求が地域限定であれば、大連合の課題として取り上げられない。したがって最大公約数よりも、下位の組合村や郡のレベルの要望の方にこそ、地域の課題が集約されている。その実体が、郡中議定である。

　そこでの課題を整理してみると、農産物の高価格での販売や肥料の低価格での入手という経済的な課題とは別に、大工や奉公人賃金の抑制とか、村を廻在《かいざい》して布施を貰う宗教者（勧《かん》化《げ》や座《ざ》頭《とう》・ゴゼなど）の一元的な管理などの政治的な要求も見られる。その結果、国訴に見られる共同性には同時に排他性・階層性も含まれ、飢饉下では、その傾向は強められる。大塩の生きた時代は、前後に天明と天保の飢饉があり、その間に商品経済の進展した文化・文政期があった。成長期に見えなかった郡中議定の階層性と排他性が、飢饉下で露呈するのである。その中に、「非人」の問題がある。

「四ケ所の組織」

建議書の中に、天保六年（一八三五）閏七月付「摂津・河内両国村々役人大坂町奉行与力

同心ら非法につき訴状」という史料があるが、そこでの主題は西町奉行所与力内山彦次郎と、その下で暗躍する四ヶ所《しかしょ》の長吏・小頭・非人番である。

四ヶ所とは大坂三郷周縁部の天王寺村《てんのうじ》・今宮村《いまみや》・難波村・川崎村の領内に成立した非人集落（垣外《かいと》）で、天王寺・鳶田《とびた》・道頓堀・天満の垣外が一つの仲間組織を作っていたことから、「四ヶ所」と呼ばれていた。それぞれの垣外は、一六世紀の末から一七世紀前半にかけて成立しているが、垣外の中に転びキリシタンがいたことから、町奉行所の下で「類族改め」の対象となっている。注目されるのは、奉行所の御用を受けていたことである。

四ヶ所の非人について岡本良一は、天王寺三七九人、鳶田二六六人、道頓堀三四三人、天満一七〇人、四ヶ所全体で約一一五〇人という数値を挙げている。その元となったのは、与力荻野勘左衛門《かんざえもん》の名が載る年号不明の文書であるが、「与力の職掌中、四ヶ所垣内の総人数を承知する必要のあるような役柄といえば盗賊役を措いて外にない」として、「御役録《おんやくろく》」をもとに寛政元年（一七八九）と推定した（岡本『乱・一揆・非人』）。大塩の生まれる前であるが、つぎの代の勘左衛門は文政十一年（一八二八）、大塩が格之助の養子願を出すに際し世話になった同僚で、彼に宛てた書状が残る。

その後、『悲田院文書』『悲田院長吏文書』が出現することで、四ヶ所の解明は大きく進んだ。その一つは垣外がそれぞれ長吏・小頭・若き者・弟子（抱非人《かかえひにん》）からなる重層構造を持っていたことである。定着した垣外仲間の者たちは、飢饉などによって発生する乞食・貧人

（新非人・野非人《のびにん》）を不定期に収容し、管理と救済の対象とすることで組織を維持していた。

さらに四ヶ所はそれぞれに三郷町々に縄張り（「得意場」）を持っており、垣外に居住しながら町方の垣外番《かいとばん》を勤めたり、弟子を垣外番小屋に常駐させたりしていた。宝暦五年（一七五五）の『万代大坂町鑑《ばんだいおおさかまちかがみ》』から岡本は、天王寺二二五町、鳶田一二七町、道頓堀一六八町、天満一一六町の計六三六町とする。天王寺が東横堀《ひがしよこぼり》より東、道頓堀が船場《せんば》地域、天満が天満地域に、それぞれ中心となる地域を持ち、鳶田が市中に混在するといった特色を持つが、その分布図を見ていると、菅茶山の杖を探し出した大塩が頼山陽に、「どんなに軽微な物でも、自分の目を逃れることはない」と豪語した理由が分かる。

各町を勧進《かんじん》（乞食《こつじき》）する行為は、権利化されていたが、広く普及するきっかけとなったのは、宝暦十二年（一七六二）、東西の盗賊吟味役が四ヶ所の長吏に対して出した「御用」の指示だと塚田孝は指摘している（『大坂の非人』）。その時の盗賊吟味役与力のなかに、第一章で触れた六代八田五郎左衛門がいる。

その後、さらに天明七年（一七八七）、石役の加役であった盗賊役が本役となり、さらに東西各一名の人員が、寛政六年（一七九四）に二名、文政九年（一八二六）に三名に追加され、中国筋も管轄範囲に加わった。町廻《まちまわ》りの際には東西の盗賊方与力の下に、惣会所の惣代・若き者、道頓堀の木戸番、四ヶ所の長吏・小頭が随行した。幕末の大坂に住んだ儒学者広瀬旭荘（豊後日田出身）は『九桂草堂随筆《きゅうけいそうどうずいひつ》』に、「浪華は無用の人を多く養ふ」と述べている。「無用の人」とは垣外番のことである。

天保五年の国訴

こうした町奉行所の治安・警察機能の強化は、大きな問題を引き起こすこととなった。盗賊方与力・同心の手先である四ヶ所の長吏・小頭らが起こす非法・横暴という問題である。奉行所ではそれを禁じる町触を文化四年（一八〇七）十一月に出し、同十一年四月付では、悪党者などの情報を探らせ、出役の際にも召し連れるようにさせたところ、次第に人員が増え、百姓や町人に不作法を働くようになった、と誡めている。しかし制度がもたらす弊害である以上、簡単には解決されず、その後も文政二年（一八一九）十二月、同十一年四月、天保二年（一八三一）五月、同四年四月と繰り返している。

文化八年（一八一一）に奉行所与力が書き留めていた「手覚《てぼえ》」には、長吏たちの御用に伴う経費の増加が指摘されている（盛田嘉徳「番非人文書」）。この負担増が四ヶ所の配下にいる村々の非人番に掛けられ、それがさらに村の負担に繋がっていると、担当与力たちが見ているのである。

そういう前提で前述の天保六年訴状を読むと切実なものがある。冒頭、西町奉行所与力・同心を取り上げ、本分を忘れ、町人百姓を相手に賄賂を取り、当座の頭《かしら》（奉行）に気を遣い、武士の魂と仁政を忘れているとするが、槍玉に上がっているのは内山彦次郎である。その意味でこの訴状は一面、内山彦次郎弾劾書《だんがいしょ》と思われるが、真実味があるのは、そんな内山と四ヶ所の長吏・小頭が結託しているという点で、トップは悲田院の長吏善吉、ついで作次郎・柾次郎ら若き者・小頭、最後に摂津池田《いけだ》村番人次助らに至る重層構造が取り上げられている。善吉について「西町奉行所の内山彦次郎に賄賂を贈り、摂河播の番人を苦しめ、一万石の大名も及ばぬ暮らし向き」というが、かつての与力弓削新右衛門と長吏格吉五郎の関係を彷彿とさせる。

これが第一の主張とすれば、第二の主張は盗賊方の下、村番人が御用を受けることで、襦《じゅ》袢《ばん》一枚・反物《たんもの》半切でも盗み取られたとの風聞があれば逮捕し、茶屋・宿屋へ関係者を呼び出し、馳走《ちそう》させるが、それが村々の負担となる。それればかりか長吏・小頭の威しに応じることで、村番人も村への恩義を忘れてしまっている、と嘆く。

そして第三に、四ヶ所の役銭の増加と、その上前《うわまえ》を撥《は》ねる非人頭の非道が指弾されている。この時期、役銭はじつに六〇貫目とあり、文化期の一〇倍である。その上前を取ることで非人頭は、四、五百石取りの旗本も及ばぬ暮らしぶり、というのである。

どうしてこんな有様になったのかと問い、七、八年以前に大塩平八郎様とやら申す与力が出て、悪党の弓削という与力を切腹させ、長吏・小頭どもは獄門・打ち首されることで、世上は治まり、泰平楽となったが、それも束《つか》の間《ま》、大塩様が御隠居となられ、非道の内山殿という輩《やから》が表に出てからは、役人たちは驕《おご》り長じて神仏も無いものか、と結んでいる。

この訴状、大塩臭が濃く創作の匂いがしないでもない。しかし文中の一節、午年《うまどし》（天保五年）二月頃、摂津・河内の幕府領の村々が、非人頭・番人ども増長につき代官所や領主役所に訴え出、江戸での裁許（裁可）を得るはずであったところ、内山が大きな顔をしてしゃしゃり出た、とある箇所は、実際にあった事件の可能性がある。天保五年五月四日付で摂津・河内の幕府領組合七組（御七分）が願い出た一件は、茨田郡士の門真三番村の記録として残され、そこに盗賊役人から、百姓町人に対し不法な取り扱いをしないよう説諭があったとする（『門真市史』）が、当時内山は、西町奉行所の吟味役兼盗賊役であった。

宇津木静区と林良斎

洗心洞の門人の第三のグループは、諸藩の藩士たちである。与力という抱席《かかえせき》の身分である大塩とは異なり、主家に仕える譜代の身分である。与力・同心や豪農の門人に比べると入門時期は遅く、年号が天保に改まって以降である。

その代表は、蜂起の当日、大塩平八郎を諫《いさ》め、止めようとして門人大井正一郎《おおいしょういちろう》（乱の当時二三歳）に殺された彦根《ひこね》藩士宇津木静区《うつぎせいく》（矩之允《のりのじょう》とも。同じく二九歳）である。幸田成友は門人のトップに取り上げるが、『増補孝経彙註《こうきょういちゅう》』の校訂、『古本大学刮目《こほんだいがくかつもく》』の訓点、『洗心《せんしん》洞学名及学則并答人論学書略《どうがくめいおよびがくそくならびにひとのろんがくにこたうるのしょりゃく》』に対論者として見えるなど、その学殖の豊かなことが、その理由であろう。さらに『洗心洞劄記附録抄』にも、天保六年（一八三五）年頭、大塩に献呈した詩二首が収められている。

一方、天保五年（一八三四）十二月の武藤休右衛門宛の書状には、宇津木舎弟、当時入塾、とある。彦根藩の家老職にあった宇津木泰交《やすとも》（通称下総《しもうさ》）の弟ということであるが、彼の詩もまた『洗心洞劄記附録抄』に収められている。天保四年九月、大塩が彦根を訪れ、泰交に『劄記』を贈ったことに対する返礼の詩である。矩之允の洗心洞入門のきっかけとされている（米谷修「宇津木静区伝」）。

その後天保六年（一八三五）春、矩之允は西国長崎に遊学するが、その際大塩は、刀と金一〇両を餞別として贈ったという。彼の学殖に対する期待の表れであろう。そこで矩之允の下に入門するのが岡田良之進《りょうのしん》で、天保七年四月、彼を伴い彦根に戻る。再び帰坂した彼を待っていたのは、翌八年二月十九日の決起である。

幸田は「悲劇」と題して特別に一章を充てている。その意図は、「普通の大塩伝」には、大塩の命を受けて門人大井正一郎が矩之允を殺す場面が「さながら一場の芝居を見る」ように書かれているが、その根拠は何かと問うていることで推測できる。大塩伝には敬治と出るが吟味書には矩之允とある、矩之允の遺書を彦根に伝えた従者は吟味書には良之進とあるが大塩伝には友蔵とし、さらに遺書が俗文と漢文で異なることなどを列挙し、事実の確定が疎《おろそ》かにされていると指摘するのである。それでも大塩の乱を裏面から照射する人物として重要な門弟であることに変わりはない（後述）。

同じく単独で入門した者に、多度津藩の林良斎がいる。天保六年（一八三五）三月、良斎の洗心洞訪問以降、相互に往来し、その関係には深いものがある。その良斎と互いに「心友」と呼び合ったのが、但馬国八鹿《たじまのくにようか》の学者池田草庵《そうあん》（乱の当時二五歳）である。その門弟池田盛之助《もりのすけ》（中州《ちゅうしゅう》）が記した証言は、大塩の人柄を知る上で出色である（『中州遊覧日記』）。現代語訳で記す。

中斎は平生、精神・気迫とも旺盛《おうせい》で、昼夜十余日の間、寝ることがなくても変わらない。普段は酒を飲まないが、飲めば一斗余を飲み尽くし、平然としている。飯は一度に十杯くらいで、歩けば平然と三〇里を行く。夜は常に午前二時に起きて天体観測をする。門人と議論する時は冬でも戸を開け放す。門人は堪えられないが、中斎は全く意に介さない。その気迫は人を圧するほどで、門人は誰も目を伏せて、正面から見ようとしない。

この証言、乱後の弘化《こうか》二年（一八四五）八月、盛之助を伴い草庵が多度津の林良斎を訪れ、そこでの会話の中で生まれたものであることを思う時、生前の大塩から良斎が、いかに強烈な印象を受けていたかが分かる。良斎の先師大塩に対する敬慕の念は、彼の注釈書・編纂書をみると歴然とすると吉田公平は述べている（『日本近世の心学思想』）。年齢は異なるが、中斎・良斎・草庵ら当時の陽明学者間の交流を示すものとして興味深い。

大溝藩と高槻藩

宇津木静区や林良斎は、孤立した門人であるが、藩として複数の洗心洞門人を抱えたところもある。代表的なのは近江大溝《おおみぞ》藩と摂津高槻《たかつき》藩である。

大溝藩（知行高二万石）へは天保四年（一八三三）九月、三度目の藤樹書院訪問の途次、藩主分部光貞《わけべみつさだ》から招かれ、講義を行っている。同年十二月二十一日付の佐藤一斎宛の書簡はそのことに触れ、席上、先生の話題に及んだので、江戸参府の折にはお会いになるよう勧めておきましたとある。隔年で江戸と国許《くにもと》を往復する藩主相手ならではの会話だが、そこに藩主に講義することの価値がある。

この出講を機に大塩は、志村周次《しむらしゅうじ》という有力門人を得るが、重要なのは藩内に名声が高まり、武家の入門が増えたことである。天保四年（一八三三）十二月二十四日付で書状を出した四名の大溝藩士は、いずれも先の講義に列席した者で、藩主への講釈がどれほど効果的かを教える。「光貞公の決断で招かれ、講釈したことを機に、中江藤樹翁の良知の学を再興する機会となったので喜んでいる」と、素直に認めている。藩主光貞は天保二年に遺領を継いだばかりだが、実兄は上野国安中《こうずけのくにあんなか》藩主板倉勝明《いたくらかつあき》である。この板倉公、文人大名として夙《つと》に知られている。福井久蔵『諸大名の学術と文藝の研究』は、甘露亭叢書《かんろていそうしょ》を編み、刊行したことを特記する。室鳩巣《むろきゅうそう》・新井白石《あらいはくせき》・荻生徂徠《おぎゅうそらい》・中江藤樹ら儒者の著作を編集したもので、弘化二年（一八四五）から安政三年（一八五六）にかけて出版された。

板倉勝明は、天保五年（一八三四）、大坂城加番を命じられ、駐屯していた。「御役録」には山里丸《やまざとまる》としてその名が見える。それが一度目で、同十年にも八月から翌年七月の間勤務している。大溝藩主分部光貞も中小屋《なかごや》に駐屯しており、兄弟で大坂城勤務を勤めたのである。そこで大坂の武士・文人との出会いが生まれる。

この兄、国許から大坂までの道中を「西征紀行《せいせいきこう》」として綴り、天保六年（一八三五）上梓するが、序文の筆者が篠崎小竹、跋文が後藤松陰《ごとうしょういん》（小竹門人で娘婿。乱の当時四一歳）。手許の『今世名家文鈔《きんせいめいかぶんしょう》』を見れば、小竹の詩「節山《せつざん》板倉公を送る序」が収められている。天保十一年八月というから二度目の加番勤を終えて帰国する際のものである。さらに福知山《ふくちやま》藩朽木綱張《くつきつなはる》（天保十三～十四年加番）の離任に際しても、小竹は詩を贈っている。梅花社小竹主人の名声が、大坂城勤番の大名諸家を通じて諸国に広がっていくことが想像される。「尼崎学校」として半ば官学化された懐徳堂は別として、漢学塾の先頭を走る梅花社に新興の洗心洞が追い付くには、どうしても大名諸侯への進講が不可欠であった。そのチャンスを大塩は、大溝藩主によって得たのである。

四人の家臣に宛て、若齢の藩主が老臣の補佐によって賢君の誉れを得、その名が天下海内に広がるように心掛けてほしいと書いた大塩の手紙は、文人仲間宛の書状と趣が異なる。政事の中心にいる藩公を意識しているからであろう。

書籍と施行札と檄文

この手紙にはさらに近年、「畿内諸藩の家臣重役の中には奮発して入門し、良知の学を学ぼうとする者がいる」と、近隣諸藩の武家に門人が増えていることを認める一節がある。同僚の与力・同心と近在の豪農に伸びていた洗心洞のいわば「教線」が、武家へと大きく広がり始めているのである。それは、高槻藩への出講と門人の獲得としても実現しているが、そこには「良知の学」に志すこととは別の側面があった。大筒《おおづつ》(大砲)の借用であり、乱への確実な伏線である。詳しくはのちに記すとして、手紙には新たに弟子として獲得した近衛《このえ》家領摂津国伊丹《いたみ》の富豪が登場する。

この人物、酒井一によれば伊丹郷伊勢町《いせちょう》の住人紙屋《かみや》幸五郎で、乱の当日、橋本忠兵衛が案内して、妻ゆう・格之助妻みね・養女いく(乱の当時九歳)および弓太郎《ゆみたろう》(同じく二歳)らを避難させた先でもある。残念ながらその実態は不明であるが、坂本鉉之助《げんのすけ》の『咬菜秘記《こうさいひき》』に興味深いことが記されている。現地に赴いて大塩が講釈している時、伊丹の馬借《ばしゃく》(馬による運送を生業《なりわい》とする)が襖越《ふすまご》しに聞くことを許され、講義に心服したというのである。酒井によってその人物が特定され、一人は額田《ぬかた》善右衛門(別名油屋吉蔵)、いま一人は升屋《ますや》茂兵衛で、善右衛門は乱の日、大塩の指示で檄文を撒《ま》いている。教線の拡大は、思いがけない形で反乱を準備していた。

伊丹は大坂から見て西摂《せいせつ》と言うべき位置にある町場で、北摂の池田と並ぶ酒造地帯である。

一方、伊丹から南下すると西宮・兵庫という大坂町奉行所の出張所、勤番所が置かれた町場に至る。大坂からは陸路・海路で結ばれているが、その兵庫の西出町《にしでまち》に柴屋長太夫《しばやちょうだゆう》という門人がいた。天保三年（一八三二）の入門で、同五年には彼の紹介で八田部《やたべ》郡車《くるま》村の逸見《いつみ》文太郎が入門している。そうしたことから長太夫は乱に関わったとして逮捕され、吟味を受けた。その罪は書籍代として大塩に金一〇〇両・銀一二貫目（売却代金の約六割）を差し出したというものである。長太夫は門人であると同時に、洗心洞の支援者でもあった。

　こうして集積された洗心洞の書籍は、決起を前にして貧民への施行のため売り払われたが、総額六六八両（相蘇一弘の推計で総額約一億三〇〇〇万円）という大金であった。「唐船持渡書《とうせんもちわたりしょ》」をはじめとする書籍の購入代、林述斎や新見《しんみ》正路への融資、門人からの入学金・謝礼などを考慮すると、洗心洞にはかなりの資金があったと判断するほかない。

　書籍を買う以上、大塩は書籍商と馴染《なじ》みである。決起の前夜に実施した施行の場が市中安堂寺町の本屋会所で、世話人が河内屋喜兵衛《きへえ》・新次郎《しんじろう》・記一兵衛《きいちべえ》・茂兵衛《もへえ》らの河内屋一統であったことも、大塩の乱が洗心洞主人の乱であったことを物語る。河内屋は大坂を代表する書肆《しょし》として知られるが、彼らも奉行所の取り調べののち譴責処分を受けている。

　調書によればその手法は、施行札の原案は大塩方で作成し、版木《はんぎ》一枚を河内屋に渡し、総計一万枚を摺るというものであった。ならば版木を作ったのは誰かと言えば、別にいる。北《きた》久太郎町《きゅうたろうまち》（河内屋喜兵衛も同町内）の彫師《ほりし》次郎兵衛で、施行札とともに「世俗教化のために

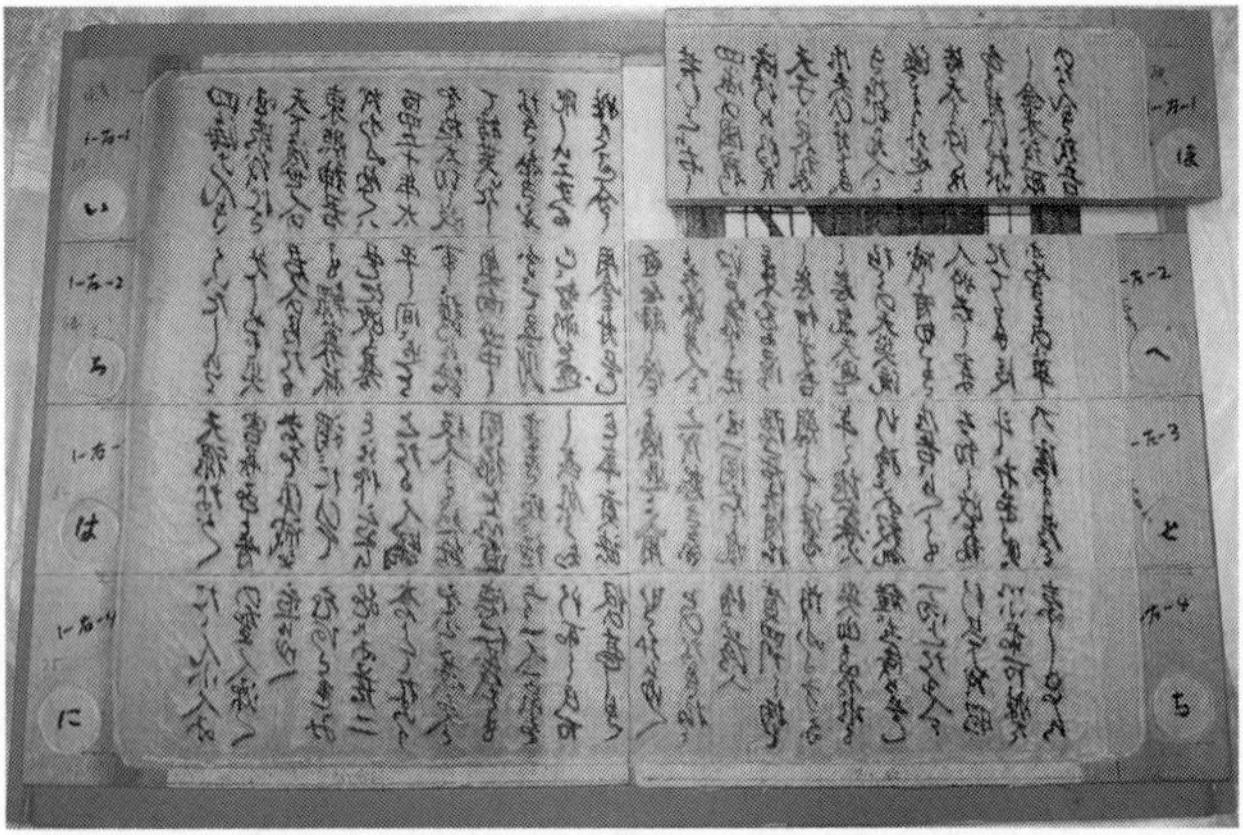

図5　檄文の版木（模刻）　大塩事件研究会蔵

仮名交じりで書いた文」の彫刻を頼まれる。その際、二字三字あるいは五字六字、別々の駒《こま》に彫ることを指示された（『書留』）。

石崎東国が檄文の現物を発見したことで、その巧妙な手口が明らかとなった。長さ一メートルを超える檄文を広げてみると、横に三筋の空《くう》隙《げき》が走る。版木が縦一列でなく、横にブロック状に四段並べられたことからできる空隙である。小さいが、蒲鉾板《かまぼこいた》（版木に相当）一枚の版木に縦は四字から七字が彫られ、最初の板の一行目には「四海こんき」、二行目には「国家をおさ」が並ぶ。つぎの段の一行目には「ういたし候ハ、」とあるので、板を上下に並べない限り、文の連続も意味も不明である。つまりは彫師に檄文の内容が漏れることはない。実際、版木を合わせて摺ったのは、吉見《よしみ》英太郎らの門人たちであった。

そうした工夫を再現した人がいる（松浦木遊「大塩檄文版木復刻談義」。図5）。結果、ブロックの版木は四段八列で三二枚、最後の駒だけ縦一枚のブロックだと分かった。「天保八丁酉年月日」に始まる三行である。大塩の乱は、徹頭徹尾、洗心洞主人の乱であった。

第五章　「四海困窮」

檄文を読む

　檄文が、大塩の乱を語る上で基本的な文書であることは、幸田成友の時代も、今も変わらない。「四海《しかい》こんきう（困窮）」に始まる檄文は二〇〇〇字からなる長大な文書で、宮城公子は「大塩の思想的遺書」と呼んでいる。遺書とはいえ、事を起こす前に記された以上、そこには何を、どうするか、彼の戦略が書かれているはずである。そこでその檄文を報道の基本である5W1Hに従って見ると、大きな特徴があることが分かる（巻末に現代語訳を付したので、その内容を確認してほしい）。

　まず誰が（Who）で言えば、「吾等《われら》如きものの草の陰より」「蟄居《ちっきょ》の我等《われら》」とあり、元与力大塩平八郎であることを示唆する。「吾等」「我等」とあるので、大塩一人でないと予想され、「有志之ものと申合《もうしあわせ》」と出る。その有志こそ家塾洗心洞の門人たちで、誰と（whom）に相当する。したがって反乱は、必然的に「洗心洞の乱」となるが、「血族の禍《わざわい》をおかし」とあるのがミソである。この乱に加わった以上、親類縁者に累が及ぶことを承知していることを意味する。門人がすべてこの乱に参加しているわけではないので、門人から「逆賊」には、大きな飛躍が必要であった。飛躍できなかった門人は逃げ、一部の有志は、町奉行に訴え出て、仲間を裏切ることとなった。この分岐は、大塩の乱の要《かなめ》の部分でもある。

何を（What）で言えば、後段に「神武帝《じんむてい》御政道の通《とおり》、寛仁大度《かんじんたいど》之取扱にいたし遣《つかわし》（中略）尭舜《ぎょうしゅん》・天照皇太神《あまてらすおおみかみ》の時代に復シかたく共《とも》、中興《ちゅうこう》の気象ニ恢復《かいふく》とて立戻り」と、日本（天照皇太神と神武天皇）と中国（尭舜）の古代の理想世を念頭に「中興の気象」、すなわち政治の一大刷新を謳《うた》う。いかにも儒学者らしい物言いで、相当の教養がなければ理解できない言い種《ぐさ》である。一般の民衆相手にならもっと簡潔に表現する必要があるが、中段にこう出る。

下民《かみん》を悩《なやま》し苦《くるし》メ候諸役人を先誅伐《まずちゅうばつ》いたし、引続き驕《おごり》に長し居《おり》候大坂市中金持之丁人共《ちょうにんども》を誅戮および可申《もうすべく》候

前段には大坂の奉行ならびに諸役人、後段には大坂の金持ちと、明確に攻撃の相手、つまり誰を（Whom）が指定されている。ならばなぜ（Why）そうするのかが問われるが、冒頭の「四海こんきう（困窮）いたし候ハヽ、天禄《てんろく》長くたゝん」に始まる前段の長文は、そのために記されている。その意味で檄文は、なぜ（Why）がやたらに長い。そこには彼が、「道義のためには死をも厭《いと》わぬ高邁《こうまい》な理想主義者であった」ことが深く関係している（竹内弘行・角田達朗

『大塩中斎』)。

それに引き換え簡潔なのは、いかにして誅戮する（殺す）か、つまりHowである。檄文の中には「大坂市中ニ騒動起り」とあるが、悪徳商人や不正な諸役人を誅戮することと騒動がどう関係するか不明である。そこで、「一揆蜂起之企《くわだて》とハ違ひ」と書く必要がある。「無《む》道《どう》之者共を征伐いたし候軍役《ぐんやく》」という言葉と考え合わせると、その方法は、武装しての軍事行動となる。首謀者大塩をはじめ、与力・同心や豪農身分の門人たちが、武装して、行動を起こすことである。ここにも飛躍がある。百姓一揆には農具や竹槍など「得物《えもの》」と称された物が携行されたが、火縄銃の保持は禁じられ、まして放火・乱暴は通常、内部規制されていた（保坂智『百姓一揆とその作法』）。幕末には、その規範も緩み過激化し、一揆は「悪党」と呼ばれるに至る（須田努『「悪党」の一九世紀』）が、大塩の乱はその境目にあった。伝統的な規範を地域の指導者である豪農たちが超えようとするのであるから、その飛躍もまた苛酷《かこく》なものである。

結果、「騒動」の中心は、大筒による放火となった。穴蔵に貯え置いた金銀銭や、蔵屋敷に隠し置いた俵米を分配するので、窮民たちは、騒動が起きたと聞けば駆け付けよ、となる。摂津（大阪府北部）・河内（同府東部）・和泉（同府南部）・播磨（兵庫県南部）の百姓に距離を厭わず大坂へ駆け付けろという時、騒動は、遠地からも分かるものでなければならない。そこで大砲の使用となる。大砲を使って大坂の町を焼く以外に、方法はあっただろうか。私塾洗心洞に最もふさわしくない大砲の使用は、乱の評価を最も悪くする要素であったが、それしか方法がなかった。目的（What）と戦術（How）は、釣り合っている。

最後に残るのは、いつ（When）である。のちに見るように決起の日は、周到に準備されているが、それは中心メンバーのみの知るところであった。実際には、二件の密告があって決起の時間は早まったが、予定した日は動いていない。慎重な計画と堅固な密約があったというほかない。洗心洞を母胎としながらも、大塩与党の結集は強固であったといえる。しかし、そんな強固な結集の形成、さらには大砲を使って奉行所の悪役人と悪徳商人を攻撃するという戦術の確立には、それ相応の歳月を要する。長文のWhyには、それを解く手がかりがある。

何よりも重要なのは、天災が相次ぎ、ついに飢饉になる事態の到来であろう。政事に関与する諸役人のもたらす悪政が、江戸から全国に広がることで、平民の恨み・怒気が天に通じた結果、このような事態となったが、それは「天より深く御誡《おんいましめ》之有《のあり》かたき御告《おつげ》」だと檄文は記す。東アジアに特有の政治思想・天譴《てんけん》論で、超越的なシンボルとしての「天」は、檄文を入れた袋に「天より被下《くだされ》候」と大書されている（深谷克己「摂河泉播村々の歴史・政治意識」）。

文雅も廃す

そこで学者・文人であった大塩が、天保八年（一八三七）の初頭に、こうした認識に到達する経緯が重要である。元与力は、一直線に反乱に突き進んだのではない。こう考えた時、同じ大坂で私塾を営んでいた藤沢東畡《とうがい》の証言が参考になる（藪田「大塩平八郎と藤沢東畡」）。

乱の当時、淡路町に住み、その一部始終を見聞した東畡は、乱後、出身地讃岐の門人で支援者でもあった揚文潮《あげぶんちょう》・小四郎父子に宛て手紙を送っている。三月四日付には、被災したことで貴方の碑文草稿を失ってしまったと詫びた上で、米価沸騰で世間は騒がしく、とにかく餓死を恐れるばかりで「文雅モ廃し申候」と記している。大坂市中の困窮状況の凄《すさ》まじさとともに、そこには文人ならではの受け止めがある。餓死寸前で文雅も廃すというのである。まさに大塩も、そういう状況の中で決起したのであり、「雅人」として存立することが許されないほど事態は深刻化していた。餓死か文雅か、という問いは、一九九五年一月の阪神・淡路大震災からの復興過程で、「握り飯か芸術か」が問われたことを想起する。だとすれば文人大塩は、いつ、何を契機に文雅も廃すという認識に至ったのであろうか。

文人大塩の災害への関心はしばしば、詩に表現されている。とくに文政年間には、四年（一八二一）二月に風邪《かぜ》、五年九～十月に疫病（三日コロリ）、六年五～六月には大旱魃《だいかんばつ》、十一月に麻疹《はしか》の流行、七年正月には地震、閏八月には大雨と洪水、八年四月にも大雨と洪水、そして十年の正月の京都地震と多くの災害があった（『摂陽奇観』）。この記述は、『洗心洞詩文』に載る詩と照合することができる。

「今歳《このとし》六月久シク旱《ひでり》シ、河水将《まさ》ニ涸《かれ》ントス」に始まる詩は、文政六年（一八二三）夏の大旱魃を指しているが、門人に「もし河の水が涸れたら、魚たちはどこで生きるのか」と問うたことに始まる応答に終始し、大旱魃下で、年貢の上納に苦しむ農民への共感がない。また同七年閏八月の連作では、三日連続の雨となることで「雨中ノ急水ハ黄泥《おうでい》ヲ帯ブ」と詠むが、詩意は漢の高祖《こうそ》（劉邦《りゅうほう》）を救った樊噲《はんかい》の故事に向かっており、危機感が伝わってこない。大塩は常に自然災害に敏感であったといえるかどうか、疑念が残る。

そして文政十三年（一八三〇）七月二日夕刻、京都を大地震が襲った。町奉行として大坂にいた新見《しんみ》正路も『新見日記』七月四日条に、昨日の地震、京都は殊の外強く、民家や寺社が倒壊し、怪我人も出たそうだと記し、江戸の松崎慊堂《こうどう》も「震《ふる》うこと三次、極めて大」と記す。

この地震、もちろん大塩も知っていた。その時の反応が、九月四日付の秋吉雲桂宛書簡に窺え、「地震之長篇、疎河《そか》之利害とも一々拝誦《はいしょう》」と書く。京の医師雲桂の師頼山陽にこの時の地震を詠んだ詩があることから、雲桂も詠んだ長編を送ってきたと相蘇一弘は解説する。「疎河」は瀬田《せた》川《がわ》の改修で、地震の翌月八月三十日に新見の指揮下で工事が始まり、後年、新見の事績として大坂で特筆大書される出来事であった。改修がされなければ「眼前之大害有之事《これある》ハ、三尺之童子たり共《とも》承知之事」と言いつつ、自分はもはや「世外之もの」で座って見ているほかないと書簡にある。

あの政事好きの大塩はどこへ行ってしまったかと、わが目を疑うクールさである。そればかりか十一月十六日付の手紙では、尾張宗家から帰ったが、今後は大和の吉野山辺りに籠《こも》り、風塵《ふうじん》を避けます、と坂本鉉之助《げんのすけ》に伝えている。身近に起きる災害をよそに、山中に入ろうとする文人大塩である。

平松楽斎と足代弘訓

しかし大塩は変わる。「甲午《きのえうま》（天保五年）正月十有三日、野外ニ歩キ、感ズル所有リテ之ヲ餞《おく》リ、平松君ノ需《もと》メニ応ズ」という詩には、こうある（詠みと解釈は福島理子に拠る）。

世ハ将ニ有事ナラントシテ無倦《むけん》ニ至ル　五行乖睽《かいけい》シテ民飢《うえ》ニ泣ク
東海雪中ニ死馬ヲ餐《くら》ヒ　寒村眼下ニ生児ヲ棄ツ
春ニ匝《めぐ》ルモ新麦還《ま》タ枯寂《こじゃく》　暁ヲ送ル朝暾《ちょうとん》何ゾ老衰セル
薪木底《しんぼく》ニ含ム星火ヲ点ズルヲ　阿誰《ああ》カ撲滅セン心思ヲ悩マスルヲ

世は今、不幸が始まろうとしている。わたしは息を継ぐ間もなくあくせくするばかりだ。世間（世界を構成する木火土金水の五行）のバランスが崩れて、民は飢えに泣いている。東国では雪の中で行き倒れになった馬の肉を食らっているというし、人気《ひとけ》のない村では棄てられた子どもを目の当たりにする。春は巡ってきたが、今年の麦も枯れ、夜明けを告げる朝日さえ老いさらばえたように弱々しい。薪《たきぎ》の奥には火種があるのだ。誰がわたしのこの悩みを消してくれるだろうか――。

この詩、掛幅として現存する（酒井一文庫蔵）が、前年の天保四年（一八三三）九月十一日付の手紙で大塩は、東国の洪水と大風、不時の降雪など万事畏るべし、と平松楽斎に送っているので、それ以降、二人が共に胸に抱いていた感慨であろう。

そうした感慨を抱くのは彼らだけではない。東国を中心とする飢饉の凄まじさは後藤松陰も詠んでいるとして福島理子は言う――「松陰も飢饉がもたらした惨状に激しく胸を痛めており、来年こそ人々が幸せであってほしいと願う真情は決して浅くない。しかし捨て子すら薪の下の小さな火種に過ぎず、さらなるカタストロフィが待っていると予言する平八郎のことばの重みとは測りがたいほどの懸隔がある」（「大塩平八郎の詩心」）。

大塩は、乱の首謀者に近付きつつある。その姿が、足代弘訓《あじろひろのり》・平松楽斎との交流の中で生まれていることは重要である。

伊勢の神官足代弘訓（乱の当時五四歳）との交友は、彼の勧めで天保四年（一八三三）七月、主著『洗心洞箚記《さっき》』を伊勢神宮の林崎・豊宮崎両文庫に納めるために伊勢に向かったことから生まれた。奉納後の八月四日、伊勢藤堂《とうどう》藩の城下津《つ》で、平松楽斎・斎藤拙堂・川村竹坡《かわむらちくは》らと会っている。こうして開けた足代・平松と大塩との交友は、天保七年の暮れまでの頻繁な私信の往復を生み、『書簡集』のハイライトとなっている。平松楽斎・斎藤拙堂らはいずれも津藩の儒官であるが、平松には『食草便覧《しょくそうびんらん》』『救荒雑記《きゅうこうざっき》』などの著書があり、飢饉時の話し相手としては最適である。

　天保四年（一八三三）十一月二十一日に足代宛に送った手紙に、「檄文」の冒頭を飾る『大学』卒章《そつしょう》の句「小人に国家をおさめしめば災害并《ならびいたる》至」が初めて見え、十二月十四日付平松宛、翌五年正月四日付平松宛と、相次いで見える。正月付には元旦に書き初めをした詩が添えられ、起句には「一身ノ温飽《おんぽう》天ニ愧《は》ズ、隠者寧《いずく》ンゾ無心ニ救イヲ全《まっとう》セン」とある。自分一人が温かい食事を取っているのは天に対して恥ずべきことだ。世を避けて住む者がどうして雑念なく、人を救うことができるのだろうか、という自省の念は、隠者から変わろうとする大塩の心中が見える。

　こうした諸国の厳しい飢饉状態についての認識と併せて、政事への関心も復活している。天保五年（一八三四）三月十八日付には「沼津侯も終《ついに》没落」、四月七日付には「沼津老も帰《き》泉《せん》」と出る。この沼津侯水野忠成《ただあきら》、同年二月二十八日に死去しているが、建議書に「水野出羽守見習、邪心を以て上様を惑わし、賄賂広行、賢人退かれ候儀は、世間皆々一同承知」とある。幕政の中枢に賄賂が広がったのは、水野忠成を見習ったからだ、という意味で、それは檄文に言う一節、上に立つ人が驕りを極めることで、大事な政事に関わる諸役人が賄賂を堂々と受け取っている、を彷彿とさせる。

　こうして見てくると、文人大塩が「文雅も廃す」と認識する契機の一つが飢饉にあったのは間違いない。天保五年（一八三四）六月と七月に相次いで足代弘訓に送った書簡には、門人橋本忠兵衛の般若寺村で大塩の指導の下、社倉《しゃそう》・常平倉《じょうへいそう》・義倉《ぎそう》などの米穀備蓄による救助法を立て、領主に採用を出願したとある。門人とともに地域政事に深入りする大塩の姿であるが、まだまだ楽観的である。その理由は、儒学者にとって飢饉は教科書の範囲内の問題であったからである。『礼記《らいき》』には、「三年の蓄えなきは国に非ず」との教えが記され、各種の備荒貯蓄法は、飢饉に際し儒学者たちの常用する智慧《ちえ》であった（菊池勇夫『近世の飢饉』）。

一揆・打ちこわしと大塩

しかし、ここは「天下の台所」大坂である。大都市に暮らす人々にとって飢饉の問題は、端境期《はざかいき》における食糧の確保、米価の高騰に直結していた。その兆候はまず八月に表れる。そして十月、新穀が追々入津《にゅうしん》するが、米価が下がらず、庶民の暮らしは深刻化する。米価の高騰が人々の生死を左右し、政事の出番である。大塩はそれを、「石価《こっか》の政」と表現する。「石価」とは、米一石あたりの価の意味であるが、その暴騰は、窮民による一揆・打ちこわしとして発現する。はたして天保四年（一八三三）十月三日付の平松楽斎宛の手紙に、播磨辺りで米価の高騰に伴い騒動が起きた、と出る。目撃した斎藤拙堂からすでに聞いているでしょうと断った上で、「ひとまず収まったが、いやなこと」「怪我人も出たそうで、聖人の悲しむべきことだ」と記す。一〇日後の手紙でも触れ、「魁《かい》ハ未だ捕まらざるよし、開心《かいしん》之ものだ」とある。この表現について相蘇は、首謀者がまだ捕まらないのは愚者を啓発するものだと訳しているが、当時、大塩が知人である城方与力本多為助に語ったとする文言、「いや徒党の急に召捕らぬは世上《せじょう》〆《しま》り合《あい》の為には却而宜《かえってよろ》しかるべく候」（『浪華騒擾紀事』）と一致する。一揆の首謀者が逮捕されないのは世のためにはいいことだとは、現役与力ならあり得ない発言で、洗心洞主人の立場が明瞭である。本多は、三年後の乱に際し、この発言を想い起こしたが、当の大塩、逃亡中に胸中を去来しただろうか。

今日、「加古川《かこがわ》筋うちこわし」として知られるこの騒動、加古川の中流、滝野川《たきのがわ》筋から始まった。米価高騰にもかかわらず、川下げをする者がいるから阻止しようという呼びかけが発端となり、打ちこわし勢は加古川の両岸を南下・北上の二手に分かれて進み、騒動は九月十二日夕刻から十五日早朝まで続いた。被害に遭った村々は、姫路藩・三草《みくさ》藩・小野《おの》藩・下総古河《こが》藩・上野舘林《たてばやし》藩、御三卿《ごさんきょう》の一橋家・清水《しみず》家、幕府領・旗本領など広域に及び、姫路藩などが鎮圧に出動する大騒動であった（『小野市史』）。通常、一揆は強訴として政庁のある城下に向かうが、この騒動は、播磨随一の金貸とされた太郎太夫《たろうだゆう》村の近藤亀蔵《かめぞう》家をはじめ、地域の富豪層を狙ったものであった。同種の騒動は、天保七年（一八三六）の三河加茂《かも》、甲斐郡内、九年の佐渡《さど》一国と続くが（『図説　日本の百姓一揆』）、大塩の乱が、その間にあるのはきわめて興味深い。

百姓一揆の激化する様相を「悪党」という視点から捉えた須田努は、一揆の作法の転換は、仁政と武威という政治理念の動揺と表裏の関係にあると指摘する（『幕末社会』）。だとすれば儒学者大塩にも、激化する一揆・打ちこわしのリアルな認識が求められる。

『小野市史』は、騒動鎮圧後、関係者の捕縛のために大坂町奉行所から朝岡助之丞と内山彦次郎の東西盗賊方与力と同心が派遣されたとして、同心の一人に平山武左衛門を載せる。それは洗心洞の門人平山助次郎の誤りで、町奉行矢部定謙《さだのり》の命を受けた与力内山彦次郎の記録で確認できる。九月十五日から十月七日の間である。

いま一つ養子格之助の興味深い事例がある。天保五年（一八三四）二月、讃岐の宇多津《うたづ》・坂出《さかいで》と金毘羅《こんぴら》周辺で、米問屋・質屋などを打ちこわす騒動が起きたが、それを記した『民賊物語』に、大坂天満与力大塩格之助が讃岐へ下向し、尋問に当たったと名が出るのである。この書、坂出の医者宮崎栄立《みやざきえいたつ》が編述したもので、成立も、大塩の乱後の嘉永末年と遅い。したがって、騒動の原因は商人らの買い占めにあり、乱暴した者だけを罰するのは釣り合いがとれない、責任は藩の要人にもある、と格之助が言い放ったという箇所などは、どこまで信じていいのか不安が残るが、彼が現地に出向いたことは事実であろう（岡光男「天保五年高松藩の町方騒動と大塩格之助」）。

橋本忠兵衛といい、平山助次郎・大塩格之助といい、天保四年（一八三三）秋から翌五年にかけて洗心洞の門人たちはそれぞれに、飢饉と一揆・打ちこわしに直面していた。その現場体験は、師である大塩中斎に届けられることで思想的に昇華されていく。

「石価の政」と「不幸の良民」

平山助次郎の播磨出張のことを教えたのは内山彦次郎の『勤功録《きんこうろく》』で、幸田成友が発掘した。彼が仕えた歴代町奉行の下で、どうした功績があったかを、貰った賞与とともに記したもので、金銭欲・名誉欲の強かった内山らしい史料である。加古川筋騒動が起きたのは西が当番の九月、十一月は再び西となるが、その月には、堂島米仲買不正の取り計らいの件で矢部定謙から命を受け、探索の結果、姦商を多数召し捕え、城代と奉行から格別の褒美を受けたと記している。文中には「米価が平準化し、市中の人気が落ち着いた」とあるが、米価高騰の下、米価を抑制し、救恤《きゅうじゅつ》策を施すことができるかどうか、為政者の真価が問われる。まさに「石価の政」である。

この言葉、天保四年（一八三三）十一月二十一日付の足代弘訓宛書状にはこう見える。「此節浪花《なにわ》表官吏相働、石価之政を専《もっぱら》ニいたし候由御座候、拝晤《はいご》之節可申尽《もうしつくすべく》候」。町奉行所は「石価の政」に努めているが、詳しくはお目にかかった折に話します、という意味である。本文には長く飢饉への言及があり、『大学』卒章の句に触れた末尾に、この一文が出る。

興味深いことに同日付で奉行所は、堂島米会所を差配する米方年行司《こめかたねんぎょうじ》から請書《うけしょ》（承諾書）を取っている。実効性を担保するためであるが、そこには米価高騰の時節を考え、①米の売買を制限し、競《せ》り買い・買い占めをしないこと、②新穀入津にもかかわらず高値なので、いっそう平準に努めること、③正米売買のルールを乱さないこと、④年行司は在職中、売買に関わらないこと、とある（『大阪市史』）。

八月には買い占め・買い溜めの禁止、九月には帳合米商《ちょうあいまいあきない》（先物取引）の禁止、十月には酒造高の届と不正売買の禁止、十一月初めには囲米《かこいまい》による窮民救済の触、十二月には施《せ》行《ぎょう》・施米《せまい》の触が出るなど、矢継ぎ早に施策が出されていることからすれば、大塩は、こうした奉行所の米価抑制・飢饉対策を「石価の政」と表現していたと思われる。

時の奉行、東は戸塚忠栄《とつかただひで》、西は矢部定謙。問題は、大塩はそれを評価しているか、批判しているかであるが、私見では町奉行所と大塩の間に一致点があったと判断する。

それを窺わせる事実として、「不幸の良民《りょうみん》」調べがある。その始まりは、文政十二年（一八二九）十月二十五日、「演舌書《えんぜつがき》」として出されたもので、「大坂は繁華の地で、工商の者は何の商売にも出精でき、他所より恵まれている」との一文で始まる。それにもかかわらず竈数《かまどすう》（世帯数に近い）一〇万近くの中には老衰にて子なく、幼少にても親のない「零丁《れいてい》孤独の類」も少なくない。これらの貧人は「不幸の良民」であるから、今後、奉行所として手当を行う。ついては町々で調べ、役所に報告するようにと告げている。

注釈に「東町奉行所から出たもので、掛り役人は大塩氏の由」とあるが、『新見日記』によれば、文政十二年（一八二九）十月十九日、大塩は与力トップの諸御用調役に就いている。「不幸の良民」調べがその直後だけに、文面の「道学者臭」と合わせて、宮城公子の言うように大塩自身が執筆者であった可能性は高い。何より注目されるのは、弓削新右衛門らの奸吏料弾一件の終結後に、「貧民御救ひ」の触として出たことである（七四頁参照）。

この「不幸の良民」調べ、その後も、文政十三年（一八三〇）七月五日、十月十九日、天保二年（一八三一）六月十日、同四年二月三日、十月と六度も町触として出ている（『大阪市史』）。最後の触には去丑年《さるうしどし》（文政十二年）よりと、始まりを教えている。与力大塩の創設した施策が、彼が与力を辞め、東西の奉行が代わっても継承されているのである。こうした施策の親和性を考慮する時、洗心洞主人大塩中斎は、当時まだ、町奉行の施策を批判するに至っていないと思われる。

堂島米市場

「石価の政」の中心には、堂島米市場がある。そこを仕切るのが、米方年行司である。享保十六年（一七三一）十二月、米仲買に四五一枚の株札が発行され、加島屋《かじまや》久右衛門ら主だった米仲買五名に米年寄《こめどしより》を命じたが、のちに米方年行司と呼ばれ、市場の取締役を担う。脇差と袴《はかま》の着用が認められ、大坂町奉行所への出訴や訴願を取りまとめる役割が与えられている。この当時、背景にあったのは構造的な米価安であった。

大坂の米市は、淀屋橋《よどやばし》の南詰《みなみづめ》、淀屋の店先で始まったと伝わるが、元禄十年（一六九七）頃、大川の北側堂島に移った。大川は天満の辺りで左に折れ、西に流れを変え、天満・天神《てんじん》・難波の公儀橋《こうぎばし》を越えたところで、堂島川と土佐堀川《とさぼりがわ》に分かれる。その先端は中之島《なかのしま》の鼻と呼ばれ、再び両川が合流し、西に安治川《あじがわ》、南に木津川《きづがわ》と分かれるまでが中之島。付近一帯と堂島には諸藩の蔵屋敷が集中した。大川に面した浜は北浜《きたはま》と呼ばれ、鴻池善右衛門や加島屋久右衛門などが分家とともに大店舗を構えたが、乱では襲撃の対象となった（冒頭の地図「大坂市街」を参照）。

高槻泰郎『大坂堂島米市場』によれば、堂島米市場は立会場《たちあいじょう》・会所・古米場《こまいば》（消合場《けしあいば》）の三カ所に分かれ、米方年行司は会所に詰め、立会場では株を持つ商人が取引をするが、米切《こめきっ》手《て》（米の引き換え札）を売買する正米商《しょうまいあきない》、先物取引である帳合米商、そして虎市《とらいち》（売買単位の小さな帳合米商）に分かれ、正米商・帳合米商とも春・夏・秋の三期に分けて取引されていた。なかでも焦点は夏期で、五月から八月は休日（祭礼日・盆と十六日）も取引が行われ、六・七月は夜通し取引が行われた。米の作柄を左右する大雨・台風の時期にあたるからである。これについて山片蟠桃《やまがたばんとう》は、その著『夢の代《ゆめのしろ》』で、「切手で買っておけば運送の費用も、鼠《ねずみ》の害の心配もない。もし火事ならば懐に入れて走ればいい」「切手なら買いやすく、売るのは難しいが、売買は心のままだ」と、先物取引である帳合米の利点に触れている。この蟠桃、懐徳堂の出身であるが、師の中井竹山《ちくざん》は「大いに風俗をやぶり、人心を害することの最上第一たるべきは、堂島にて帳合米と名づける米穀の不実商いなり」（『草茅危言《そうぼうきげん》』）と手厳しい（『大坂堂島米市場』）。現代風に言えば、実体経済とは別のデリバティブ取引で、ただのマネーゲームだと竹山は批判する。師と比べた時、升屋小右衛門の名を持つ山片蟠桃、町人学者の名に恥じない。もちろん大塩は、竹山の部類である。

こうした市場経済の只中で、天明期に飢饉が起き、江戸・大坂など各地に打ちこわしが続発した。『草茅危言』は、老中松平定信の来坂に際し、その諮問に答えるべく著されたものである。蟠桃の時とは、時代背景が激変している。その結果、天明期の大坂で、市中救恤政策が確立する。

大坂の救恤政策を検討した本城正徳は、天保期の救恤政策は天明期のそれを継承して打ち出されたが、早期的かつ総合的に実施されている点で進んでいると指摘している（本城「大塩の乱と大坂周辺の米穀市場」）。天保飢饉の場合、天保四年（一八三三）十一月、五年五月、そして七年九月に画期があり、四年十一月の場合には、(a)堂島米取引不正禁令・(b)堂島米相場抑制令・(c)米穀他所他国売差略令《さりやくれい》・(d)民間施行・(e)囲米売払いの五つの施策が、実施されている。「石価の政」とは、こうした総体としての施策を言うのであろう。

とりわけ注目されるのは、(c)米穀他所他国売差略令で、翌五年十月に緩和されるまで、ほぼ一年にわたって実施されている。市中の米穀を外部に売ることを制限するという意味から「市中米津留《つどめ》」とも評されており、堂島米市場という大マーケットの力に依存して市中の米穀を確保し、米価を安定させ、天明時のような一揆・打ちこわしを起こさせない、という明確な意思の表れである。本城は、それを「大坂市中第一主義的対応」と呼ぶ。

そして天保七年（一八三六）九月には、さきの(a)・(b)・(d)・(e)に加え、(f)市中小売米価引下令と官米払下げ・(g)施行が実施され、十一月には、緩和されていた(c)米穀他所他国売差略令が強化され、翌八年十月まで続く。その意味で大塩の言う「石価の政」は継続され、強化されているが、その渦中に乱が起きている。どうしてか？

手がかりは檄文である。そこには、二つの大きな「不平」（石崎東国）が記されている。

大塩の「不平」

第一の不平は、大塩が「当地大坂の米不足をよそに江戸へ米を回し、天皇の御在所である京都には回さない」と非難する江戸廻米が行われたことである。

江戸廻米は、担当した内山彦次郎の『勤功録』には天保七年（一八三六）九月十五日から二十八日の間、東町奉行跡部良弼《よしすけ》の命を受け、兵庫津《ひょうごのつ》に出張し、豪商の北風荘右衛門《きたかぜそうえもん》に命じて現地で買い付け、江戸に送ったとある（西の矢部が転出し、不在）。同家の記録『北風遺事』には、諸問屋・穀物仲買・船方・樽廻船《たるかいせん》問屋らが協力し、七年九月から翌八年五月までの間に延べ三万七三四七石余を廻送し、江戸の米価が下がったので止めた、と記す。八年六月付の精算書があり、その総額六二八三貫四〇〇匁、金一両銀五〇匁で換算すると、約一二万六〇〇〇両となる。

化政〜天保期は、納屋米《なやまい》（商人取扱い米）の集散市場として兵庫が大きく発展を遂げていた時期でもあり、そこに目を付けた江戸廻米策といえる。ただし、江戸への米穀の直売りは十一月二十九日の町触で勧められているので、この廻米を「得手勝手の政道」とのみ見ることは適切ではない。むしろこの町触で、「蔵米雑穀《くらまい》」は除くというのが重要であると本城正徳は指摘する。蔵米とは諸藩の蔵屋敷を通じて、堂島米市場で取引されるもので、商人の取引米である納屋米とは別種類である。内山が兵庫で買い付けて、江戸に送ったのは納屋米である。蔵米で言えば、享保から天保の間、大坂では平均して一五〇万俵、約五〇万石の米が越年している。それが正月以降、八月までの端境期に向けて消費され、新米が入ってくるという仕組みであった。そんな余裕は天保の飢饉で激減、例年の三分の一の水準になっている。大塩の乱は、このタイミングで起きている。

ただし、それがそのまま乱に直結するとは限らない。大坂市中とその周辺には、堂島米市場での取引米を原資とする恒常的な飯米販売圏が仕組みとして設定されていたのである。大坂はもちろん京都・堺・伏見の都市、八尾《やお》・平野《ひらの》などの在郷町、木津《きづ》・難波村など市中の接続村々と周辺農村部の四グループが含まれ、そのなかに洗心洞の豪農門人たちの村々があった。

こうした仕組みを通して大塩の乱を見た時、檄文の効果は大きな制限を受けていた。越年米は五一万俵余、約一七万石余に激減していたとはいえ、恒常的な販売圏の仕組みの下、大坂市中に対し総合的な救恤政策が実施され、在郷の町場や門人のいる地域にも堂島からの出米が認められたことで、食糧問題を契機とする蜂起を期待することは難しい、と指摘するのである。実際、天保七年（一八三六）九月二十五日の高津五右衛門町《こうづごえもんちょう》で起きた以外、打ちこわしは起きておらず、翌日、早速、富商豪家による施行が行われている（『大阪編年史』）。何よりも乱の日、大塩の期待したような市中内外からの貧民層の大量参加はなかった。大塩の予想が外れたのである。

檄文はまた、大名に金を貸し付け、利息の金銀や大名からの扶持《ふち》を貰って裕福に暮らす富豪町人たちは、天災天罰を見ながら畏れもせず、餓死に瀕《ひん》する貧人・乞食らを救わないと扱《こ》き下ろすが、石崎はこれを「第二の不平」とする。

天保五年（一八三四）七月の鴻池善右衛門・加島屋久右衛門・住友吉次郎らの拠出金による施行は、大坂三郷の北・南・天満の六一三町の借家にすれば一軒あたり白米一升、あるいは銭三三八文という金額となる。ところが七年八月に米価は一升あたり一五〇〜一六〇文、九月には二〇〇文、十一月には二六〇〜二八〇文に跳ね上がっている。大坂天満宮宮司滋岡《しげおか》功長《こうちょう》が記した小売米価格の推移である。民間からの施行が、「焼け石に水」の状態であったことが推測される。したがって大塩がもう一段、強力な施策と抜本的な救恤策を求めたことは想像に難くない。

そこで大塩、つぎの策に出た。石崎東国は天保八年（一八三七）正月のこととして、大塩の「時局経済調整」策を挙げる。第一案は、鴻池・加島屋・三井《みつい》らが大名諸侯への貸付金を今年に限り断れば、諸侯は大坂に上せる米穀を増やそうとするので、米価は下がらずとも供給量は確保される、という案。第二は、豪商一二家から総計六万両の金を用立ててもらい、八月までの飢饉救済資金として運用し、その後三カ年かけて償却するという案。

いずれも「平戸藩士聞書」などによるが、こうした案が実施されたとして、どういう効果があったのか、専門家に聞きたいところだが、石崎は「惜しいかな、事実と判断できる史料がない」と保留する。しかし、町奉行跡部良弼が、その実現を妨害したことで、「先生義挙ノ決意実ニ茲《ここ》ニ初《はじめ》テ動キシヲ見ルニ足ル」、つまり蜂起を決意したと書く。江戸の儒者山田《やまだ》三川《さんせん》（乱の当時三四歳）が「ある大名が一万両を返金してきたのを聞き付け、大塩が貧民を救うのに遣わせてほしいと願い出たところ、承知せず、奉行所に届けたので跡部から辱《はずかし》めを受けた」とする（『三川雑記』）のも同種の情報で、豪商批判は町奉行跡部に対する批判に繋がっている。

そこで大塩は直接、施行に乗り出す。天保八年（一八三七）二月初旬、蔵書を売り払って得た資金六六八両を基に、市中安堂寺町《あんどうじまち》の本会所で窮民一万人に金一朱《しゅ》ずつの施行を敢行するのである。幸田の『大塩平八郎』には口絵として写真版を収め、施行札と名付けているが、二月七日七ツ時（午後四時頃）までに持参するようにとある。乱の一二日前のことである。

大塩の心情

天保四年（一八三三）十一月、「石価の政」に賛意を表した大塩は、同七年九月以降、一転して、救恤策の担い手であった町奉行所と市中豪商たちへの批判をするようになっている。この二年弱の間、大塩には変化が見られるのである。それは飢饉の深刻化のせいであろうか、それとも別の何かがあったのか。檄文に明示されていない理由（Why）があるのではないか。そこで『書簡集』に込められた大塩の心情を窺ってみよう。その相手は足代弘訓と平松楽斎である。

天保五年（一八三四）七月十七日付の足代宛書簡には、正月に詠んだ詩の一句「薪木底含星点火」を引き、「符合いたし」と記している。同月十一日未明に起きた地元天満の大火災の被害を告げた書簡の一文であるが、大火を経験することで想い起こしたのである。この詩句、市中上町の大火を告げる七年十一月十一日付で平松に宛てた手紙にも見え、その「験《しるし》」があると書く。平松には「天怒」、足代には「天譴」と書く。天が怒り、天が誡めようとしている事態は連続している、と大塩は理解していた。

天保五年（一八三四）七月十七日付の足代宛書簡には天災流行と並んで、「妖星《ようせい》時々出現、可畏《おそるべし》」とあるが、この妖星、六年八月下旬に現れた。ハレー彗星《すいせい》であったが、その出現は、戦乱・疫病・飢饉などの不吉なことが起きる前兆と信じられてきた。天文学に関心を抱き、毎夜天体観測をしていた大塩は、「中国天文学の考え方に沿って、法則と異なる天体現象から天の意思を調べ、読み取った」と相蘇は解説する。ここに至ればもはや、檄文に一直線である。

この大きな流れの中では、江戸廻米や豪商らの施行に対する批判は、大事の中の小事に過ぎない。しかし、許せない部分がある。それは特定の人物や、特別な構造に対する怒りである。檄文で、奉行・諸役人は禄盗人《ろくぬすびと》であって天道聖人《てんどうせいじん》の御心《みこころ》に適《かな》い難《がた》いというのは、そうした構造への批判。そして江戸廻米批判は、跡部の指示で西方与力内山が行ったという特定の人への怒りであったのではないか――。

そうして見ると建議書に、この時期、大塩と門人たちが直面した事件・難局に関係するものが含まれているのが注目される。まず内山であるが、天保六年（一八三五）閏七月付の訴状ですでに見たように、それは「四ケ所《しかしょ》の組織」に対する批判でもあった。内山への憎しみは、同志であった吉見九郎右衛門《くろうえもん》（乱の当時四七歳）の密訴状の末尾に「二月十八日の当日、内山は出張の予定があるが、大塩軍が手始めに攻撃するかもしれないので延期するように」と忠告していることでも分かる。大塩は、乱に乗じて内山の誅殺を狙うほど敵視していたのである。

前西町奉行矢部定謙も敵視されていたことが建議書で明らかとなり、編者仲田正之をして驚かせた――矢部の大塩に対する好意的な評価が従来知られていたので――が、そのきっかけと思われる事件も、この間、相次いで起きている。天保六年（一八三五）九〜十月の門人たちによる賊面灸治《ぞくめんきゅうじ》事件と、翌七年三月の一心寺《いっしんじ》事件である。賊面灸治の罪を問われ、門人二人が自殺したことについては第四章（一一七頁）で触れた。一心寺事件とは、天王寺逢《おう》坂《さか》の一心寺の住職竜誉《りゅうよ》が、同寺所蔵の稚拙な家康画像を累代の什物《じゅうもつ》と偽って茶臼山《ちゃうすやま》の陣所跡に東照宮《とうしょうぐう》を建てようと企て、死罪に処せられた事件である。彗星の出現を伝える天保七年五月十三日付の書状に「春来当表も一変事出来、（中略）此一件ニて同番の者東都へ召され」と東組与力が江戸に召喚されたとある。松浦静山の『甲子夜話』には、そのことで時の東町奉行大久保忠真《ただざね》が御役御免になったと記しているが、それを念頭に大塩は、矢部が陰謀を企て、同役を罪科に陥れたと糾弾している。

矢部も内山も西町奉行所で、被害者は大塩のいた東町奉行所の関係者ばかりである。そこには東西町奉行所間の構造的な対抗関係が伏在しているが、これもまた乱の一因であった。

「百目筒と十匁筒の戦い」

5W1Hとして大塩の乱の仔細を述べる時、残されている問題は、どのようにして（How）乱は起きたのか、である。大坂市中に騒動を起こし、市中の金持ちどもが穴蔵に蓄えている金銀銭、蔵屋敷に隠し置いている米穀を貧民たちに分け与えるので、大坂に騒動が起きたと聞けば、一刻も早く大坂に駆け付けよ——という目的を達するには、どうすればいいか、という問題である。その答えは一つ、悪役人や悪徳町人を「火攻め」することである。そうすれば、市中の大混乱をもたらすと同時に、立ち上る火炎と煙によって遠く河内や摂津の村々からも見ることができる。そこで採られた戦術が、大筒四門の使用である。「一揆の類」でないことは軍事行動であったことを意味し、その結果、「大坂の陣以来二百年ぶりに甲冑を見る」（猪飼敬所）こととなった。

注意されるのは、その際、使用されるのは火縄銃（鉄砲）ではないことである。大砲である。門人守口町の白井孝右衛門が、大塩の求めで木筒《きづつ》（鋳鉄《ちゅうてつ》に代わり、木をくり抜いて砲身とした大筒）を制作するために庭の松の木を譲ったと証言しているのは、天保七年（一八三六）七月のこと。跡部の着任は同月末。そして吉見九郎右衛門の密訴状には「丁打《ちょううち》（町打《まちうち》）稽古《けいこ》、その他に託し、旧冬より火薬拵《こしら》え」と出る。「町打」とは砲術家の使う用語で、実弾の発射演習のことである。大塩と大砲の試技、これはどういうことか？

手がかりは、大塩の乱の武器にある。かつて大塩の乱を「百目筒《ひゃくめづつ》と十匁筒の戦い」と評した砲術研究家がいる（澤田平「大塩の乱における銃撃戦」）。鉄砲伝来の町であり、また国友《くにとも》と並ぶ鉄砲産地である堺を拠点に、堺鉄砲研究会を主宰し、古式銃砲の蒐集《しゅうしゅう》、古式銃砲の公開演武など多方面で活躍している澤田平は、「開運！なんでも鑑定団」（テレビ東京系列）の鑑定メンバーとしても知られている。

その澤田によれば、たしかに大塩は決起にあたって木筒のほか、百目筒（口径約四〇ミリメートル）の大砲を四門も従え、白昼、市街を行進したばかりか、実際に発砲し、市中を火の海にした。「テロ」だと非難する論者の最大の根拠は、そこにある。儒学者の姿からは想像できない「軍事」が、そこにはある。その軍事を支えたのが百匁、すなわち三七五グラム

――三五〇ミリリットル入りの缶ビールを想像してほしい――の砲弾を飛ばす大筒であった。実際に飛ばしたのは砲弾ではなく、炮烙火矢《ほうらくびや》・棒火矢《ぼうひや》と呼ばれる江戸時代に考案された焼夷弾《しょういだん》の一種であったが、当時、砲術家の間で知られた流儀であったという。大塩軍が市中淡路町で敗れ、四散した後に残された大砲の台車には、瀬田済之助・橋本忠兵衛ら門人の名が記されていたことが報告されており、洗心洞門人には、与力・同心と豪農の区別なく、大筒の操作が求められていたことが分かる（藪田「堺鉄砲鍛冶と大塩事件」）。

それに対し、百目筒で行進する大塩軍を壊滅に追い込んだのが、玉造《たまつくり》組与力坂本鉉之助の十匁玉筒（口径一九ミリメートル弱）、わずか三七グラム余り、つまり金柑《きんかん》大の砲弾を飛ばす鉄砲であった。その攻防はのちに触れるとして、ここでの関心は双方に共通する「武士の町　大坂」の軍事である。

荻野流砲術

坂本鉉之助が、ただの城方与力でなく、砲術流派の一つ荻野流の師匠であったことについては、その父天山を紹介する項で触れた（第三章）が、彼の著『咬菜秘記《こうさいひき》』には、砲術家としての発言が多く見える。たとえば「だいたい、何流何流といって砲術家が今日、専門にするところは、泰平の世の儀礼ばかりで、実戦向けの技ではない」とあるのは、門人の与力本多為助との会話の一コマ。また乱の当日、大塩らが大砲を装備し行軍しているとの報に接して、「平八郎が兼ねて学ぶ所の砲術、数年七堂浜《しちどうはま》にて演じる技前、戦場の実用に適い難き事のみなれば、少し勝算を得て安心の気味あり」と記している。なんと坂本は、大塩平八郎がかねて砲術を学び、堺七堂浜での砲術演習に臨んでいたことを知っており、その力量を判断して「勝算あり」と判断したというのである。大塩が、玉造組与力柴田勘兵衛から槍術を学んでいたことはよく知られているが、砲術をも学んでいたというのである。一体、大塩はいつ、誰から、砲術を学んだのか？

それを解くカギは、与力柴田勘兵衛にある。槍術の師である柴田と大塩の関係は、第一章で紹介したが、城方与力としての柴田の実像はよく分からない。軍事部隊なので公開された情報が少ないことや、町方与力と比べ町人との接点が多くないことが理由であろう。そんななか武鑑（大名・旗本の名鑑）の一つ『大坂袖鑑《おおさかそでかがみ》』天保七年版では、遠藤《えんどう》但馬守胤統《たねのり》（近江三上《みかみ》藩）の下に、玉造十四軒屋敷・六軒屋敷・十軒屋敷の三ブロックに分かれて家紋付きで名前が登載されている。柴田は十四軒屋敷の末尾、坂本は六軒屋敷の筆頭に見えるが、それほど離れているとは思えない。この柴田、乱の当日、坂本の稽古場にいた。坂本は、翌日に役宅裏の稽古場で大筒の町打をする予定で門人・仲間を集め、合薬の調合をしていたのである。

砲術家仲間の間では堺七堂浜の町打が大規模な演習として知られ、柴田自身、二月一日付で「来《きた》る三月中堺七堂ヶ浜において鉄砲町打をしたい」として月番に願い出ている（『勤向記』大阪市史編纂所蔵）。乱によって中止となるが、後述のように大塩らも「町打」を理由に大筒の調達をしていることから、敵・味方双方とも乱の前日、「町打」の準備をしていた。それほどに大坂では、「町打」と称して軍事演習の準備をすることは日常であった。

柴田の『勤向記』には、三月と九月ないし十月に、堺での町打実施を願い出ていることが分かる。町打は二泊三日の予定なので、その間、休暇を取る必要があるからである。それは彼らにとって、城代や定番《じょうばん》などの大名屋敷で行われる砲術の上覧と並ぶハレの行事であるが、上覧に際しては、砲術家としての柴田の資格が書類として提出されている。それによれば「荻野流種子島《たねがしま》免許　組与力坂本鉉之助弟子」とあり、また試技の内容として、「種子島十匁筒角前《かくまえ》二放宛立膝《たてひざ》」「同筒にて鎗前《やりまえ》四放宛序破急一調子」「百目筒膝台《ひざだい》」と記されている。十匁と百目は弾の重さで銃砲の大きさをも表し、角前と鎗前は目標物、立膝と膝台は発射の姿勢などを表す砲術家用語である。こうして見た時、柴田勘兵衛は砲術家として坂本鉉之助の弟子であった。

二人の柴田勘兵衛

しかし大塩の槍術佐分利流の師匠という話とは違ってくるが、これはどうしたことか？

実は『咬菜秘記』に柴田は二人、登場する。柴田勘兵衛と「先柴田勘兵衛」である。青年大塩を坂本に引き合わせたのは先代勘兵衛であり、ここに出るのは「今」の勘兵衛である。

先代に代わり、養子真次郎が見習勤として柴田家の跡目を継いだのは文政七年（一八二四）八月。同十一年には勘兵衛と改名するが、年齢は二七歳。大塩が当時三六歳であったから、九歳年下となる。天保三年（一八三二）、三一歳の年に提出した芸術書によると、修めた武芸は以下の通り。

弓術　日置《へき》流伴道宮流　目録　組与力小野主水《おのもんど》門弟　九ヶ年稽古
馬術　大坪《おおつぼ》流　目録　組与力小林《こばやし》専左衛門門弟　八ヶ年稽古
剣術　心形刀《しんぎょうとう》流　免許　富士見御宝蔵伊庭《いば》軍兵衛門弟　一三ヶ年稽古
砲術　荻野流種子島抱一通　免許　組与力坂本鉉之助門弟　一三ヶ年稽古
砲術　荻野流大筒・火術仕掛打　目録　同断　十ヶ年稽古
学問　史記《しき》の内伯夷《はくい》列伝　素読　中井柚園《ゆうえん》門弟　二ヶ年心掛

伊庭軍兵衛の下での稽古は、彼が江戸生まれで、江戸育ちであったことを物語るが、荻野流砲術の稽古は、柴田家に養子として入った頃に始まるだろう。

ところが、先勘兵衛も砲術を学んでいた。近年、堺の鉄砲史を変える資料として注目されている鉄砲鍛冶《かじ》屋敷井上関《いのうえせき》右《え》衛門《もん》家資料の調査から判明した新事実である。享和三年（一八〇三）三月二十八・二十九日に、堺七堂浜で行われた荻野流砲術家坂本孫之進の門人たちによる大筒試射記録であるが、その門人として先頭に柴田勘兵衛、末尾に息子坂本駒太郎がいる。坂本孫之進は鉉之助の養父、柴田は先勘兵衛である。つまり孫之進―先勘兵衛の師弟関係は、鉉之助―今勘兵衛に継承されているのである。

注目されるのは、この町打に松平日向守直紹《ひゅうがのかみなおつぐ》（越後糸魚川《いといがわ》藩）配下の玉造組与力が複数、参加し、さらに京都所司代青山忠裕《あおやまただやす》（丹波篠山《ささやま》藩）の与力が見えることである。彼らは京都から出張し、堺での町打に参加していることになる。ほかにも単身だが、京橋組与力・船手奉行与力のほか大洲《おおず》藩や高槻藩などの武士も見え、演習に参加した武士は総計三〇名に及ぶ。初日には百目玉筒を抱立にて棒火矢を放ち、目印は六町（約六六〇メートル）として一番から一四番まで氏名が記され、個人の試技であることを示す。筒は百目・二百目のほか六貫目（二二キログラム）の玉を発射する大筒も備えられ、棒火矢・樫木鉄羽板棒火矢・鉄羽のほか二百目の実弾の発射が行われ、さらに合図として赤龍・朱雀《すざく》・緑雲《りょくうん》・千鳥などの花火が打ち上げられている。まことに壮観な様子であったと推測される。たしかに棒火矢の試技が多く、両日とも五七番の試技のうち、棒火矢は初日二二番、二日目一七番を数え、流行の感すらする。

享和三年（一八〇三）の町打に京都所司代配下の与力までが参加しているのは、ひとえに師匠である坂本孫之進の高名のゆえかと思われる。この孫之進、寛政四年（一七九二）十月、京橋組の与力浅羽主馬《あさばしゅめ》とともに江戸に招聘されている（『徳川実記』）。その年七月、幕府は徳《とく》丸《まる》が原《はら》（東京都板橋区）に町打場を新設しているので、そこでの試技を求められたのであろう。孫之進は荻野流、浅羽主馬は中島流の砲術指南で、ともに玉造・京橋の城方与力であったが、海防問題が浮上することで砲術の重要性に着目した幕府がヘッドハンティングしたのであろう（宇田川武久『江戸の炮術』）。

孫之進はその後、文化五年（一八〇八）にも出府し、翌年、徳丸が原での演習に臨んでいる。享和三年（一八〇三）の堺での町打は、その間のことであり、江戸での令名が、京都所司代配下の与力たちの町打参加を促したのではないかと思われる。

寛政九年（一七九七）、鉉之助が父天山に連れられ大坂に来て、本家坂本孫之進宅に逗留、その後、九州に行き、平戸で父を亡くしたことは第三章で触れた。父の死後、文化二年（一八〇五）十一月、鉉之助は、宗家坂本孫之進の婿養子となり、娘うたと結婚する。一方、孫之進は文化六年、徳丸が原での演習の実績を評価され、江戸の留守居役組与力に抜擢され、息子駒太郎とともに上京する。その後、幕命で長崎に出張し、高島《たかしま》四郎兵衛（秋帆《しゅうはん》の父茂紀《しげのり》）に砲術指南を行った帰路、駒太郎ら家族を伴って江戸に移住する。空白となった城方与力で荻野流宗家の地位は、養子となった鉉之助が継承する。『咬菜秘記』には先人天山の教えと並んで、城方与力として玄祖父平左衛門・高祖父武右衛門の勤めぶりが記される。鉉之助には、荻野流砲術家としての技量とともに、城方与力の「家」が受け継がれている。

大筒入手の経路

こうして大塩の槍術の師柴田勘兵衛が、同時に荻野流の砲術家であったことが明らかとなった。したがって大塩の砲術熱も、乱に向けた一過性のものと片付けるわけにはいかない。大砲で武装して決起し、棒火矢を発射することには確かな前提があったと考えるべきであろう。ならば大塩は、荻野流として坂本孫之進俊現—鉉之助俊貞の門下にいるかと言えば、そうではない。流派が違うのである。したがってその内実を窺うためには、党派としての大塩勢に立ち入らなければならない。手がかりはやはり、大筒である。

大塩が大筒を入手した経路について、幸田が「巧みな計略」として紹介するのは、与力瀬田済之助が、東組与力由比彦之進《ひこのしん》と堺の鉄砲鍛冶芝辻長左衛門《しばつじちょうざえもん》からおのおの一挺《ちょう》ずつ借り出した経緯である。済之助は彦之進を訪問するにあたり、「所蔵の大砲が破損しているので、張り直したい。ついては秘蔵の大砲を貸してもらいたい」と、養父瀬田藤四郎が書いた手紙を見せて依頼している。彦之進には亡父助太夫がおり、済之助の養父瀬田藤四郎とは砲術師弟の間柄だったので、彦之進は快諾し、貸し与えている(『大塩平八郎一件書留』)。なんと坂本のような城方でなく町方与力に砲術家がおり、大塩邸に隣接する役宅に大筒を所持しているのである。

また芝辻には、「新規に大筒を張り立てるので古筒があれば見せてほしい」と頼み、これも許可を得ている。天保七年(一八三六)九月のことで、これにも瀬田済之助が関わっているが、養父藤四郎が砲術家として由比助太夫や芝辻長左衛門と顔見知りであったことが前提としてあったと推察される。乱の九年ほど前の文政一一年(一八二八)八月の『浪華御役《おんやく》録《ろく》』の裏面には、西与力町に由比助太夫・彦之進、川崎に瀬田藤四郎・済之助の親子の名前が見え、由比助太夫と瀬田藤四郎（盗賊方のエキスパート）の間に、砲術の師弟関係があったのである。

そこで想い起こされるのが、天明七年（一七八七）七月、幕府による文武奨励と人材登用策である（三〇～三二頁参照）。その結果、大坂の町方と城方の与力・同心に対しても「芸術書」の提出が求められ、文化九年（一八一二）、東町奉行があの平賀貞愛《さだえ》であった時のものが残る（『新修大阪市史史料篇』）。砲術として「目録」の地位には中島流由比半治門弟の瀬田藤四郎、「免許」として中島流藤重孫三郎《ふじしげまごさぶろう》の門弟吉田勝右衛門・弓削喜代蔵の名が見える。槍術の目録として佐分利流柴田勘兵衛執立《とりたて》の八田衛門太郎とあり、「先勘兵衛」が槍術の師として見える。もし大塩自身が目録の域に達していたら、そこに名を載せたであろう。

しかし大塩二〇歳の頃に、すでに町方与力の中に由比と吉田・弓削という三人の砲術家がいたのには驚かされる。それぞれ支配・勘定役・川役に就いているが、表向きの顔とは別に、彼らは砲術の修行をしていたのである。

「由比半治門弟　瀬田藤四郎」とあることから、藤四郎の師由比助太夫というのは半治その人であろう。彼らは揃いも揃って中島流である。その師の一人に藤重孫三郎がいる。吉見九郎衛門の証言に、「格之助は城方同心藤重良左衛門《りょうざえもん》の亡父孫三郎の弟子で、良左衛門と相弟子であったことから、良左衛門の倅槌太郎《つちたろう》を格之助宅へ招いて稽古を始めた」とあり、大塩軍の砲術は中島流であった。それは、孫三郎―良左衛門―槌太郎と代々、藤重家に継承されてきた技である。

この中島流も、砲術流派として著名であった。夙《つと》に有名なのは、坂本孫之進とともに江戸に招聘された浅羽主馬で、彼もまた、堺七堂浜で町打を実施している。明和八年（一七七一）三月のことで、折しも大坂城の加番を勤めた峰山《みねやま》藩京極高久《きょうごくたかひさ》の家臣が見物に行き、書き留めている（『大坂加番記録(二)青屋口加番京極高久』）。面白いことにその後、家中の侍が入門するばかりか、藩主高久自身、浅羽の許《もと》に入門している。翌年、来坂中の坂本天山も浅羽主馬に会っている。

大塩の乱と軍拡の波

こうしてみると、大坂城の城方与力・同心は、砲術の継承と発展を担う集団であったと思われる。その流派と京橋・玉造の組集団の関係だが、玉造組の場合、流派は上組中島流・中組荻野流・東組武衛《ぶえい》流の三つと決まっていたが、その門人関係が、町方与力にまで広がっていたことが、大塩の乱の前提としてあった。

しかし大筒の調達は、それで終わっていない。高槻藩では、洗心洞主人大塩の教線が大筒の供給ルートに変わっている。

天保七年（一八三六）十一月、まず高槻藩士柘植《つげ》牛兵衛から、大塩所持の刀と唐画一幅との交換で百目筒を得ている。柘植の玄関先に置かれていた大筒を、講釈に来た大塩が見つけ懇望したそうである。その時、大塩は「格之助に町打致させたく、国友・堺で新調するつもりだが、それまでの間、貸してほしい」と頼んだという（岡本良一「三島家文書について」）。さらに、同藩士中西斧次《なかにしおのじ》から購入された百目筒があった。これも大塩が講釈に赴いた際に生まれた話で、斧次が同藩の砲術師範山田金兵衛から譲り受け、稽古場に置いていた大筒を大塩が見付け、買い取りを提案している。ここでも大塩は、格之助に町打させたいと理由を述べており、天保七年十月頃のことである。

高槻藩には柘植牛兵衛をはじめ、藤井竹外《ふじいちくがい》・高階春帆《たかしなしゅんぱん》・芥川思軒《あくたがわしけん》ら複数の門人がおり、そこに中西斧次の名も見える。乱後の口上書で、大塩の講釈は六〜七年前に始まり、年に三、四度行われていたと述べている（『高槻市史』）。たしかに天保五年（一八三四）に大塩から高階や芥川らに宛てた書状が残され、高槻藩士との大塩の密な交流は裏付けられているが、「文」で始まり、「武」に転じているのは意図的である。ただしその時、高槻藩の側に応える条件がなければならない。

そこで注目されるのが藤井竹外（乱の当時三一歳）の存在である。この竹外、同藩の鉄砲奉行であった。文人として詩集があるが、その一つ『百絶』の跋文《ばつぶん》を書いた後藤松陰に対して竹外はこう語っている。「銃《つつ》ニ長短アリ、丸《たま》ニ軽重アリ。シカシテ之ヲ放ツノ法ハソノ体ヲ正シウス。ソノ体ヲ正シウセント欲スレバ、先《ま》ヅソノ心ヲ虚《きょ》ニス。心虚ナレバ則チ体正ク、体正シケレバ則チ自然ニ、中《あた》ラザルヲ得ズ」（中村真一郎『頼山陽とその時代』）。銃砲には銃身の長短、弾丸の軽重がある。発射するには姿勢を正さなければならないが、そうするには心を虚にしなければならない。そうすれば自然と命中する――とは、砲術経験者でしか語り得ない教えであるが、大塩の思想「心太虚《たいきょ》に帰す」を想起させる。

大塩平八郎の乱の背景としてわたしは、当時、日本に軍拡の波が起きていたと推測する。堺の鉄砲鍛冶八代井上関右衛門は、文政・天保年間（一八一八〜四四）の前後は、「実ニ鉄炮師ノ全盛ヲ高メシ時代ナリ」と証言している。その結果、井上家の諸大名家への出入り数は、宝暦八年（一七五八）の一九家から、安永四年（一七七五）の四四家を経て、天保十三年（一八四二）の五一家へと急増する。軍拡の波を受け、成長したのである。同家は当時一九軒あった鉄砲鍛冶のトップで、芝辻長左衛門はそれに次ぐ二番手で出入り大名は五一家（『堺鉄砲鍛冶屋敷井上関右衛門家資料調査報告書』）。この実績と、芝辻理右衛門・榎並屋《えなみや》勘左衛門と並ぶ鉄砲年寄という家柄から見て、大塩の大筒借用の相手として芝辻長左衛門が浮上するのは不思議ではない。

後日談だが、大塩軍が四散したのち、散乱した銃砲を堺の鉄砲鍛冶が回収に来るのではないかと心配した跡部が、堺奉行曲淵《まがりぶち》甲斐守《かいのかみ》に問い合わせたと『咬菜秘記』にある。「百目筒と十匁筒の戦い」は、まさに火蓋《ひぶた》が切られようとしている。

第六章　大坂の乱

二月十九日

大塩平八郎の乱は、天保八年（一八三七）二月十九日の早朝に始まり、同日午後四時頃に戦闘は終わっている。一日に満たない反乱であったが、それは前半で、その後、主要門人たちが次々と逮捕され、一部が逃亡を続けるなか、大塩と養子格之助は市中靱《うつぼ》の美吉屋五郎兵衛宅に潜伏を続けるという後半がある。それは建議書を江戸に送ったことと関係しており、潜伏中に発見され、父子もろとも自爆するのが三月二十七日。

その後、関係者の逮捕・尋問が始まり、事件の重要性から幕府は六月七日、評定所で裁許（判決）することを決め、翌九年八月二十一日の裁許となる。他方、評定所では、鎮圧・逮捕に功のあった者の調査も進めており、『書留』には、彼らへの褒賞記録も収められている。軍功は、それぞれの武士たちの人生の勲章となり、立身出世を遂げる者もいたが、何よりも、二百年前の武士の心掛けを悟るという稀有な体験をしたことから、その体験談は貴重な記録として再生されていく。

坂本鉉之助《げんのすけ》の『咬菜秘記《こうさいひき》』はその最高傑作で、そこには政治的に戦った大塩に対し、軍事的に戦った坂本鉉之助や城代土井利位《としつら》らが勝利した様が描かれている。

この反乱について幸田成友は、「平八郎が挙兵に決心したを何月何日と正確に示し得べきではない」と断っている。しかし、蜂起の日が二月十九日であることは動かない。十五日でも、十八日でもよい、という問題ではない。どうしても二月十九日でなければならなかった。しかし、それは決起する側の事情で、他人は違う。大坂の顔、道頓堀の中の芝居（中座《なかざ》）では春の狂言を興行中で、大入りとはいかないが初春のことで景気がいい（中村仲蔵《なかむらなかぞう》『手前《てまえ》味噌《みそ》』）という有様。一方、大坂城玉造《たまつくり》門外の定番《じょうばん》屋敷の一角に住む坂本はその日、翌日の町打《まちうち》（実弾の発射演習）に備えて早朝から火薬の用意をしていた。門人の柴田勘兵衛が二月九日、三月中の予定で七堂浜での町打を申請しているので、その準備の最中、決起に遭遇した。城内、中小屋加番として駐屯していた井伊右京亮《いいうきょうのすけ》（越後与板《よいた》藩）は、前日の十八日、秋八月に交替する予定の四名の加番大名から挨拶状を受け取っている（『中小屋加番日誌』大阪城天守閣蔵）。

十九日はまた孔子を祀る釈奠《せきてん》の日で、江戸では将軍の名代が昌平坂廟《しょうへいざかびょう》（湯島《ゆしま》聖堂）に代参している（『徳川実記』）。洗心洞でもそのため門人関係者が複数集まっていたとの証言もあるが、それは戦闘要員を確保するための計略で、日が重なったのを利用したのである。

被災した側にとってはまさに青天《せいてん》の霹靂《へきれき》であった。大坂天満宮宮司滋岡功長《しげおかこうちょう》によれば、当日の天候は晴れ。しかし巳《み》ノ刻（午前十時頃）より西風が強くなった。乱はすでに五ツ時（午前八時頃）に始まり、与力組屋敷から出た火の手は、その風に煽られ、東へと拡大していった。西風ならば南にある天満宮は被災しないだろうと安心していたところ、火が移り、「上ヲ下へと騒動ス」。道真《みちざね》公の御正体《みしょうたい》（神体）を載せる御鳳輦《ごほうれん》の避難でテンヤワンヤである。社人たちで担ぎ出し、天神橋の下で船に積み、無事、木津川右岸戎島《えびすじま》の御旅所《おたびしょ》（祭礼の際に一時鎮座する所）に移す。裏手の梅林の下を掘り、埋めた上で筵《むしろ》を敷き、土を掛け、なんとか火難を避けたが、梅林は満開であった（藪田「大坂騒擾二話（上）」）。

どうしてこんな日に突如決起したのか——。滋岡功長ならずとも、聞いてみたい気がするが、そこには深い理由があった。それについては乱の参加者の供述が揃って出ており、密訴した平山助次郎は、その日は両町奉行が市中を巡見する日で、途中、平八郎の向屋敷《むこうやしき》与力朝岡助之丞宅で休憩する予定なので、その際、大筒を以て討ち取る、とかねて申し合わせていたと述べている（『書留』）。つまり二月十九日という決起日は、東西の町奉行が天満郷を巡見する予定日であった。西は新任の奉行の堀伊賀守で、襲撃する理由はない。残るは東の跡部山城守である。したがってこの襲撃、跡部を狙ったものであることは明白である。大塩らの決起の第一目標は、跡部良弼誅殺《よしすけちゅうさつ》である。

功長も「与力役宅のうち工藤万三郎・朝岡助之丞宅へ火を掛けた」としているが、それは平山の情報と一致する。天満の与力役宅図を見れば、大塩邸の真向かいに工藤・朝岡・小《こ》泉《いずみ》の三家が並んでいる。巡見に出た跡部らが朝岡宅に休憩に立ち寄るので、そこを狙って攻撃を仕掛けるというのが所期の計画であった。朝岡の裏手には内山の屋敷があり、一石二鳥である。この計略、与力を長年勤め、門弟に現役の与力・同心がいる大塩ならではの秘策である。

大塩平八郎と矢部定謙

その跡部、天保七年(一八三六)四月二十四日、東町奉行に任命され、七月二十七日、大坂に入った。大坂市中への報せは五月二日であったから、約二ヵ月半後、新奉行の初入りとなったこととなる。ところが、跡部着坂後の九月三日、西町奉行の矢部定謙《さだのり》が江戸出府となり、着府後、勘定奉行の任命を受ける。したがって西矢部、東跡部の両奉行が揃っていたのは、わずか四〇日余である。新任の町奉行は、大坂入りとともに奉行所を受け取り、その後、組の与力・同心と顔合わせをする。翌日には相方の役所に出向き、盃事《さかずきごと》を済ませて城入りし、城代と定番以下の番方《ばんかた》(大坂城守衛)に挨拶する。

こうした初顔合わせののち、東西の奉行は月に八回の御用日(二・五・七・十三・十八・二十一・二十五・二十八日)に、月番の役宅で定例の会合を持つほか、御用日に備えて内寄合、城代の下での宿次御用《しゅくつぎごよう》などで、平均して一五日前後は顔を合わせる。新見《しんみ》正路や久須美祐明《すけあきら》の日記が公刊されることで奉行の日常が明らかとなった（『武士の町 大坂』）。跡部が初入りした時、月番は矢部であるから、跡部が西町奉行所を訪れた。その時の会話が、水戸の藤田東湖が記した『見聞偶筆《けんもんぐうひつ》』（藤田東湖全集）に書き留められている。

跡部が矢部に、町奉行の故事・心得について聞いたので、「与力の隠居に平八郎なるものあり、非常の人物なれども、たとえば悍馬《かんば》の如し、その気を激せぬようにすれば御用に足るべきなり、もし奉行の威にてこれを駕御《がぎょ》せんとせば危きなり」と言った。その場ではおとなしく聞いていたが、辞去してのち跡部が言うには、「矢部駿河《するが》は人物と聞いていたのにまったく違った。大任（町奉行職）の心得ぶりを聞いたのに、一人の与力の隠居を御するの、御し得ないのと心配するは何事か」と嘲笑《ちょうしょう》した。

直後に「翌年に至り平八郎乱を作《な》し」とあるので、乱以前に矢部から聞いた話である。矢部はまた「町奉行在任中、たびたび役宅へ招き、密事についても相談し、批判も受けたが、有益であった」と言っている。だから跡部にも、同じことを勧めたのである。この相談事が「石価の政」についてであれば和やかな会談であるが、一心寺事件の責任を取って東町奉行大久保忠真《ただざね》が辞めた直後であれば、会談には緊張が走る。

面談の折、話題として漢の高祖（劉邦）や、それに仕えた陳平《ちんぺい》・張良《ちょうりょう》などの名が出るなど、二人には中国史書に通じているという共通点があったが、もう一つ「上方者《かみがたもの》」という共通点があった。

矢部定謙の父、駿河守定令《さだのり》も寛政十二年（一八〇〇）から文化四年（一八〇七）の間、堺奉行であったことから、八歳にて堺に移り、一六歳まで彼《か》の地で成長した、と述べている。二七年後、奉行として堺に入るが、その時、地元の老人は「奴《やっこ》さんもえらう大きうなった」と言ったという（『見聞偶筆』）。なかでも振るっているのは、それに続く一節――「それ故某《それがし》は上方者なり、今にても議論上方びいきなりと人に嘲《あざけ》られ候」。与力八代目の大塩も文句なしに上方者、二人には気脈を通じる要素は少なくない。しかし矢部にとっての好感度は、大塩にとってのそれと同じではない。建議書の一〇項目のうち、後半の六項目すべてで矢部を糾弾しているのである。その挙句、昔から国を乱す奸佞《かんねい》の輩《やから》はみな駿河守の類だ、と記す。

東組と西組

この嫌悪感は何ゆえか。わたしはその根底に、奉行所の東西対立を想定する。本来、月番制をとることでバランスが保たれている状況が、ある時以降、西が優勢で、東が劣勢に回るようになったと推測されるからである。

そこで跡部良弼（乱の当時推定三九歳）である。彼は、よく知られているように浜松藩主水野忠邦の実弟である。江戸生まれの江戸育ちで、番方勤めののち、駿府町奉行・堺奉行を経て、大坂東町奉行となった。大坂に知人はいないと思われるかもしれないが、そうではない。乱勃発後、イの一番に東町奉行所に駆け付け、跡部の指示で火の元天満に様子を探り、報告に及んだのは、大坂惣年寄の一人野里四郎左衛門《のざとしろうざえもん》。「野里口伝《くでん》」として残る貴重な記録の主である。

「三郷惣年寄家筋書」（『大阪市史』五）に南組として、曽祖父野里屋正円《しょうえん》以下四代が載るが、始まりは寛永三年（一六二六）、初代町奉行島田直時《しまだなおとき》・久貝正俊《くがいまさとし》の時である。道頓堀開削に関わったことで知られる安井九兵衛《やすいきゅうべえ》家には後れるが、惣年寄として文句ない家柄である。享保年間で四代目であるから、天保期には七、八代目となるが、その人物の紹介が『金城《きんじょう》見聞録《けんぶんろく》』に載る。作者は、天保五〜六年の間、大坂城青屋口《あおやぐち》加番前田侯（上野七日市《なのかいち》藩）の侍医として同行した戯作者平亭銀鶏《へいていぎんけい》。

彼によれば、当代の野里四郎左衛門は三つの顔を持つ。一つは、鶴廼屋乎佐麿《つるのやかさまろ》の名を持つ狂歌師で、出生は江戸、故《ゆえ》あって大坂に来て居住すること二〇年、大田南畝《おおたなんぽ》の社中で、浪花にも社中は多い、すこぶる風流家として高名だ、と紹介される。二つ目は梅園《ばいえん》と号し、書画・人形・雑器の古物コレクター。そして最後は、惣年寄として大坂でも別格であるが、驚くのは毎年十二月下旬、出府して江戸城に出向き、年始の祝儀を述べる家柄ということ。

この破格の家柄がどうしてできたのかは不明だが、江戸では浜松藩水野家の出入りであったことから、同家出身の跡部を知っていたのである。当時八一歳の隠居なので、奉行所と天満、さらに奉行所と靫油掛町《うつぼあぶらかけちょう》の間を往復して乱の詳細を伝えたのは、その息子と思われるが、江戸と大坂、意外と近い。

跡部の人事については、東町奉行所与力の間では、近来奉行の更迭が頻繁なのは、幕閣の評判がよくないためであるとの噂があり、跡部を抜擢することで、与力らの粛清を断行するのではと警戒する声があった、という（北島正元『水野忠邦』）。たしかに前任の大久保忠真が一心寺事件の責任を取って在任二年に満たず辞め、それ以前の戸塚忠栄も二年、曽根《そね》次孝は一年余、と高井実徳の後任町奉行たちは揃って任期が短い。そこで今回の人事には、江戸の公儀の思惑があると、東組の与力たちが警戒したというのである。

類する話が、平山の供述に出る。東組の奉行の交替が多いのは、西組の与力・同心が画策しているからではないか、と隠居ながら大塩が思っていたところ、跡部が東組奉行として着任後、組与力・同心の風儀が改まらないので、組替えをしてはどうかと、矢部との間で内談があったらしい。しかし問題は、組の与力・同心を取り立てない奉行の側にあるとして、大塩は大層怒っていた、というのである。結局、矢部の出府後、跡部の下で組与力を呼び寄せ、また出勤の刻限などにつき書面で指示するなどし、追って、役所向き改革をすることで一件落着、組替えの話は消えている。それでも平山は、西組の者に対して面目が立たないと思い、心配していたという。

この西組に対する東組の不名誉に、大塩が建議書で触れている。彼の立場からすれば、西組の東組に対する「嫌がらせ」である。それを指揮したのは歴代の西町奉行。まず久世広正《くぜひろまさ》は若くして町奉行となり、その家臣金子《かねこ》敬之進に不埒《ふらち》があったにもかかわらず、久世が将軍家斉の御側御用取次《おそばごようとりつぎ》水野忠篤《ただあつ》の親類縁者であることから、東町奉行戸塚忠栄が吟味に手心を加えたことで、何食わぬ顔で長崎奉行に栄転した（第四項目）。ついで矢部定謙であるが、一心寺事件で東町奉行大久保忠真の責任を大袈裟に城代土井利位に吹き込み、賊面灸治事件では門人の東組同心を自殺に追い込んだばかりか、城代土井利位の館入《たちいり》となり、豪商升屋に融通の便宜を図ったと糾弾している（第五～一〇項目）。その中に、与力内山に命じて堂島米市場に入り込ませ、諸大名の入津米《にゅうしんまい》の妨害をした、などの二項目も入っている。

建議書に、矢部の事績に対する批判が集中している背景には、東西の与力・同心の勤務のバランスが崩れ、頭《かしら》不在の多い東組与力の勤労状態が改善されないことから、風儀宜しからず、勤め向きも未熟、と江戸の公儀に受け取られた経緯がある。洗心洞の与力・同心門人が東組に偏っている以上、大塩にはそれが不満の種であった。

市中巡見

そこに跡部良弼が、新東町奉行として大坂に来た。何か狙いがあるのではないか、と大塩らに疑心暗鬼が生じた。密訴した平山の供述から、そう判断される。さらに矢部が去り、跡部の「一人勤め」となることで、決定的な出来事が起きた。矢部が大坂を離れた九月十五～二十八日の間、跡部は、西組与力の内山彦次郎に兵庫津での江戸廻米を命じた。その意図も不満だが、東の奉行が配下の東組与力を使わないのはなぜか、どうにも納得できない。ここに至れば大塩は、門人たちの所属する東組の利益代表者になっている感がする。私憤である。

「一人勤め」とは、東組と西組の月ごとの交替がない体制を意味し、奉行のいない組は「明《あけ》組《ぐみ》」として、その組の与力・同心は在任奉行に預けられる。高井実徳が出府したのち、後任の曽根次孝が着任するまでの間、新見が一〇ヵ月「一人勤め」をしたが、それが機縁で新見と大塩の間に親密な関係が生じ、大金の融資の世話をした。攻守所を変えればこのたびは、東の跡部の「一人勤め」の間、西の内山彦次郎と跡部の間に昵懇《じっこん》な関係ができているともいえる。その結果、矢部と内山の関係は、跡部と内山として継続している。その流れを断ち、奉行所の体制を刷新するためには、跡部と内山を誅殺するしかない。二月十九日が、その日であった。

後日談だが、この内山、のちに「天保の頃より安政の初めに至《いたり》て、浪花の三傑と称して、土地のものことのほかに賞賛し、江戸にてもその風聞ありし人物」（久須美祐雋《すけとし》「在阪漫録」）の一人との評価を得る。彼もまた「上方者」であった。江戸者（久須美・新見・高井など）と上方者、両者協働の世界が大坂町奉行所であったが、その出会いが凶と出るか、吉と出るか。

ところで奉行の「一人勤め」は、欠員であった奉行が大坂に着任することで解消される。はたして天保七年（一八三六）十一月八日付で新西町奉行となった堀利堅《としかた》が、翌八年二月二日着坂。初入りした奉行に予定されているのは市中巡見。先任町奉行が新任を案内し、市中を巡見するが、北・南・天満の三郷からなる大坂では、三回に分けて行う。天保二年、西の新見が、新任の東町奉行曽根を案内した経緯はつぎの通り（『新見日記』。なお現在の時刻は推定）。

二月二十七日、曽根着坂。三月九日、最初の内寄合。来る十一日市中巡見の手覚書を城代に提出。十二日北組巡見、五時《いつつどき》（午前八時）出宅・八半時《やつはんどき》（午後三時）帰宅。十四日南組巡見。順路書その他が揃えられるも、雨天で延期。その後、曽根の体調が悪くなり、回復した二十日に、二十二日南組、二十三日天満組と決まり、城代への通知。二十二日は五半時（午前九時）出宅、七半時《ななつはんどき》（午後五時）帰宅。二十三日は五半時出宅、七半時過ぎ帰宅。

町数の最も少ない天満郷の巡見の帰宅が遅いのは、東西の組屋敷を視察し、迎方調役《むかえかたしらべやく》・同心支配の役宅で饗応《きょうおう》を受けるからである。

堀の巡見も、二月二日の着坂後、跡部の下で準備されたと思われる。十九日に決まったのが十五日。問題は天候だが、十九日は晴天。予定通り、その日申《さる》ノ刻（午後四時頃）、堀を案内して跡部が天満の朝岡宅にやってくる。朝岡が古参の調役与力として堀の迎方与力（道中で迎え、滞在中、頭《かしら》と特別な関係を結ぶ）であることは、奉行所内で周知されている。しかもその屋敷が大塩邸の目の前とは、まさに天の配剤か。大塩勢は、その偶然に驚喜しただろう。

逸《はや》る気持ちを抑えて、十八日の夜、渡辺良左衛門《りょうざえもん》（乱の当時四一歳）・庄司儀左衛門・近藤梶五郎《かじごろう》（同じく四〇歳）・白井孝右衛門・橋本忠兵衛・源右衛門・伝七《でんしち》・郡士らが集まって、大塩父子と酒宴を催し、孝右衛門以下はそのまま大塩邸に泊って明日を待った。

密訴

その間、大塩らの予想しない事態が進んでいた。裏切りである。同心平山助次郎が、十七日夜ひそかに東町奉行を訪れ、用人野々村《ののむら》治平の取り次ぎで跡部良弼に面会、謀反《むほん》の次第を語った。組内に同志がいることから露見することを恐れた跡部は一計を案じ、平山に、認《したた》めた書面を持って江戸に行き、勘定奉行矢部駿河に出訴せよと命じた。翌十八日払暁《ふつぎょう》、大坂を発った平山は二十九日夕刻、矢部宅に到着した。矢部にはすでに、大坂の異変の様子が伝わっていた。重要証人として身柄を確保され、吟味された平山の供述は、評定所の吟味伺書のトップを飾り、そこに檄文も収められている。その後、大岡紀伊守《おおおかきいのかみ》に身柄を預けられたが、六月二十日、脇差で喉《のど》を突いて自殺している。

平山の密訴のことは、十八日が御用日であったことから堀にも伝えられ、一味の逮捕を議論した。配下の与力から、もし事実でなければ、それを口実にどのような不法の挙に出るやもしれないので十九日の巡見は延期し、様子を見よう、という意見が出て、そうなった。さらに十九日暁《あかつき》七ッ（午前四時頃）前、同心吉見九郎右衛門と河合郷左衛門《かわいごうざえもん》、二人の倅英太《えいた》郎《ろう》（一七歳）と八十次郎《やそじろう》（一八歳）が、九郎右衛門自筆の訴状と檄文を携えて、西組堀伊賀の役宅に駆け込んだ。九郎右衛門自筆の訴状は書き写され、残されている（『大阪編年史』）。

こうした訴えによって、洗心洞の乱の輪郭が浮かんでくる。天保七年（一八三六）九月、大筒と火薬を用意し、格之助を中心に邸内で砲術の訓練をする。十二月、木版刷の檄文を作成し、大筒の台車を注文する。年が明けて八年正月、主だったメンバーが木版刷の檄文を見た上で、連判状に署名する。二月上旬（日にち不明）、奉行の市中巡見に合わせて挙兵することを決定。蔵書を売り払い、その資金をもとに二月六～八日、安堂寺町の本会所で窮民に施《せ》行《ぎょう》する。

訴状と供述には共通部分が多いが、とくに注目されるのは、蜂起の中心的メンバーの結成である。平山は、門人として与力瀬田済之助・小泉淵次郎《ふちじろう》（一八歳）・同心吉見九郎右衛門・渡辺良左衛門・庄司儀左衛門・近藤梶五郎・河合郷左衛門の七名が同意したと言い、吉見の訴状には、平山と白井孝右衛門・橋本忠兵衛を加えている。十二月のことで合計一〇名、与力・同心と豪農の両系統が揃っている。

吉見は、決起の計略を聞いた時の様子をこう述べる。自分はもちろん、誰一人として仰天し恐怖しない者はいなかった。だが、日頃の厳しい修養を通じて過ちを改め、善に遷《うつ》るようになり、くわえて日頃、大塩が師弟の交わりにも誠実を尽くしているので誰もが恩に感じ、一言も異論を述べなかった。また彼自身、檄文にある「漢の高祖・明《みん》太祖の功業」などの意味も分からなかったが、とても口答えできる雰囲気でなく、仕方なく同意したとも言う。

その一方、吉見はまた、渡辺良左衛門・河合郷左衛門らとともに大塩を諫めようとしたが、大塩は口を閉ざすばかりであったという。その結果、河合郷左衛門は人知れず失踪《しっそう》し、九郎右衛門は持病を理由に大塩から離れ始める。そうした九郎右衛門を格之助らが見舞うが、計画が露見することを恐れての監視の見舞いと理解したことで、不信が広がる。「十二月に生まれた弓太郎は、自分の子どもだと大塩が喜んだ」「名文を立て、愚昧《ぐまい》の者をたぶらかす所業」との疑念が次々と生まれる。その後、洗心洞に寄宿している英太郎を自宅に戻した上で、十九日早朝、西町奉行へ密訴する。

それに対し平山は二月十五日、良左衛門から十九日決行と聞き、十六日には大塩邸に飾り立てられた旗指物《はたさしもの》・武器などを見て、決行の日を告げられる。帰宅後、決心し、十七日夜の密訴となる。文書による吉見の密訴に比べると、平山の供述には胸中の懊悩《おうのう》が見えず、密訴後に自殺していることへの繋がりが見えない。幸田成友も、同志に対して相済まぬという思いか、厳刑に処せられることを憂慮したためか、判然とせぬ、と記す。

悲劇

相次ぐ密訴によって、決起の予定は八時間以上も早められることとなったが、「進軍に先立ち大塩邸で一大悲劇が演ぜられた」として幸田は、門人彦根藩士宇津木静区、通称矩之《のりの》允《じょう》が、門人大井正一郎の手で惨殺されたことに触れている。吉見や平山と違って、正面から大塩に諫言《かんげん》を加えようとした宇津木が、厠《かわや》から出たところを槍で突かれたという、大塩の乱最大のエピソードで、大塩伝には必ず触れられ、今日に至る。

そこには矩之允が、大塩自身が評価する優秀な門人で、しかも譜代の名門彦根藩井伊家の家老の弟であること、直接手を下したのが大塩の「厳教《げんきょう》」によって生まれ変わった大井正一郎であること、さらにその現場を見て、逃げ出した矩之允の門人岡田良之進によって遺品が持ち出されたことなど、注目を引く要素が詰まっているのが一因であろう。

坂本鉉之助の『咬菜秘記』にも宇津木兵太《へいた》として見え、その記述は、吟味書に収められた矩之允の門弟岡田良之進、門人として滞在中であった伊勢御師安田図書《いせのおしやすだずしょ》、兄宇津木泰交《やすとも》らの調書とともに貴重である。良之進は「死を以て国恩に奉じようとした」と言うが、坂本はもっとリアルに死ぬ直前の矩之允の発言を、つぎのように記す。

こうした大事を打ち明けられ、荷担しないと断る以上、死は覚悟している。しかし一度、師と頼んだ以上、その人の悪事に諫言するのは弟子の務め。一命を捨てろというなら切腹をするが、用を足すところを襲うとは何事か。

その上で坂本、最初に大塩の学問を見損なったのが彼の不運で、いったん師弟の約束をした以上こうあるべきだ、とも言う。大塩の乱が、洗心洞の乱であったことの証《あかし》である。

なお岡田良之進はその後、漢文からなる「宇津木静区先生伝」を著し、その場面に触れているが、明治十五年（一八八二）、実弟岡本黄石《おかもとこうせき》の編纂した『浪迹小草《ろうせきしょうそう》』に収められることで、矩之允は名誉回復を果たす。

出陣

修羅場は東町奉行所でもあった。泊番《とまりばん》（宿直）であった同志小泉淵次郎が逃げる途中、密訴を受けた跡部良弼の命で殺害されたのである。その隙《すき》に瀬田済之助が奉行所の塀を飛び越えて脱出、大塩邸に駆け込んだ。六ッ時（午前六時頃）前で、天満橋の辺りで乱髪無刀の姿が目撃されている。急報を受けた大塩は、早速軍装を整え、五ッ時（午前八時頃）、役宅の土塀を引き倒して繰り出し、朝岡邸に大筒を打ち込み、大塩邸にも火を掛け、西に向かい天神橋筋へ出た。その後一行は道中、至る所で大筒を打ち、火矢を飛ばし、焙烙玉《ほうらくだま》を投げ散らし、抜き身の槍・長刀《なぎなた》を振り回し、出会い次第に味方に加われと勧め、不承知ならば切り殺すと脅し、軍勢は二〇〇から三〇〇に膨れ上がった。その状況を伝える見聞談は多く、「大坂表異変の大火」「大坂放火騒動一揆」などとして全国に伝えられている。

大塩軍が四挺の百目筒《ひゃくめづつ》を中心に、陣装を整えていたことも見聞録には共通して見られる。大名による鹿狩《しかがり》や、武庫川《むこがわ》や堺七堂浜での町打といった演習ではない。実際の市街戦が大坂市中で繰り広げられたのであるから、ひときわ人目を引いただろう。『出潮引汐奸賊聞集記《でしおひきしおかんぞくもんしゅうき》』には、挿絵として描かれている（図6）。先頭には「救民」の旗を中心に、左右に天照

図6　進軍する大塩勢　『出潮引汐奸賊聞集記』（大阪歴史博物館蔵）より

皇太神宮・湯武両聖王・八《はち》幡《まん》大菩薩《だいぼさつ》の幟《のぼり》、二つ引きに丸の内に五三《ごさん》の桐《きり》の吹き流しが立つ。その後に大塩格之助を先頭に左右に大井正一郎・庄司儀左衛門、その後ろに猟師の金助《きんすけ》と槍持人足と大筒二挺の先陣。ついで鍬形兜《くわがたかぶと》・黒陣羽織に身を固めた大塩平八郎を中心に、左右に槍を持つ門人たちからなる本陣が控え、後陣の瀬田済之助の後ろには大筒・小筒《こづつ》・具足櫃《ぐそくびつ》・葛籠《つづら》が続く。総人数三〇〇人ほど、と書くが、乱後の供述や処分の記録をもとに相蘇一弘は、初動の人数は七五人前後、最盛期でも一五〇人から二〇〇人程度としている（「大塩の乱関係者一覧とその考察」）。

この陣形がいつまで維持されていたか不明だが、天神橋筋を南下した大塩軍は、橋を渡ろうとするも、対岸の橋板が跡部の手勢によって破壊されていたので引き返し、西に進み、難《なん》波橋《ばし》を渡り、正午頃、北浜に入った（冒頭の地図「大坂市街」を参照）。東横堀川《ひがしよこぼりがわ》には今橋《いまばし》・高麗橋《こうらいばし》が架かり、それを渡ると上町に入り、直進すれば東町奉行所をはじめとする官衙《かんが》群に至る。船場《せんば》側の今橋筋に天王寺屋五兵衛・鴻池善右衛門・平野屋五兵衛など、高麗橋筋には三井呉服店・岩城升屋《いわきますや》など、対する上町には内平野町に米屋《こめや》平右衛門・米屋長兵衛などの富商・豪商がそれぞれ軒を並べ、いわば「天下の台所」の心臓部を形成していた。大塩勢はそこを集中的に狙い、二手に分かれて、焙烙玉・火矢・鉄砲による砲撃を仕掛けた。檄文で予告された通りである。

東横堀川に沿って南下すると西町奉行所に至るが、当初、東西両奉行所から一斉に逮捕に来るのを妨げようと大塩は、奉行所付近の貸座敷を借り切り、床下に火薬を蓄えることでその日に備えていたという。しかし、決起の予定が繰り上がったことで使われることはなかった。東西の町奉行所を襲撃することはできず、双方の奉行所とも火災を免れている。

ここまででほぼ四時間が経つが、大坂城代指揮下の鎮圧軍がまだ、大塩軍と交戦するに至っていない。一体どうなっていたのか。

市街戦

密訴を受けていた跡部良弼には、それを鎮圧する責任がある。跡部が起点となって、城代土井利位、大坂玉造定番遠藤但馬守（京橋定番は出府中）と加番大名、大坂城守衛を担う尼崎・高槻・岸和田などの諸藩、鈴木町《すずきちょう》と谷町《たにまち》の代官、中之島の蔵屋敷らが加わることで、鎮圧の体制が調えられていく。なかでも鎮圧の中心となったのは、玉造定番遠藤配下の与力・同心である。「百目筒と十匁筒の戦い」である。

玉造定番遠藤配下の与力坂本鉉之助には、後日談である『咬菜秘記』とは別に、公務として出動した記録がある。「天保八丁酉大坂異変の砌《みぎり》、玉造組与力同心働《はたらきまえ》前御吟味ニ付明細書取」の名を持つ坂本の手控である。『咬菜秘記』に、銘々の書き出しをもって一帳に綴り明細帳に認《したた》めた、とあるように、出動した与力・同心がそれぞれ提出した報告を、坂本が取りまとめたものである。それにより以下、時間順に追う。

辰半時《たつはんどき》（午前九時頃）、月番であった坂本と本多為助らは、天満で出火の報を受け、それが大塩の蜂起によるものだと知らされる。二人ともそれを信じなかったが、とりあえず、与力・同心総出動の触を出す。ついで頭《かしら》遠藤の家臣から鉄砲を持参し、跡部の東町奉行所に警備に行くよう命じられる。すぐさま役宅に戻り、鉄砲・玉薬などを持参し、配下の同心三〇名を連れて出動する用意を調える。その間、跡部からは三度も催促があり、大筒を用意しろとの注文が来る。朝岡助之丞が来て、「向こうが大筒なので、こちらも大筒を用意してくれ」と注文するが、坂本は「武事に通じていない」として拒否する。

その後、東町奉行所に駆け付けた坂本らは、跡部に誘われ、書院の庭に出て、大川越しに天満橋一帯を眺める。その眺望を彷彿させる絵がある。五雲亭貞秀《ごうんていさだひで》「大坂名所一覧」で、浪花三大橋越しに天満の町が描かれている（大阪歴史博物館常設コーナーに複製が架かる）。中心にあるのは天満天神であるが、その時には炎上している。また東町奉行所には鳥瞰図《ちょうかんず》が残り、書院の庭に複数の梅の木があることを教える。当時、馥郁《ふくいく》たる香りを漂わせていたが、視界を妨げるという理由で坂本らは、跡部に伐《き》り倒すように申し出る。しかし、跡部は一向に動こうとしない。

そこに同じ命を受けて、京橋組の与力らが来る。その一人広瀬治左衛門は、大坂城の城門を守るのが警衛の本職である。そこを離れ、こんな場所を守って死ぬことでもあれば犬死同様で迷惑だ、と語る。この京橋組、頭が不在ということで玉造組に大きく後れを取る。

庭から様子を見る跡部は、その後も出馬する様子を見せず、書院で休憩し、食事をする有様。そうしている間に、時刻は午《うま》ノ刻、正午になろうとしている。大筒に固執する跡部への配慮から、坂本らはこの間、人を送り、大筒の用意をする。その結果、柴田勘兵衛が持つ百目筒をはじめ、大筒と中筒（三〇匁）が持ち込まれる。その折、跡部が着込みは付けないのかと不審がったところ、坂本は「大筒の前では着込みは弾除《たまよ》けにもならない。戦場に出れば、生きて帰ろうとは毛頭考えていない」と答える。旗本と与力が、こんな会話をする――これもまた、大塩の乱が江戸の武士たちに与えたインパクトの一つであろう。

跡部が重い腰を上げたのは、その後のことで、纏《まとい》（馬印《うまじるし》の一種で頭の所在を示す）と道筋案内の家臣を先頭に馬上の跡部が出動する。跡部らは町奉行所を出て、上町を西へ、平野町筋を進むと、その纏を見付けて、賊徒から大筒が一発、発射された。平野橋《ひらのばし》東詰に大塩軍が駐屯していたのである。それに対し、大筒の巣口《すぐち》（銃口）を目掛けて坂本が十匁筒を一発撃ち、配下の同心たちも応戦する。こうして両軍の間で最初の交戦があった。場所から「平野町の戦い」と呼ぶ。それに対し、大塩軍はいったん西へ退却し、淡路町と堺筋の辻で城方軍を待った。坂本らは敵が南下すると考え、平野橋から一つ南の思案橋《しあんばし》を瓦町堺筋に進む。そこで両者は、目と鼻の先である。

大阪の地図に不案内の読者のために説明しよう。井桁《いげた》を思い浮かべ、右の縦線が東横堀川、左の縦線が堺筋とすると、上の横線が淡路町筋、下の横線が瓦町筋で、その交差したところが辻である。上の交差点の西側に大塩軍、下の交差点の東側に城方軍が屯《たむろ》し、対角線上に睨《にら》み合う。その間、約一町（約一〇九メートル）。坂本には大塩軍の大筒の巣口が三つ四つ見え、そこを目処《めど》に坂本らは一斉に発射する。大塩軍も応戦するが、水桶《みずおけ》の陰から坂本を狙う者がおり、本多為助が気づき、声を掛けたが届かず、発射された銃弾は、坂本の被《かぶ》る陣笠を貫通する。この笠、同心山崎弥四郎《やまざきやしろう》が町の地蔵から借りて戦に臨んだ鉢巻とともに、「淡路町の戦い」を物語る遺物となる（福島理子「「大塩」後の大坂」）。

陣笠を撃ち抜かれた坂本は、大塩軍の大筒の砲手を狙っていた。大筒や車台が邪魔で撃てないでいたところ、西に退いた瞬間を狙い発射、見事に砲手を仕留めた。その人物、帯刀し、華麗なる衣服を着用していたが、『咬菜秘記』には梅田源左衛門《うめだげんざえもん》とある。この一撃を境に大塩軍は総崩れとなり、武器などを捨てて逃走する。

砲術家の目

坂本の明細書に、堀伊賀の落馬一件は出ない。跡部良弼が玉造組の坂本鉉之助らを先導して市中に出向いたが、西町奉行の堀はそれに先んじて、京橋組与力広瀬治左衛門《じざえもん》らを従え、上町の島町《しままち》筋を西へ向かい、高麗橋を渡るところで白旗が見えた。「それ撃て！」との伊賀の合図で、同心らは一斉に射撃したところ、銃声に驚き、伊賀守の乗る馬が跳ね返り、その勢いで落馬する。本人も不名誉だが、町奉行の掛け声に同調し、前後を判断しなかった広瀬治左衛門は、それこそ笑いものである。

これが戦場での軍功であったことは、遠藤の家臣畑佐秋之助《はたさあきのすけ》立ち会いの下、検分があったことで分かる。坂本は初度一発、再度二発、本多為助は一発と三発、大筒を抱えていた柴田勘兵衛は撃たず、という具合で、同心も含めた総玉数は一八〇発である。坂本がわずか三発で大塩軍を壊滅に追い込んだことは殊勲甲《こう》にあたるが、坂本が梅田源左衛門を倒したのを誰も見ていなかったためか、梅田の喉に小玉の傷があると言い出した同心がいる。右腰から左へ抜けて即死という坂本の主張を揺るがすもので、塩漬けにした遺体を検視する騒ぎとなった。結果、それは確認されなかったが、同心を集めての再吟味となった。結論は覆《くつがえ》らなかったが、功を横取りする奴《やつ》がいると、坂本の不満の声が聞こえてくる。

この銃撃戦を通じて坂本は、荻野流砲術の確かさを感得した。坂本のみ、三発の銃弾を膝台にて発射したが、ほかの者はすべて立ったまま撃っている。坂本を見て、本多為助もそれに倣うようになったが、膝立てになれば敵の玉を避けやすく、かつ鉄砲がぶれず狙いが定めやすい、という。そこで実父天山の教えが想起される。『咬菜秘記』は、武勲の記録であるとともに、砲術の指南書として読むこともできる。

そこから大塩軍の砲術師にも言及する。一人は猟師の金助で、先陣にいた。陣笠を打ち抜いた遣い手だが、以前、天王寺の黒門口の茶店に、射止めた雁《かり》を鉄砲に掛けて休んでいた。それをどこに売るのか、と聞く人がいて、鳥屋町の鳥屋に売るという。ならばうちの先生は鳥が好物で、とくに鉄砲で撃ち止めた鳥が好きだ、どこに売ってもいいなら、先生に売ってくれないかと誘われ、天満の大塩邸に連れていく。大塩は「よく持ってきてくれた」と飯を与え、酒を飲ませ、鳥屋ならいくらで買うと交渉し、一貫文の鳥を二貫文で買い、獲れればいつでも持ってこい、必ず買うと約束する。その繰り返しの上、施行金も貰い、「天満の火事には一番に駆け付け働け」と言われて、二月十九日、馳《は》せ参じた。

もう一人の猟師、辻村の清五郎も同じようにして十九日を迎えるが、大筒を放つのを見て怖気《おじけ》づき、逃げて、出入りしていた玉造組の与力岡翁助《おかおうすけ》のところに駆け込んでいる。

大塩の調略ぶりを示す坂本の証言だが、調略はもう一つある。被差別部落の村民の蜂起への動員である。乱の一七年も前、二人の間で、危難の時、西国の押さえである大坂城をどう守るかが話題に上った折のものである。『咬菜秘記』には、大塩が坂本にこう言ったとある。

人並みの交わりができないのが、彼らが一番残念に思っているところで、親鸞《しんらん》という智《ち》慧《え》坊主がそこに気付いて、信仰する者は現世がエタでも、のちの世には極楽浄土の仏になれると説いたので、ありがたがって本願寺《ほんがんじ》へ金子《きんす》を寄進するのでエタほど志納金が多い者はない。だから、いますぐに人間にしてやると言えばありがたがり、火中でも水中でも命を捨てて働く。そうすれば五百や千の人数をたちまちにして集めることができる。それをよく指揮して、守衛するべきだ。

聞いた折には「たいへん器量のある人で、自分の思慮の及ぶところでない」と思ったと記す。その印象が強かったことから乱後、坂本は、跡部に会ってその点を確認している。それによればはたして大塩、前年（天保七年）の冬、町奉行所の御用を受けているエタの小頭《こがしら》を自宅へ呼び、「米価が高騰し苦労しているだろうから、金子を遣わすので、村内の困窮者に施せ」と言って、金子五〇両を渡す。喜んだ小頭が「この御恩にどうして報いましょう」と言うと大塩、「この辺りに火災があった際には、エタを多数引き連れて、奉行所へ行く前に、この役宅に来て働いてくれ」と頼み、約束した。

ところが二月十八日、村で富豪の葬式があり、精進落《しょうじんお》としの席で大酒を飲んだことで深酔いし、覚めて駆け付けた頃には、大塩軍は難波橋を渡るところで、「おのれ恩知らずめ」と一喝された。跡部は、「いま少しでエタが使われたところ、運よく済んだ」と胸をなで下ろしたという。

差別された人々の解放の願いを利用しようとする大塩の計略について岡本良一は、「まことに狡猾《こうかつ》な術策」と手厳しい。大塩の乱には、複数の局面が存在する。

乱の終結

さて淡路町で総崩れとなった大塩軍は、大筒や槍・鉄砲・火薬入れ・旗指物・具足櫃・長《なが》持《もち》などを残して四散した。現場を見て跡部良弼は大勝利と喜んで、梅田源左衛門の首を槍先に掛けてみずから持ったという。長持には、配られなかった檄文が多数残されていた。予定が早まったことで、大塩の計略は緒戦で終わることとなった。

しかし坂本鉉之助らの軍功は続く。申ノ刻（午後四時頃）、火事場に出馬する跡部を警固《けいご》し、再び市中に向かう。もはや大筒を使うことはないので、鎮火に努められたいと進言するが、火消し人足の手が足りず、火災は東へ広がっていく。結局、鎮火するのは降ってきた雨の効果もあった翌二十日の夕刻のことである。のちに「大塩焼け」として語られる。

砲術家坂本は、再起のために郊外長興寺村《ちょうこうじ》(大阪府豊中市)にある焔硝蔵《えんしょうぐら》が襲われることも、市中で火薬を求めることもあるとして、跡部や目付中川《なかがわ》半左衛門と協議し、火薬売買の禁止を進言する。合わせて門人でもある柴田勘兵衛を通じて、堺奉行曲淵《まがりぶち》甲斐守に対し、鉄砲師の取り締まりを求める。

申ノ半刻(午後五時頃)以降、坂本らの任務は市中の警固と変わり、子《ね》ノ刻(午前零時頃)頃まで、上町の一角の島町で警固する。そこに頭《かしら》から城代上屋敷に来るようにと使者があり、本多為助を同道し、城代土井利位に目通りし、玉造に戻る。丑《うし》ノ刻(午前二時頃)、頭が定番屋敷に帰ったところで呼び出しがあり、面談となる。そこで頭遠藤から、陣笠を見せろと求められ、一覧の上、「玉疵《たまきず》のまま子孫に伝えよ」と命じられた。

翌日早朝、坂本ら城方の軍勢は、大坂城の近くで尊延寺村の百姓を二〇人ほど逮捕する。深尾才次郎らに率いられて行軍し、行き別れた一団と思われる(後述)。午後には跡部の指示で守口宿と般若寺村、さらに夕方には吹田《すいた》に出張る。密訴によって一味の中心メンバーが判明しており、それを狙っての出動である。彼らの出動は、大塩勢の逃走路と交差する。

「明細書」によれば二月二十一日の午前、跡部は、大塩が蔵屋敷にも忍んでいる様子だとして出動を命じる。舟などで逃げるかもしれないと、坂本に鉄砲持参で加わるように求める。しかし二十日以降の跡部の指示が粗忽《そこつ》だとの批判が湧き起こり、今後は、跡部の指示では決して動かないように坂本が厳命する。こうして二十二日以降、平時の体制に戻ることとなった。

しかし、正確に言うなら、乱は半日で終わっていない。大塩平八郎をはじめ主な人物は、逃亡を続けている。大塩は、乱鎮圧後の一ヵ月以上潜伏を続けたが、それ以上、長期に逃走を続けた門人もいる。したがってその間、さまざまな風評が生まれ、飛び交う。

首謀者が捕まらないという事態が、どういう風評を生み出していたかを知る上で、儒者山田三川《さんせん》の『三川雑記』は好個の書である。

いずれも三月に入ってからの記述だが、そのいくつかを拾う（原文通りではない）。

・大塩が乱を起こしたのが心地よいと思うような気風になっている。

・公儀はにわかに甲冑の補修にかかったが、大坂の乱で何が起こるかわからず、その時に鎮める準備のようだ。

・上方や東海道では、大塩に政事をさせれば世は泰平に収まると噂されているという。

・大坂の乱を将軍に伝えるべきだと老中らは言うが、御側衆が止め、代わって百姓一揆が起きたが、与力衆の処置が悪かったとわざと軽く申し上げた。

・大坂の乱で跡部良弼は大いに狼狽《ろうばい》した、と加賀藩大坂蔵屋敷から連絡があった。

・大塩は三井・鴻池などに窮民を救うよう献策したが、彼らはそれを跡部に通報し、大塩に恥をかかせたので乱が起きた。

・大坂からの注進は他見を禁じられているそうだが、公儀の狼狽の表れだ。

現地から遠く離れることで、「大坂の乱」が、どうした風評を起こしていたかが見て取れる。真偽のほどは不明というほかないが、その中に、建議書と思《おぼ》しきものが出る——大塩は乱の前に早飛脚《はやびきゃく》で包物を三つ、江戸へ下したが、大坂城代からの注進で戻されることとなった。それが韮山で止まり、公儀から差し出すようにとの指示があり、差し出した。一つは水戸宰相斉昭宛、一つは老中宛、そして一つは林大学頭宛である。

大塩が乱の前日に飛脚便で送った密書、すなわち建議書の情報である。大塩平八郎には、建議書を、江戸の老中らに宛てて送るという、もう一つの作戦があった。他の門人たちが逃げ惑うなか、ひとり大塩にとって戦いは終わっていない。それは、逃避行の中で明らかとなる。

第七章　それぞれの最期

逃避行

『大塩平八郎一件書留』には「大塩一件関係者一覧」が掲載されているが、その数、じつに七八二名。その内訳は、最も刑罰の重い「塩詰《しおづめ》死骸《しがい》引廻《ひきまわし》之上《のうえ》、磔《はりつけ》」から「引廻之上、磔」までが一九名（死後すぐに埋葬された一名を除く）、「引廻之上、獄門」から獄門・死罪の間が二〇名、遠島《えんとう》・追放が三九名、押込《おしこめ》・手鎖《てぐさり》が九八名、過料《かりょう》（罰金）・叱《しかり》（譴責処分）が五九八名、その他七名である。これを念頭に相蘇一弘は、「一〇〇〇人以上が取り調べられ、内八〇〇人ほどが何らかの処分を受け」「首謀者とみなされた者が四九名」「当初の大塩勢の総人数は七五名」であった、と述べている（「大塩の乱の関係者一覧とその考察」）。

それが大塩の乱の規模を語るとすれば、中枢を物語るのは、天保九年（一八三八）九月十八日、大坂市中の外れ鳶田《とびた》の刑場で公開処刑された二〇名である（以降、便宜上、ナンバーを振る。名前の表記は『大塩平八郎一件書留』に従ったが、郡士と履三郎は明らかとなった正式表記を使用した）。

大坂町奉行東組与力大塩格之助養父大塩平八郎（1）・同大塩格之助（2）、御弓奉行同心竹上《たけがみ》万太郎（3）、大坂町奉行東組与力瀬田済之助（4）、同小泉淵次郎（5）、同組同心渡辺良左衛門（6）・庄司儀左衛門（7）・近藤梶五郎（8）、摂州吹田村神主宮脇志摩《みやわきしま》（9）、同州般若寺村庄屋忠兵衛（10）・年寄源右衛門（11）・百姓代伝七（12）、猪飼野村百姓司馬之助（13）、森小路村医師文哉《ぶんさい》（14）、河州守口町百姓孝右衛門（15）、門真三番村百姓郡士（16）・同九右衛門《くえもん》（17）、尊延寺村百姓才次郎（18）、弓削村七右衛門こと履三郎（19）、無宿正一郎（20）

最初の犠牲者は小泉淵次郎（5）。瀬田済之助（4）とともに十八日、東町奉行所の泊番であった彼は、東町奉行跡部良弼《よしすけ》の命で、十九日の払暁、奉行所内で惨殺されている。同志の中では最年少の一八歳。その他は、城方鎮圧軍との市中淡路町での交戦で敗れ、燃え盛る噴煙の中を敗走する過程で死を迎えるが、それぞれにドラマがある。大塩の乱が、洗心洞の乱であったことを物語る意味で尊い死である。紙碑を立てる意味で略述する。

さて、乱後の逃走の経緯は、杉山三平（もと衣摺《きずり》村の庄屋熊蔵。引廻し獄門刑）の証言に詳しく語られている。彼は、衣摺村出身の門人白井孝右衛門（15）の世話で大塩方に寄宿修行中、乱に参加したが、淡路町で四散した後の夕七ツ時（午後四時頃）、天神橋の東八軒屋《ひがしはちけんや》辺で大塩に追い付く。そこには、つぎのメンバーがいた。

平八郎・格之助、瀬田済之助、渡辺良左衛門、庄司儀左衛門、忠兵衛、源右衛門、孝右衛門、郡士、九右衛門、履三郎、済之助若党周次
そこで彼ら一二名は、河岸《かし》に泊っていた小舟に乗り込み、船頭を脅して川面《かわも》に出させ、着込みや槍などを水中に捨て、大川を上下する。幸田成友は注意深く、「大阪では火事の時船で荷物を運ぶ故、川中を彷徨《ほうこう》していても誰も怪しむ者はない」と注記しているが、火災の多かった江戸時代大坂の市民の流儀を大塩は真似《まね》ている。

その舟上で大塩は、「こうなっては厳罰必定、自分には存命の意志はなく、火中に入り自滅する覚悟」と述べた上で橋本忠兵衛（10）を上陸させ、事前に避難させている妻ゆう・格之助妻みねらに自殺するように伝えてくれと頼む。残る者には逃げ延びるのは勝手次第と命じ、柏岡《かしわおか》源右衛門（11）、茨田郡士（16）、高橋九右衛門（17）、西村履三郎（19）らが次々と上陸する。

残ったのは平八郎（1）・格之助（2）、瀬田済之助（4）、渡辺良左衛門（6）、庄司儀左衛門（7）、白井孝右衛門（15）と杉山三平の七名で、いったん上陸し、再度相談する。もはや自滅の覚悟という大塩を、良左衛門・済之助らが「遠国に逃げて身を隠そう」と説得し、再び市中を彷徨。途中、孝右衛門には「百姓のことだから身を隠し、一命を保て」と諭し、金子《きんす》を渡して立ち別れさせる。その結果、大塩に従うのは格之助（2）、済之助（4）、良左

衛門（6）、儀左衛門（7）の武士四名となる。道すがら大塩が、二度も三度も「自滅の覚悟」を語っているが、それとは裏腹に、蜂起の前日、江戸に密書（建議書）を送ったという機密が同志に伝えられていた様子が一切見えない。

大塩ら五人のその後は、美吉屋五郎兵衛・女房つねの吟味書に見える。まず二十二日、瀬田済之助（4）の遺体が河内国恩智《おんじ》村山内で発見され、ついで二月二十四日、逃避行に疲れた渡辺良左衛門（6）を、本人得心の上、殺害し、自殺の体を取り繕う。翌日、田井中《たいなか》村の畑の中で変死人が発見され、身柄確認の上、良左衛門と判明する。

田井中・恩智両村とも大阪府八尾市に属しているが、『河内国細見小図《さいけんしょうず》』（安永五年開板）を見ると、田井中村は大坂玉造《たまつくり》から大和を経て伊勢に向かう伊勢街道に近く、恩智村も山越えすれば信貴山《しぎさん》を経て大和に入る。いずれも大坂から伊勢に向かい、複数の街道が走る大和に向かっていたのである。

二十日には、平八郎（1）・格之助（2）、瀬田済之助（4）、渡辺良左衛門（6）、庄司儀左衛門（7）、近藤梶五郎（8）の人相書が奉行所から諸藩の蔵屋敷に対し通知され、大和では、郡山《こおりやま》藩が手配をする一方、出兵している。大塩らとはぐれ単独で逃げていた儀左衛門（7）はいったん伊勢路に入るが、大和に立ち戻ったところで捕えられる。

豪農門人の逃走

大塩から直接、命を受けた橋本忠兵衛（10）は一路、摂津伊丹へと向かう。彼は、最古参の門人であるが、乱以前に大塩は忠兵衛と相談の上、伊丹伊勢町の幸五郎《こうごろう》という知り合いが大塩邸に来た時、妻のゆうらが西国札所中山寺《なかやまでら》に参詣の折には泊めてくれるようにと手配をしていたのである。上陸した忠兵衛は十九日夜十時頃に幸五郎方に着き、「自殺せよ」との密命を伝えるが聞き入れない。そこで忠兵衛は「京都で奉公でもさせよう」と考え、翌二十日に出立し、丹波路を経て京都に入る。ゆうとみね・子弓太郎・養女いく・下女らが同道し、二十五日、柳馬場六角下ル《やなぎのばんばろっかくさが》の宿屋生菱屋《なまひしや》彦兵衛方に投宿、二十七日の逮捕となる。山城国では、京都・伏見両町奉行所が警戒態勢に入っていた（師岡佑行「大塩平八郎の乱と京都」）。

いま一人の最重要門人白井孝右衛門（15）と杉山三平は、大蓮村《おばつじ》（大阪府東大阪市）を目指す。途中、溜池《ためいけ》に着込みを脱ぎ捨て、伯父正方《まさかた》が留守居として住んでいる隠居所知足庵《ちそくあん》に着く。顚末《てんまつ》を述べた上、「姿を変え、いずれかへ身を隠したい」と頼む。そこで髪を剃《そ》り、正方は孝右衛門に袈裟衣と経文、三平には袖なしの羽織を与え、紀州高野山《こうやさん》への道筋を教える。しかし、彼らはその道筋を取らず、山城伏見に入り、二月二十日夜、伏見向島《むかいじま》で逮捕される。

この逃走路には、姻戚関係が潜んでいる。守口宿の門人白井孝右衛門（15）は、衣摺村の豪農政野家の出身で、伯父正方が隣村大蓮村知足庵の住職を勤め、生家は甥市太郎が当主で、三平もまたかつて衣摺村の庄屋であった（第四章参照）。

二人の足跡には傍証が伴う。知足庵はその後、闕所《けっしょ》となっているが、正方の持ち物の中に、髪を切るのに使った鋏《はさみ》があった（政野敦子「河内国大蓮村知足庵正方のこと」）。また衣摺村の旧家政埜《まさの》家（明治に入って政野から変更）には、「かくれ間に大塩さんが隠れておられたこと」「杉山三平さんの命日には、仏様を拝むこと」という言い伝えが残されている（政埜幸子「我が家の大塩様」）。十九日から二十四日の間の大塩父子の足取りは不明だが、もし政野邸に隠れていたとするなら、その間のことであろう。

つぎに一足先に上陸し、退路を求めた柏岡源右衛門（11）、茨田郡士（16）、高橋九右衛門（17）、西村履三郎（19）の行方に移る。日付順で言えばまず郡士。彼は上陸後、門真三番村の自宅に午後八時頃帰宅。そこには、瀬田済之助の父藤四郎と妻りょうが娘を連れて天満から逃げてきていた。面談の上、親類の星田村庄九郎（和久田姓）方で食事を与え、駕籠《かご》人足を手配して大和路へと逃がし、郡士は領主役所に自首している。役所は、門真三番村の場合、領主である城代古河藩土井利位《としつら》の出張陣屋が摂津平野郷（大阪市平野区）にあった。

茨田郡士入牢のことは、『平野郷覚帳』二月二十二日条に見えるが、二十五日条に高橋九右衛門（17）を逮捕したとある。彼は柏岡源右衛門（11）とともに天満橋北詰で上陸し、高野山へ向かい、二十日夜五時頃には、源右衛門ゆかりの塔頭《たっちゅう》真福院《しんぷくいん》の門を叩《たた》き、止宿する。その後、下山して二十五日には摂津国平野郷までやってきたところで九右衛門は、源右衛門と別れ、領主役所に出頭する。藩主土井利位の幕府宛報告によると、郡士（16）は二十四日、九右衛門（17）は二十七日に、それぞれ身柄を東町奉行所に引き渡されている。

子弟への累罪

以上の一一名は二月十九日早朝、大塩とともに決起し、敗走したメンバーであるが、その場に居合わせなかった関係者もいる。

摂津国吹田村の神主宮脇志摩（9、四一歳）は、大塩と叔父・甥の関係にあるが、乱後の経緯は、妻りか（三七歳）の証言で確認される。それによれば志摩は十九日午前十時頃、大坂天満で出火していることを知る。やがて大筒の音が聞こえてくると、具足櫃《ぐそくびつ》から武具を取り出し、家を飛び出し、夕方七時頃に帰宅する。四散したのち、発見された大筒五挺の車台に志摩ら一四名の名が記されていることから本来は参加の予定であったが、密訴によって八時間以上も早まっては、駆けつけることができなかったのである。

二十日午前、宮脇志摩宅は捕方役人に取り囲まれ、幼い子どもたちを裏口から逃がした上で、切腹を図る。しかし傷が浅く、生き残った志摩はその夜、再び捕方役人が来たことを聞き槍を持って立ち向かおうとして誤って母親らを傷つけ逃亡、行方をくらます。翌二十一日、庄本村《しょうもと》（大阪府豊中市）の池で水死しているのが発見される。

百姓代伝七（12）は、庄屋橋本忠兵衛・年寄柏岡源右衛門と並ぶ摂津国般若寺村の村役人三名の一人。揃いも揃って「大塩平八郎儒学之門弟」というのは、この村しかない。当日朝、

「人足を連れてくるように」との大塩の指示を受け、いったん村に戻る。しかし、出火を見たことですでに駆け出しており、人足の姿はない。術《すべ》を失った伝七宅に夜八時頃、格之助の若党（従者）曽我岩蔵《いわぞう》がやってきて、着込み・革草履などを預かってくれるように頼まれるが、後難を恐れて断る。その後、逮捕されるが日時は不明。

猪飼野村の百姓木村司馬之助（13）と森小路村の医師横山文哉（14）に関する「吟味伺書」は簡潔なもので、ともに大塩の「知ル人」と記されている。彼らも十九日早朝、大塩邸におり、また連判状にも血判をしているが、決起の最中に、司馬之助は混雑に紛れて逃げ出し、文哉も参加することなく逮捕されている。その意味では大塩一味としては中途半端だが、決起前の施行《せぎょう》に協力し、連判状に誓詞血判していることから同罪と見なされている。

それに付けても厳しいのは、門人子弟への累罪である。当時宮脇志摩には、一四歳の発太郎を頭《かしら》に男女六人の子どもがいたが、発太郎・慎次郎（七歳）・辰三郎（二歳）の男子三人は、十五歳を待って遠島（それまでは親類預け）の処分。それは、志摩（9）のみならず、橋本忠兵衛（10）・柏岡源右衛門（11）・伝七（12）・木村司馬之助（13）・横山文哉（14）・白井孝右衛門（15）・高橋九右衛門（17）・西村履三郎（19）の子どもたち一七名が負わされた宿命であった。

三月に入ってもまだ、門人らの逃走は続く。逮捕の日付で言えばまず、弓奉行同心の竹上万太郎（3、四九歳）。彼は当日、鉄砲持参で大塩邸に駆け付けたが、計画が露見した状況を見て翻意、家族に立ち退くように伝えると称して役宅に帰る。そこで上司である弓奉行宛に願書を認《したた》め、役所に行く途上、同僚に託して逃亡。播磨に入るが母親らが心配になり、帰坂したところで逮捕された。『浮世の有様』に日付は三月五日、場所は摂津有馬《ありま》とある。ついで同心近藤梶五郎（8）が三月九日、役宅のある天満に立ち戻り、自殺している。

尊延寺村の百姓深尾才次郎（18）、弓削村七右衛門こと西村履三郎（19）、大井正一郎（20）の逃走について幸田は、「偶然とはいえ不思議」と述べる。なぜなら逃走途中で偶然の再会を果たしているからである。正一郎は退却時に大塩を見失い、大塩と生死を共にしたいと大和へ向かう途中、森小路村《もりしょうじ》（大阪市旭区）で格之助の若党岩蔵と会う。その後、尊延寺村を経て、大和初瀬《はせ》の旅籠屋に投宿したところで深尾才次郎（18）らと会う。

才次郎の属する尊延寺村は、乱による受刑者が最も多い村であった。引廻しの上礫一人に始まり、引廻しの上獄門二人、遠島四人、所払《ところばらい》二人に敲《たた》き（身体刑）が九〇名を超え、人数としては最多。このことは、尊延寺村は村ぐるみで乱に参加したことを意味するが、その中心人物が才次郎である。十九日の深夜九時、村方次兵衛宅の半鐘が鳴り、集まった村人に対し、当主次兵衛の弟才次郎が股引《ももひ》き・半天《はんてん》・野羽織に大小の刀を帯した姿で現れ、左右に百姓忠右衛門と無宿新兵衛を従え、こう述べる。「このたび、西国筋から攻め上り、大坂表を焼き払おうとする者がいる。それに対し師匠の大塩先生が一戦に及ぶので、駆けつける手《て》筈《はず》である。先生の計らいが成就すれば、以来、年貢諸役を免じ、借金は棒引きだ」。

その上で、懐中から黄絹《こうけん》の袋に入った檄文を出して、せわしなく読み上げるが、母のぶが語った「才次郎が大名になるか、御仕置を受けるかは、今日の勝負次第」という言葉とともに、大塩門人が乱の意図を、みずからの口で語ったものとして貴重である。

その後、深尾才次郎らは腹ごしらえを済ませ、用意してあった鉄砲・竹槍・高張提灯《たかはりぢょうちん》と村名を記した木綿《もめん》の幟《のぼり》を掲げて出発し、東海道の守口宿に着くのは午後六時頃。すでに大塩軍が敗れたことを知るが、なお行軍した才次郎らは深夜、被災した難民でごった返す北野《きたの》村不動寺《ふどうじ》に辿り着く。八里（約三二キロメートル）の行軍の疲れで地面にうち臥《ふ》して一夜を過ごす。翌朝、一部は大坂城近辺で逮捕されるが、主力部隊は帰村したところで逮捕される。しかし才次郎は無宿新兵衛と逃走していた。その道中、初瀬の宿で若党岩蔵と大井正一郎(20)に再会したのである。

能登福浦と江戸神田

その後、大坂に戻る岩蔵（のち逮捕）と別れた深尾才次郎・新兵衛・大井正一郎の三名は、加賀金沢竪町《かなざわたてまち》の出身という新兵衛の案内で能登国羽咋郡《のとのくにはくい》福浦《ふくら》（石川県羽咋郡志賀町）に辿り着く。才次郎は松次郎、他の二人は喜六・熊と名を替え、京都を出て、和倉《わくら》温泉で湯治ののち、福浦の不動尊に参詣するので泊めてほしいと三月十六日、船宿喜之助方に入る。

当然、路銀は底を突く。そこで才次郎が、京都の親類方で金子を借用しようと手紙を書き、正一郎に頼む。そこで、正一郎は新兵衛と京都へ入ったところで二人とも逮捕される。三月末のことと思われる。その間、新兵衛と正一郎が外出し、不在であった四月二日、喜之助方で才次郎の遺体が発見される。喉と腹に傷口があり、傍《そば》に剃刀《かみそり》が置かれていた。

この間の加賀藩の対応が、長山直治によって明らかにされている。二月二十八日、町奉行跡部から国許《くにもと》家老に届いた書面には、大塩はかねて白山《はくさん》へ書経を納めたいと言っていたので、加賀領内に立ち入るかもしれないとある。その後、白山へ通じる関所は足軽らによって固められ、三月九日には大井正一郎・河合郷左衛門・竹上万太郎の人相書が届けられているが、深尾才次郎の人相書はない。そうした警戒網を潜って能登に入っていることから長山は、美濃・飛騨《ひだ》・越中を経て能登に入った、つまり加賀を迂回《うかい》したと判断している。

また北前船《きたまえぶね》の寄港地である福浦の喜之助方を訪ねた理由として無宿新兵衛の父は深谷屋《ふかやや》喜右衛門であったと思われ、さらに新兵衛が喜六と偽名を名乗り、ともに「喜」の字が共通しており、「兄弟、親戚であった可能性」を指摘する（長山「「大塩の乱」と加賀藩」）。

関係者二〇名のうち最後の人物は、弓削村七右衛門こと西村履三郎（19）。彼は、茨田郡士（16）らとともに上陸し、大塩と別れたのち、ひとり堺に向かう。堺北糸屋町《きたいとやちょう》にいる姉夫婦を頼ったのである。十九日夜十時頃、医師である寛輔《かんすけ》が自宅に戻ったところ履三郎がおり、事の顚末を語った上で、「逃亡の手助けのため、懇意の者に手紙を書いてほしい」と頼む。「いや自首するべきだ」と押し問答の末、寛輔が伊勢垣鼻《かいばな》村海会寺《かいえじ》の柏宗《はくそう》を紹介したことから、剃髪《ていはつ》し、立達《りゅうたつ》と名を改めた履三郎は翌日、同家を辞し、伊勢へと向かう。そこでしばらく滞在ののち三月十八日、立達は海会寺の僧剛嶽《ごうがく》とともに中山道《なかせんどう》から奥州筋へ逃亡する途中、仙台大念寺《せんだいだいねんじ》まで足を延ばしたのち、四月二十三日、江戸に入る。そして五月九日、立達こと履三郎は、逗留中の神田本町願人冷月《がんにんれいげつ》方で、病を得て死ぬ。

その後、関係者は尋問を受け、柏宗は知人である寛輔が挨拶に来ると言うので信頼して泊めたこと、また剛嶽は立達から誘われ仙台まで赴いたが断られ、江戸に来て二人して冷月方に止宿したこと、その後、立達が五月一日から流行病のために病臥《びょうが》し、九日に死去したため、剛嶽は冷月の弟子の体にして菩提寺である浅草遍照院《あさくさへんしょういん》に埋葬したことなどが明らかになる。これが履三郎の最期である。こうして、大塩の乱関係者二〇人はそれぞれの地で最期を迎えることとなった。

なお、時の老中水野忠邦の「丁酉日録《ていゆうにちろく》」(『水野忠邦天保改革老中日記』)によると、四月十日、大塩平八郎その他、人相書で通知した者は所在が判明したので触れ直すようにとの記事があり、この日をもって幕府の捜査態勢にピリオドが打たれたと思われる。

大塩父子の潜伏

こうした同志たちの逃避行を見る時、大塩と格之助が、乱の五日後の二十四日夜から三月二十七日までの間、美吉屋五郎兵衛方に隠れ続けたことをどう理解すればいいのか。敗走後早々、同志たちに「自死する」と言いながら、いったん大和への逃走を試み、単独行となったところで、美吉屋五郎兵衛宅に駆け込んだと思われるが、疑念が残る。

その逃亡と潜伏の間に、大塩の乱とは何であったかが明らかとなっている。まず参加者である。初動人数が七五人、最盛期でも一五〇人から二〇〇人前後という数値をどう理解するか。事前に一万人を対象に施行を行い、檄文を撒《ま》き、騒動があれば駆け付けよ、米・金を取らせると呼びかけ、また猟師やエタの小頭《こがしら》に計略をもって誘った結果がこれである。飢饉時に起きた民衆騒動として見る時、その数があまりに少ない。奉行所の救恤《きゅうじゅつ》対策が、それを制約していたという指摘は首肯できる。大塩が門人以外の民衆、「不幸な良民」をどれだけ深く理解していたか問われるべきであろう。

参加者の規模の小ささに比べ、火災の被害は甚大であった。享保九年（一七二四）の火災（四〇八町）、のちに起きる文久三年（一八六三）の火災（一五〇町）と合わせ「大阪今昔三度の大火」（瓦版）に数えられ、類焼町数一一二、被災家屋三三八六軒、竈数《かまどすう》（世帯数に近い）一万二五七八軒、「死人避難者数知らず」という災害であった。不明の死者については唯一、『浮世の有様』に二七〇人余とあるが、確定するに至っていない。しかし、厳しい飢饉・疫病の流行に加え被災は、生活困難者を増加させる要因であったことは明らかである。罹災者《りさいしゃ》は一時、道頓堀の芝居小屋に収容されたが、三月四日、天満橋の南北詰と天王寺御《お》蔵跡に御救小屋《すくいごや》が建てられ、約三二〇〇人、一〇〇〇世帯が収容されている。同月十日には、梶木《かじき》町《まち》千種屋《ちぐさや》常五郎らの拠出金によって、困窮者へ銭一貫文の施行が行われた。こうした惨状を重視する立場から、大塩の乱はテロだとの理解が生まれる（平川新『開国への道』）。

だが一方、乱後、伊豆韮山の代官江川英龍から大坂に派遣された斎藤弥九郎は、水戸の藤田東湖に報告するなかで、つぎのように述べている（『浪華騒擾紀事』）。

大坂市中はことのほか平八郎を貴《たっと》んでいる、甚だしいのは焼け出された者まで少しも怨《うら》まず大塩様と尊敬し、この間、大塩を逮捕すれば銀百枚、褒美を下さるとの触があったが、たとえ銀の百枚が千枚になろうとも、大塩さんを訴人されようかと言っている。

鎮圧の中心にいた坂本鉉之助《げんのすけ》も「大坂市中の者など平八郎の事を有難がるもの多き」と記し、評定所の裁許で格之助の子弓太郎を、平八郎がみねと密通して生まれた子だと記しているのは、大坂市中の人気を挫《くじ》くための虚言だと断じている。したがって現代風に「テロ」だと断じてみても、この事実は変わらない。一部の徴表を捉えただけの議論には、実りが多いとは思われない。むしろ、その過激さの根源を探るべきであろう。

大塩は、しばしば自分を「狂者」と呼んでいる。いまわたしたちが考える意味と違うことに留意してほしい。儒学者らしく中国の古典に基づいている。『洗心洞劄記《さっき》』には、孔子の言としてつぎのように出る。

子曰く、「中行《ちゅうぎょう》を得て之《これ》に与《くみ》せずんば、必ずや狂狷《きょうけん》か。狂者は進んで取り、狷者は為《な》さざる所有るなり」と。

『論語』子路《しろ》篇の一節で、孟子《もうし》は「孔子の理想は中庸を得た人であるが、それができないとすれば狂者か狷者か、次善の人物が大事だ」と述べていると、大塩は解説している。狂狷の意味を、同書に注釈した福永光司は、積極進取の気性を持つ者と、引き込みがちで慎重な者とし（『佐藤一斎・大塩中斎』）、福島理子は理想家と頑固者に対比する（「大塩平八郎の詩心」）。

江戸を撃つ

さて斎藤弥九郎は三月九日、伊豆韮山に着き、そこで大塩が乱の前日、江戸に宛て密書（建議書）を送っていたことを江川英龍から聞き、一驚している。この時、江川は領内塚原新田境で発見された建議書を書写させていた。評定所から、回収した建議書を提出せよと迫られ、写《うつし》を手許に取っておこうと考えていたからである。同月十六日から十七日に、建議書は提出されるが、斎藤は十二日、大坂に向け、韮山を出発する。四、五日で到着したとすると十六、十七日となる。そして四月七日、江戸に戻る。その間の道中、江川にも会って報告したと思われるが、残されているのは九日、江戸で会った藤田東湖に報告したものである。

この日程から見て斎藤、三月半ばから四月初めまで大坂にいたと思われるが、二十七日の大塩逮捕については触れていない。滞在中、情報を得るのに苦心したことが分かるが、最終的に、坂本鉉之助とともに大塩軍鎮圧に功のあった本多為助の協力を得る。容易ならざることなのでなぜ知りたいのか、信用できる文書を見せてほしいと慎重な本多に対し、事の次第を話すことで為助は腹蔵なく話したという。その時、「城代・町奉行から江戸への報告はすべて取り繕ってあるので、これから話すことと違いますよ」と釘《くぎ》を刺したという。

油掛町の太物《ふともの》商美吉屋五郎兵衛宅に潜伏している大塩としては、決起の前日に密書を公用便に乗せて江戸に出していたので、相手からの返事を待つのが道理である。そう考えた時、同志との逃走途中、二度も三度も自害すると言っていたのは方便となる。むしろ、容易に捕まらないばかりか、安全なところに潜伏することを大塩は、最初から考えていたというのが妥当であろう。

それについて参考となるのは、加古川筋打ちこわしの首謀者が逮捕されていないことに触れて、「開心之もの」（愚者を啓発するもの）と平松楽斎に伝えていたことである。逃亡と潜伏には、こうした考えもあったかもしれないが、本心は、建議書への回答にあったと思われる。そのためには勝手知ったる大坂にいる必要があった。坂本は、「大坂市中に潜んでいたとは、与力として犯罪者の考えることに通じていたとはいえ、智謀のある所作だ」と舌を巻いている。

しかし潜伏は、三〇日余の長期に及ぶ。さすがに美吉屋五郎兵衛も立ち退きを求める。それに対し大塩は、「行き先については勘弁もあるが、いまだ時節至らざるにつき今しばし忍ばせよ。もしお上に訴えるなら、皆の者を焼き殺す」と顔色を変えて言ったとある。この「時節」とは何か。

そこで建議書である。建議書に添えられた水戸家用人宛の書状には、「国家之儀ニ付《つき》、御老中方へ申し上げ候儀」とあり、老中への献策でありながら、水戸斉昭の存在が前提となっている。一方、老中宛の書状には「累代聖賢之道を学び候家柄ニ付、御諫言も申し上げられ候身分」とあり、将軍を導くべき学問所の総裁である林述斎の諫言が前提としてある。つまり、水戸斉昭と林述斎、その二人と大塩との関係が前提としてある。林家にはすでに一〇〇〇両の融資をし、分割返済の最中である。

一方、水戸についてはどうか。かつて大塩が大坂から水戸に米を送っていたことが、幸田成友や石崎東国によって説かれていた。違法にも浦賀《うらが》を経由せず、買米《かいまい》を積んだ船が一艘《そう》、常陸沖に入ったことを東湖は、三月二十二日の日記に記している。水戸家家中が大坂で米の買い付けをしようと奉行跡部に頼んだが断られたと、当時大坂にいた古河藩家老鷹見泉石《たかみせんせき》の日記の天保七年（一八三六）十一月十五日条に見える。その前後の日記によれば、古河藩も与力を使って米の買い入れを試みている。東国の飢饉と米不足は、大名家に同様の策をとらせていたものと思われる。その一つとして水戸藩が、佐藤一斎を通じて大塩に頼み、金六万両の米を買わせ、船二艘で送らせたとの噂が、『三川雑記』にも記されている。大塩が非難する跡部・内山ラインの兵庫津からの江戸廻米の向こうを張って、水戸藩では、佐藤・大塩ラインで水戸廻米を行っていたというのである。船は三月二十二日までに入っているが、それは幕府には知られては困る機密である。そこに建議書が発見され、「廻米と上書（建議書）双方が大塩平八郎で結びつく、水戸藩がもっとも危惧《きぐ》する」事態となった（青木美智男「藤田東湖「浪華騒擾紀事」解説」）。

ならば江川を通じて建議書を入手し、東湖はそれを斉昭に渡したかと言えば届いていない。仲田正之は、江川の上司である勘定奉行内藤矩佳が提出を思い留まらせたと推測する。

現職老中らのかつての悪行と、内藤・矢部定謙《さだのり》そして内山の悪行に対する指摘からなる建議書は、三大功績が未完であることと並んで、天保四年（一八三三）以降、飢饉にもかかわらず悪政が復活していることを訴え、それを証明する資料を添付するという構成を持つ。ただし、それが活かされるかどうかは、林述斎と水戸斉昭の肩に掛かっている。その二人が動けば……と、大塩はその時節を、首を長くして待っていたのではないだろうか。建議書は、大坂にいながら「江戸を撃つ」戦略であった。その一点で大塩の乱は、大塩平八郎だけの乱であった。

大塩平八郎と渡辺崋山

石崎東国によると、大塩の妾ゆうは、曽根崎新地の茶屋大黒屋《だいこくや》の二女で、長女は美吉屋五郎兵衛こと塩田五郎兵衛の妻という。塩田家は、大坂大塩家四代左兵衛の妻の実家であるから、美吉屋と大塩家は遠い縁戚関係にあった。その意味で、潜伏先として格好の場所である。しかし、長期化したことで綻《ほころ》びが生じる。五郎兵衛家の下女の思いがけない証言から急転直下、三月二十七日の逮捕となる。それを伝えるのは、古河藩主土井利位の家老として大坂城に詰めていた鷹見泉石の日記である。同藩の領地で陣屋が置かれている平野郷の重鎮末吉《すえよし》藤左衛門の妻に、京都から灸治に来る顔見知りの女が立ち寄り、知人の娘が靱油掛町の太物商に奉公していたが、親が病気ということで帰ってきて家人に、「毎朝、飯櫃に飯を入れ、茶碗を添え出しておくと、つぎの朝、空の飯櫃が出ている」と語った。一風変わったその話が藤左衛門から古河藩役所にもたらされることで、事態が一気に動く。それが三月二十六日のことで、翌日の逮捕となる。

美吉屋宅を囲んだ城代の武士の一人が、「中斎先生ともいわれるもの、ひきやう〔卑怯〕千万、出てしやうふ〔勝負〕せい」と挑発するところなど、臨場感たっぷりに描かれている。詳細は『鷹見泉石日記』に譲るとして、家老鷹見泉石のこの功績が、一つの名画を生んだことを最後に紹介する。それは今日、国宝として知られる渡辺崋山《かざん》画「鷹見泉石像」（東京国立博物館蔵）である。

三河田原《たはら》藩三宅氏に家老として仕えた崋山は画業を副業とし、同時代人の肖像を遺《のこ》したことでも知られている。二九歳の年には佐藤一斎、三六歳の年には松崎慊堂《こうどう》と、ともに学問の師である儒学者の肖像を描き、四四歳の年には文豪滝沢馬琴《たきざわばきん》の愛息琴嶺《きんれい》、そして翌年には鷹見泉石と書家市川米庵《いちかわべいあん》の肖像を描いている。

「鷹見泉石像」には「天保鶏年槐夏望日写《けいねんかいかぼうじつ》、崋山渡邊登《のぼり》」と款記《かんき》があることから、菅沼貞三『渡辺崋山　人と芸術』は、天保八年（一八三七）四月十五日の作とし、崋山四五歳、「画技の醇熟境《じゅんじゅくきょう》に入った期にあたる」「崋山の描いた肖像画中の白眉《はくび》」とする。「折烏帽子《おりえぼし》に素襖《すおう》を着た泉石像」は肖像画として特異だが、款記の年月日と合わせて菅沼は作画事情をこう記す。

泉石は古河藩の家老職で、蘭学に通じ崋山と親交があった。当時大坂城代であった藩主土井大炊頭利位に従って、大塩平八郎の乱の鎮定に功があった。たまたま藩主の菩提寺に代参の帰途、崋山の家に寄ったところ、崋山はその凜然《りんぜん》たる正装の妙を捉えて、これを写生し成ったのが、すなわち本像といわれている。

所蔵者である鷹見家の伝承を基にした判断だが、泉石の日記によると微妙な齟齬《そご》が生まれる。天保五年（一八三四）四月、藩主土井利位は大坂城代に任じられ、八月、泉石も一緒に任地大坂に赴く。城代職は天保八年五月十六日まで続き、同日、京都所司代職を拝命する。それに合わせて泉石は四月二十三日、大坂を発ち、五月八日に江戸に着く。したがって款記にいう天保八年四月十五日には、泉石はまだ大坂にいる。この日に江戸の崋山と会うことはできない。したがって天保八年四月十五日は、泉石像の描かれた日ではないこととなる。

泉石像の作画事情を追究した杉本欣久によれば、崋山の肖像には、描かれた個人の記念的な意味が付与されているという。たとえば佐藤一斎像には五〇歳を迎えた一斎を、市川米庵像には還暦を迎えた米庵、そして松崎慊堂像には五八回目の誕生日の干支が、生誕日の干支と合致する暦上の珍しさを記念して制作されたことが、款記に込められているとのことである。滝沢琴嶺像の場合、急逝した天保六年（一八三五）五月七日の翌々九日に崋山は、彼の死相に触れ骨格を確認して写生しているが、款記には一周忌の前日に完成したように記すように、月日は調整されていると判断されるのである（杉本「渡辺崋山の肖像画と作画精神」）。

国宝鷹見泉石像

このような調整の最たるものが鷹見泉石像で、杉本によれば「款記の四月十五日は遡及《そきゅう》されたもの」、つまり、実際に描かれた日よりも前だとする根拠は、泉石像の腰に土井家から下賜された脇差が見えるからである。

天保八年（一八三七）五月に京都所司代を拝命した藩主土井利位は、一年に満たず、翌九年四月には西丸《にしのまる》老中に昇進する。一度京都に戻り、所司代職の引き継ぎを終え、藩公とともに泉石が江戸に戻るのは九年六月二十六日。その二カ月後の八月二十一日、利位は正装して登城、将軍家慶《いえよし》より美濃守兼定《かねさだ》の刀を拝領する。大坂での乱に際し、城内警護など万端指示が行き届いたからというのがその理由で、『続徳川実紀』の同日条にも見えている。

まず藩主が大塩の乱鎮圧の功績で賞与を受け、ついで十月五日には、家中一同で藩主の御刀拝領の祝儀を寿《ことほ》ぐが、その日、家中のうち大塩を逮捕した者への褒美が下され、その先頭に鷹見泉石がいる。褒美は金貨・御紋付き上下《かみしも》と脇差で、家紋入りの脇差を差す泉石の姿は、この日以降のこととなる。

その日とは別に、七月十七日、土井家菩提寺誓願寺《せいがんじ》に代参した泉石は、たしかに渡辺崋山宅に寄っている。代参の日と崋山宅への訪問が同日に見えるのはこの日のみで、「藩主の菩提寺に代参の帰途、崋山の家に寄ったところ、崋山はその凜然たる正装の妙を捉えて、これを写生し成った」という言い伝えを彷彿させるものがあるが、藩主利位から脇差を下賜されるのは十月で、代参の七月とは大きな齟齬が生じる。

それよりももっと大きな齟齬は、天保九年（一八三八）十月五日の「大塩の乱鎮圧の功による」褒美と、款記の同八年四月十五日との間の時間差である。

杉本は、その日に「藩の栄誉に結びつく大坂城代の役目を果たしたことに対する記念碑的意味がある」と説き、同年の正月から書き継がれた日記が四月十五日で終わっていることに着目する。たしかに四月十五日条には、別れにあたっての挨拶の記事が見えるが、わたしの注目は前日にある。十四日、蘭癖《らんぺき》（蘭学好き）で知られた町人木村兼葭堂《けんかどう》（ただし『木村兼葭堂日記』で知られた巽斎《そんさい》は享和二年〔一八〇二〕に死去しており、二世にあたる）を訪問した鷹見泉石は、そこで同僚の家老長尾但見《ながおたじみ》からの報せを受け、「御用召《ごようめし》奉書」が江戸から届いたことを知る。さらに江戸藩邸からの御用状が届き、そこには二十二日に大坂を出立し、来月帰着するようにとの指示がある。つまり、十五日は、江戸への呼び出しを伝える老中奉書が大坂の土井利位の許に届いた日で、それに応じて江戸に帰れば、京都所司代への昇進が約束されている。

しかも昇進の背景に、大塩の乱鎮圧への論功行賞があると判断する理由が鷹見泉石にはあった。老中からの奉書は四月八日にも届いており、「日記」には、大塩の乱鎮圧の功績を称《たた》えるとの上意（将軍の意思）が述べられている。その一週間後に、所司代昇進を予定する「江戸召」の奉書が届いているのであるから、それが連動していると考えるのは道理であろう。そう考えると、款記の天保八年（一八三七）四月十五日という日には、乱鎮圧と大塩逮捕の功績を称えられ、藩主土井利位に京都所司代昇進を約束する老中奉書が届いた慶賀すべき日と判断したことから、渡辺崋山が書き添えたという理解が成立する。それほどに崋山の「鷹見泉石像」には、「大塩平八郎の乱」が深く関係していたのである。

ついでに言えば、藩主利位から泉石には「感状《かんじょう》」も与えられ、現存する（古河歴史博物館蔵）。感状は、武将が主君から勲功の印として与えられるもので戦国時代の遺風である。大塩の乱の鎮圧は、泉石をして二百余年の昔に引き戻したのである。

しかし現実の社会は、国際的な脅威の中にある。蘭学を通じて鷹見泉石と渡辺崋山が知り合ったのも、また天保十年（一八三九）五月、「蛮社《ばんしゃ》の獄」に連座して江戸で逮捕され、国許の三河田原に身柄を移送されたのち、同十二年十月半ば、自決するのもその環境のゆえである。

渡辺崋山と大塩平八郎、じつは寛政五年（一七九三）生まれの同い年。天保期を代表する知識人が、ともに自死していることには、この時代を解く一つのカギがあるように思えてならない。

終章　大塩の乱とは何だったのか

なぜ止められなかったか

天保八年（一八三七）三月二十七日、大塩父子の自決で乱は終わった。淡路町の一丁南瓦町で私塾泊園書院を構えていた藤沢東畡《とうがい》は、讃岐の門人揚《あげ》小四郎に「大坂市中大《おおい》ニ安堵《あんど》仕《つかまつり》申《もうし》候《そうろう》」と伝えている。しかしその後、思わぬ形で余波が起きた。

六月、遠く離れた越後柏崎《かしわざき》で、生田《いくた》万《よろず》の乱が起きている。生田は上野館《たてばやし》林藩家中の出身で、出した意見書が当局者の怒りに触れて追放され、その後、柏崎に移住し、桜園塾《おうえんじゅく》で国学を教えていた。四月の時点で「大塩の四ヶ国への捨文」（檄文）の写《うつし》を得ていたが、五月二十九日から六月一日にかけて、柏崎近郊荒浜《あらはま》村の庄屋・組頭《くみがしら》を襲って金品を強奪し、村民に分配して扇動、一〇名ほどの村人を率いて桑名《くわな》藩柏崎陣屋を襲撃した。先頭に「奉天命誅国賊（天命を奉じて国賊を討つ）」「集忠臣征暴虐（忠臣を集めて暴虐を征す）」の旗を立て、暴虐（暴墟）、つまり暴政の府である柏崎陣屋を襲うなど、大塩の乱の影響が顕著で、大塩の衣鉢《いはつ》を継ごうとした蜂起といえる。何の因縁か、渡辺崋山がスケッチした生田万の肖像が残っている。天保二年（一八三一）、崋山が上州遊覧の途次、中山道で道連れになった時に描いたという（『図説日本の百姓一揆』）。

そして七月二日、大坂の近郊能勢《のせ》郡で、山田屋大助《やまだやだいすけ》ら三名が今西《いまにし》村杵ノ宮《きねのみや》の鐘を鳴らして村人を集め、近隣の富豪や庄屋などを襲撃した。ここでも彼らは、「徳政《とくせい》大塩味方」「徳政訴訟人」などと書いた幟《のぼり》を立て、村人に強制参加を募りながら六日間にわたって蜂起した。世に言う能勢騒動である。

「徳政」とは、債務関係の破棄と抵当物件の返還を意味し、その実行を命じる徳政令の発布を求めて民衆が起こした徳政一揆がよく知られている。大塩の檄文にその言葉はないが、「地頭役所や村方の庄屋宅にある年貢などに関する諸記録・帳面類は、全部引き破って焼き捨てておけ」という一文は、徳政のイメージである。山田屋大助らもまた、檄文を読んでいた。乱後、檄文は奉行所の手で回収されていたが、複数の人々が写し持ち、その一点が、大助の自宅で発見されている。

大助はもともと能勢の旧家の出身で、大坂に出て市中江戸堀《えどぼり》で手習《てならい》の師匠をしていた。その借家の貸主が町人学者篠崎小竹で、大助の娘の供述から、檄文の写の出所が小竹であることが判明した。小竹は、肥前屋又兵衛という町人から借りて写したが、知人でもある坂本鉉之助《げんのすけ》から借りたと嘘をつく。坂本なら鎮圧側で持っていても不思議ではないと考えたのであろうが、浅はかであった。当然、坂本に問い合わせた結果、嘘がばれ、小竹は町預けの処分を受ける。東畡は八月、親友篠崎は、処分を受け引き籠り中で書状の遣り取りも難しいと報じている。

『咬菜秘記《こうさいひき》』には、その経緯もまた詳細に語られているが、興味深いのは、山田屋大助の姉か妹の子で玉造同心本橋《もとはし》某という家に養子に入った岩次郎《いわじろう》がおり、大助と叔父・甥の関係にあるという事実である。摂津源氏　源満仲《みなもとのみつなか》の末裔との系譜を持つ多田院《ただいん》御家人を出自とする大助と、城方同心との間には、武士的な基盤が共有されていたのである。舘林藩士であった生田万もしかり。しかも揃って私塾の師匠、知識人である。大塩の乱を含め、当時の騒動の背景には、草莽《そうもう》知識人の存在がある。

こうして能勢騒動は、篠崎小竹と坂本、そして大塩平八郎の立ち位置をクローズアップする。坂本は与力で砲術家、大塩は与力で儒学者、互いに勝者と敗者の関係にあり、年齢は二歳違い。一方、儒学者として小竹は大塩と同じラインにいるが、金儲《かねもう》けに熱心なことから「鴻池儒者」と綽名《あだな》される町人学者で年齢は一二歳年長。そこで坂本、もし大塩の蜂起を事前に止められたとすれば誰か、真面目《まじめ》に考えた。軍事的に黒白がついても、坂本には疑念が残った。

なぜなら「市中へ放火する企てなれば、救民の所業でないことは三歳の小児にも分かる」

からである。乱後の五月十日、郷里である信州高遠の知人に宛てた手紙にはこうある（井形正寿「坂本鉉之助のふるさとを訪ねる」。一部、漢字を仮名に改めた）。

> 小生もこれまで度々出会い候へ共《ども》、この度の一件発起申すべきとは、更々《さらさら》存じ申さず、如何の了簡《りょうけん》ニ哉、まったく高慢天狗《てんぐ》の逆上　仕《つかまつ》り狂気と申すべき哉、然る処、一味の者ども同心をはじめその他ニても殊《こと》の外篤実体《ほかとくじってい》なる者ばかりニて狂妄体《きょうもうてい》の者ニハこれなく候、是ばかり一円合点参らず候

乱について理解しかねる坂本の心情を感じ取ってほしいので原文のまま掲げたが、大塩ひとり「高慢天狗の逆上」だとしても、篤実の門人が多数いる、それなのになぜと、長年、大塩と交友を続けてきた坂本ならではの率直な思いである。そこで坂本、年長で昌平黌《しょうへいこう》を出たエリート、大勢の門人を抱え、おまけに大名諸家との付き合いもある重鎮の篠崎小竹が、大塩の頭を押さえるべきだ、と言う。

傷跡からの復興

そう考えると坂本鉉之助はやはり、大塩の乱研究のカギを握る。そこで『咬菜秘記』であるが、八月十五日付で坂本が林杖なる人物に宛てた手紙（東京国立博物館蔵）に、「咬菜私記」と題し、後年のために真実のことを思い出して書いたものがあるのでご覧に入れる、と記しているので、すでに脱稿されていることが分かる。ただし「私記」とあり、「秘記」で

はない。「他に漏らすべき事ではない」とあるので、受け取ったほうが「秘記」と理解したのであろう。この『咬菜秘記』、国会図書館に現存する写本が唯一であったが、二〇二一年、埼玉の豪農文人が所蔵していた写本が発見され、転写のルートを含め、研究の深化が期待される。

坂本は天保九年（一八三八）閏四月、軍功に対し銀一〇〇枚を下賜されるとともに、大塩軍の大筒一挺を下され、直参《じきさん》となり、創設されたばかりの大坂鉄砲方に就任する。それに先んじて頭《かしら》の遠藤但馬守から志津《しづ》三郎兼氏《さぶろうかねうじ》の名刀を貰っているが、それも弾痕《だんこん》の残る陣笠と同様、大塩の乱を語る記念物として知られていく（松永友和「大塩の乱後の坂本鉉之助について」）。

この間、大坂では天保九年一月二十二日、『仁風便覧《じんぷうびんらん》』が発売される。享保二十年（一七三五）に発行された『仁風一覧』を受けたもので、甚大な飢饉に際し有徳者《うとくしゃ》（徳のある資産家）による施行《せぎょう》が行われたことを記し、後年の鑑《かがみ》とするという趣旨は同じである。天保四年の飢饉に際し大坂では十一月、鴻池善右衛門・平野屋五兵衛らが米・金による施行をしたとして、「浪華繁栄録」と題する刷物が出ている（『大阪編年史』）が、一冊銀六匁という豪華版である。それに対し、奉行所の許可を得て、本屋仲間が出版するというアイデアを出したのは、乱の折、大坂に駐在していた城代家老鷹見泉石と鈴木町代官根本《ねもと》善左衛門であった（鷹見敦子「天保期大坂における施行とその背景」）。彼らは天保七年十二月、『仁風一覧』をもとに、新版の相談をしている。

注目されるのは根本である。彼は、天保四年（一八三三）の飢饉の折、石見大森《いわみおおもり》の代官であったが、その処置が適切であったとして同六年三月、大坂代官に代わる。その後、大塩の乱、とくに能勢騒動の鎮圧に功績があり、同九年四月には江戸の勘定吟味役《かんじょうぎんみやく》（勘定所の監査役）に出世する。それは根本にとどまらず、大森時代からの手代であった水野庄太夫も、元《もと》締役《じめやく》を経て、天保八年十月には御普請役格御代官手附《ごふしんやくかくごだいかんてつけ》、さらに翌九年四月、勘定所吟味詰役人となる（岩城卓二「下級武士の身分上昇」）。

『仁風便覧』の発行は、未曽有の飢饉に有徳者が懇志を施した美談を広く知らしめるという奉行所の意図を物語るものとすれば、いま一つ、傷跡からの復興策があった。

天保九年（一八三八）正月二十九日夕暮れ、鷹見泉石が東町奉行所に跡部を訪れた時の対話に、つぎのように出る——「堀川《ほりかわ》も中津川まで掘り通す予定とのこと。玉造も松原《まつばら》街道二軒茶屋まで橋を広げられるとの由」。泉石が跡部から聞いた話ということだが、前者は天満堀川の開削、後者は玉造の傍《そば》を流れる猫間川《ねこまがわ》の浚渫《しゅんせつ》に関わる。

時間的に言えば、水はけが悪く、溝のようになっていた猫間川の浚渫は天保八年（一八三七）十一月、玉造二六町の申請が認められ、翌年から浚渫が始まり、住民が土砂を持ち運びする砂持奉仕活動も奏功し、九年七月末から八月初旬にかけて整備された。会話に出てくる橋は豊津橋《とよつばし》で、七月十七日に渡《わた》り初《ぞ》めがあった。ご丁寧に跡部奉行、肥後藩蔵屋敷に頼み込み、祀っている清正公《きよまさ》を勧請《かんじょう》した。翌年にかけ、川沿いに茶店ができ、また桜が植えられ、安政年間（一八五四～六〇）には天保山と並ぶ桜の名所になっていく。その事業を跡部が進めていたのである。

その跡部、天保九年（一八三八）五月には、堂島川・曽根崎川筋の二九町の年寄を呼び出し、天満堀川の開削を命じている。慶長《けいちょう》三年（一五九八）に開削された川筋であるが、途中が堀溜《ほりだめ》となり、塵芥《じんかい》が溜まっていた。そこに大川から取水することで流れをよくしようという計画である。天保十年には完成したようで、「天満堀川通水之絵図」という刷物が発行されている。鳥瞰図で、右手に大川、左手に天満堀川が、満開の桜とともに描かれている（内海寧子「大塩の乱後の都市復興策」）。これが二年前、乱で焼失した天満かと思われる復興ぶりに驚くが、その事業、新見《しんみ》正路の功績として天保山が語られるようには伝えられていない。そこには乱が、影を落としている。

大塩年

こうして歳月は、「大塩の乱」を過去へと押しやっていくが、記憶の中の大塩は生きている。明治十七年（一八八四）八月、大阪府は郡区役所・戸長役場に対し、商工・通信事項について調査を行ったが、その記録が「通信大全」として残されている。そこには「天保年度飢饉之前後ニ関ス天候経済等ノ沿革及《および》その実況」につき、市内南区在住の六〇歳代から七

○歳代の古老七名に聞き取った内容が記されている。「八年騒動ノ後、即《すなわ》チ六月ノ土用《どよう》ノ頃、朝ハ綿入《わたいれ》ト襦袢《じゅばん》ヲ着テ、日中デモ袷《あわせ》ト襦袢着タ事ヲ確カニ覚《おぼえ》テ居マス」などの生々しい証言が見えるが、複数の人が「大塩年《おおしおねん》ト今年トノ暮《くら》シ方」「大塩年ニ私ハ年十三才」のように、天保八年（一八三七）を「大塩年」と呼んでいる（久保在久「「通信大全」にみる天保大飢饉の実相」）。天保の飢饉は、大塩とともに記憶されているのである。それほどに乱は、飢饉と切り離せない。

相蘇一弘は、大部な書簡集の末尾に解題を付け、「大塩書簡で分かったこと」を記している。家族・縁者に関する記事、うつ病や疝気《せんき》（一種の胃腸病）・痔《じ》・歯痛などの疾病、「悍《かん》馬《ば》」（矢部定謙《さだのり》評）、「言行一致」（足代弘訓《あじろひろのり》評）、「鋭進して折れ易い」（頼山陽評）といった性格、読書と「山水の楽」、書画のコレクターという一面など、人間大塩の側面が浮かび、親しみが湧く。が、それにしてもなぜ、という坂本の問いの答えにならない。そんな彼を、蜂起へと飛躍させた理由が知りたいと誰しも思う。それはやはり、飢饉であろう。

そう思って書簡集を読み返すと、つぎの一節が目に留まった。それは、天保四年（一八三三）十二月十四日付で平松楽斎に送った長文の書簡の一節で、こうある。

今既《すでに》東国之《とうごくの》蒼生菜色《そうせいさいしょく》、天下一同之荒年《こうねん》同事ニて、中々《なかなか》一方之義ニは無之《これなく》、是非天怒《てんど》ヲ謝《しゃし》候より外なし、夫故《それゆえ》此救荒《きゅうこう》は其《その》源ニよらすは無益ニ候、（中略）もし、源を棄置《すておき》、徒《いたずら》ニ救法を立《たて》候ハヽ、却而《かえって》害を生し申候相蘇は、「今すでに東国の飢饉は、天下一統の凶年と同じ事で中々通常のものではなく、必ず天の怒りに謝罪するより外はありません。それ故、この飢饉対策はその源によらなければ無益であります。(中略)もし源を棄て置き、徒に救法をたてれば却って害を生じます」と訳を添えているが、「救荒は其源ニよらすは無益」の一節に、飢饉に対処する大塩の信念が語られている。

この一言を、「嗚呼《ああ》、政《まつりごと》の道は、実に其の害する者を去るに尽く」という『洗心洞劄《さっ》記《き》』の一文と重ね合わせてみる時、天保八年(一八三七)二月十九日の蜂起に至る道筋が展望できるのではないだろうか。その根底には、大塩の「生死を賭けた良知説や太虚の哲学」があった(竹内弘行・角田達朗『大塩中斎』)。

ただその信念が、文字通り荒療治に至るには、天保四年(一八三三)から七年末にかけての歳月が必要であった。すなわち飢饉の連続と深刻化という事態である。ただそれには、大塩以外の人々も立ち向かっていた。「蒼生菜色」、萎《しな》びた野菜のように民が生気を失っている東国で、藩主として奮闘していた青年藩主を取り上げることで、その困難さを比較することにしたい。

「教」と「富」

大藩である仙台藩伊達《だて》家の一門、登米《とめ》伊達家の総次郎は、前藩主の死を受けて、文政十一年（一八二八）十二月、一二歳で藩主となり、将軍家斉の一字を拝領して斉邦《なりくに》と名乗った。名前に大御所家斉の時代が刻印されている。そんな彼の治世は、「七年飢饉」と言われた天保の飢饉と重なっている。夏の平均気温を一九六〇〜九〇年の平均と比べると、プラスは天保五年（一八三四）のみで、それ以外はすべてマイナス、最低は天保七年のマイナス二度であった。したがって冷害、収穫なし、という不作が続く。当初、斉邦は江戸藩邸でも朝夕の食事に脇の三菜を控え、粥《かゆ》のみとしていた。式日の宴《うたげ》も取りやめるという藩主に対し重臣たち、せめて儀式だけはと進言するが、斉邦、歌で返したという。「故郷《ふるさと》の　秋を思えば　長月《ながつき》の　照る影さえも　見るぞ悲しき」。大凶作の故郷を思えば、月見の宴などしている場合ではない、というのである。この歌、大塩の有名な詩「忽《たちま》チ思ウ城中ニ菜色多キヲ、一身ノ温飽《おんぽう》天ニ愧《は》ズ（市中に飢餓に瀕している人がいるのに、自分一人がいつも通り正月を祝っているのを恥じる）」を想起させる。

天保四年（一八三三）十一月、斉邦は公儀の許しにより国許《くにもと》へ帰り、政務を執ることで救《きゅう》恤《じゅつ》策の先頭に立つ。その結果、わずか一七歳であったが、領内からは、「国許に帰るなり、下々にまで手当てが行き届き、まことに民の父母と言うべき賢君だと語り合っている」という賞賛の声が生まれていた。その上で彼が行ったのは、勘定奉行にあたる「出入司《でいりつかさ》」役人の刷新と大坂の蔵元升屋平右衛門の罷免である。

仙台藩では、年貢米を納めた余り米は藩が公定価格で買い上げ、江戸に送る買米制《かいまいせい》をとっており、そこで得た収益を升屋が大坂に送金し、運用して利益を生み出すということで藩財政を支えていた。おそらくは先に升屋の資金融通があり、その見返りとして出来上がった仕組みと思われるが、斉邦は、その本を断とうとしたと思われる。そして米屋平右衛門に蔵元を替えるとともに、自身の侍講《じこう》（主君に講義する者）である朱子学者桜田欣斎《さくらだきんさい》の門人増田《ますだ》主計《かずえ》を御小姓頭《おこしょうがしら》のまま出入司のポストに就けた。天保五年（一八三四）九月のことである。

ところがこの体制、長引く飢饉と救恤策の手詰まりの中で大きな転機を迎える。手詰まりの最大の要因は、他国米の購入の資金を得るために、出入司が大坂に役人を派遣したにもかかわらず、目的額八万両の一〇分の一強しか確保できなかったことである。その原因は升屋を一方的に罷免したせいだと、今度は、伊達家一門衆が直訴したのである。その結果、天保七年（一八三六）八月、斉邦は、飢饉・凶作・財政難は、みずからの「不徳不才」が原因だとする直書《じきしょ》を出し、さらに翌八年三月、みずから天保四年に罷免した役人を出入司に復帰させている。その目的は、「正貨と米穀の確保」である。米穀を領内に入れるには、最大の米穀市場での買い入れが必要で、そのためには正貨がいる。正貨とは、領外、とくに江戸や京都・大坂で通用する金銀貨幣で、升屋や米屋など大坂の豪商の握るところであった。とくに升屋は、文化三年（一八〇六）十一月、幕府が大坂商人に米の買い上げ一二五万石余を命じた折、イの一番に名乗り出た商人である。その升屋を主導していたのは、懐徳堂の門人でもあった番頭山片蟠桃《やまがたばんとう》ではないかと高槻泰郎は推測する（『大坂堂島米市場』）が、彼らなしに藩財政は立ち行かないのである。

この手のひらを返すような人事などの施策を念頭に、一門でもある伊予宇和島《いようわじま》藩主伊達宗紀《むねただ》が書状で斉邦を督励した。升屋を切り、儒学者の増田を登用したことを念頭に、まず「富」(現実の経済)を切り、「教」(理想の哲学)に走ったが、いま再び、「富」に傾こうとしているとして、勘所は「富」と「教」のバランスであると指摘したのである。斉邦は儒学者を登用し、「教」を基本とする政治を目指したが、現実の政治の中では大坂商人の資金をあてにする「富」との折り合いこそ最も難しい課題であり、為政者たちに共通する苦悩であった(佐藤大介『少年藩主と天保の危機』)。

大塩の世界

大塩の苦悩も、これと同種のものがあろう。しかし「教」への偏りは、比較にならない。そこには異なった背景があった。

時代背景で言えば、享保年間(一七一六~三六)以来、米価安に悩んだ幕府は、大坂町人全体を対象として買米を進めてきたが、文化年間にいたって升屋ら特定の有力町人との関係を利用して米価浮揚策を進めた(高槻『近世米市場の形成と展開』)。文化九年(一八一二)の買米策はその一つで、さらに翌十年、幕府は御用金賦課に転じる。

それに対し大坂では町奉行が反対した。時の奉行、西は斎藤利道、東は大塩が与力見習いとして仕えていた平賀貞愛《さだえ》である。長崎でのキリシタン事件といい、平賀との接点は大塩にとって大きい。

　しかも、米の先物取引が行われる大坂では「富」が巨大である。それは不正無尽を促し、汚職を生む一方、学術・文化・芸能が花開く土壌となる。ここには「天下の台所」としての背景がある。いったんそこに町奉行として身を置いた場合、「富」にどう接するかは、きわめて重要な問題である。彼らの実態は、大塩にとって反面教師であったのではないだろうか。

　天保四年（一八三三）以降の飢饉は、「文雅も廃す」ほど深刻化し、大塩は「教」への傾倒を強める。その結果、「良知を致す」哲学は、一瞬にして蜂起を促す。それが大筒による焼き討ちであったことで豪商の被害は大きく、その後、三井や住友では家政改革が進んだことが指摘されている（中瀬寿一・村上義光『史料が語る大塩事件と天保改革』）。乱研究の基本史料『大塩平八郎一件書留』は、明治四十四年（一九一一）、三井家編纂室が購求したものという（森安彦「「評定所一座書留」からみた大塩の乱」）が、重みを感じる。

　ユニークなのは、今も大丸《だいまる》百貨店心斎橋店に伝わる逸話である。大丸は心斎橋の呉服商松屋《まつや》を前身の一つとするが、乱の当時大塩は「大丸は義商なり」として焼き討ちしなかったという。真偽のほどは不明だが、松屋の「先義後利《せんぎこうり》」という商いの精神を、「教」を重んじる大塩が評価していたということであろう。

　しかし一番の大きな違いは「国家」である。伊達斉邦が「国家」と言う時、それは仙台藩という閉じられた領国である。しかし大塩が檄文で「四海こんきう」と言い、建議書で「国家の儀に付申上候」と言う時、それは公儀が治める日本全体を意味する。門人をして「その気迫人を圧する」とされた大塩には、三つの世界が見えていた。一つは洗心洞門人を含む自分たちの世界（A）、つぎに「不幸の良民」を中心とする摂津・河内・和泉・播磨の人々（B）、そして公儀の治める中央政治（C）。最後の世界（C）を変えることなくして、BもAも救うことはできない。そこで江戸に建議書を送り、市中と近郊に檄文を撒《ま》き、門人有志たちと決起した。江戸を撃つことなしに、根本的な解決はない――それが大塩の乱の目的であった。

あとがき

わたしにとって大塩平八郎は、「近くて遠い」存在であった。

「近い」ということでは大阪大学の助手だった二〇歳代後半に、本書でも触れた大塩事件研究会が設立されている。恩師脇田修先生が、会長に就任した酒井一氏と京都大学時代以来の友人ということで、その立ち上げに協力されていた。そこにわたし自身、日本近世の民衆運動史を研究しようとしていたことも重なって、会の設立とともに会員になった。ただの一会員であったが、その後、しばらく経ったある日、脇田先生はわたしに、自分に代わり会の役員になるようにと勧められた。その時に発された一言が振るっている――「酒井がやるから協力するが、役員は君が代わってくれ。僕は、大塩が嫌いやねん」。

大阪市内で生まれ育ち、歴史家として大成されたわが師から、こんな言葉を聞かされるとは……と、しばし絶句した。その後、町奉行所与力であった大塩のキリシタン逮捕一件の関係者として医師・蘭学者の藤田顕蔵が牢死していることが、先生の大塩平八郎嫌いの理由の一つだと知った。たしかに先生は、大塩を嫌う反面、適塾《てきじゅく》や懐徳堂には強い共感を持ち、緒方洪庵《おがたこうあん》の書物も著している。緒方洪庵は好きだが、大塩は嫌いということか。ともあれ直接の師を通してこの時、大阪人のなかにも大塩嫌いがいることを知った。

しかしそれが原因で、わたしが大塩から遠ざかったわけではない。その後、研究者としての関心や大学教員としてのさまざまな課題に取り組むことで、大塩との距離は知らず知らず大きくなっていったのが正直なところである。その一方、大塩に関しては、酒井一氏や相蘇一弘氏らが精力的に研究し、たくさんの成果を挙げていた。外から眺めていると、そこに割って入ってわたしが大塩に向かう姿は想像できなかった。

ところが、である。二〇一一年正月、大塩事件研究会会長酒井一氏が急逝し、後任会長を選ぶこととなった。わたしは当然、大塩の書簡研究を集大成し、本務の大阪歴史博物館副館長を勇退したばかりの相蘇氏が継ぐだろうと信じて疑わなかった。ところが、その相蘇氏から「自分は闘病中の身なので、あなたに会長を引き受けてほしい」との手紙をいただいた。誠実な人柄で知られた同氏からの依頼を断ることは、わたしにはできなかった。かくて第二代大塩事件研究会会長となって、今に至る。

そんな表面的な事情とは別に、遠ざかっていた大塩がいつの間にか、わたしに近付いてきていた一面もある。ほかでもない。「武士の町」大坂という課題を設けて、「天下の台所」大坂の武士について調べていくことで、大塩が急接近してきたのである。とくに西町奉行新見正路の「日記」が機縁となった。その日記には、生身の大塩が、いままで誰も語らなかった大塩の姿が記されているのであった。強い力で大塩平八郎に引き付けられる思いがした。

しかし、それが大塩の全面開花でなかったことは、二〇一〇年に出た新書『武士の町大坂』（現在、講談社学術文庫の一冊）を見れば明らかである。「二人の与力」と題して、内山彦次郎とともに大塩は扱われている。「大塩と心中するしかない」と語る相蘇氏とわたしでは、本気度がまったく違うのである。

しかし酒井氏に代わり会長となることで、本気度は年々上がることとなった。上げようとしなくても、上がってしまうというのが本当のところである。とくに影響が大きかったのは、メディアへの露出である。新聞もテレビも、不思議なくらいに大塩を放っておかないのである。その都度、大塩事件研究会に問い合わせがあり、わたしへの取材となる。その繰り返しが何度、あったことだろう。

その番組の一つを本書の編集者並木光晴氏が目にすることで、本書の企画は生まれた。執筆依頼が、大塩平八郎でなく「大塩平八郎の乱」であることにもインパクトを受けたが、しばらくして氏が、『応仁の乱』をはじめとする中公新書の乱シリーズの企画者であることを知って納得した。ならば本気で大塩平八郎の乱を書こうではないか、と決意したのである。

こうしてようやく執筆に着手したが、逡巡《しゅんじゅん》するわたしの背中をこの一〇年余、押し続けてくれた人がいる。先輩の歴史家深谷克己氏である。折々に「君が書くべきだ」「生きているうちに読ませてほしい」と走り書きされた葉書が届くのであった。どうにかして、その期待に応えられることは、文句なしに嬉《うれ》しい。

コロナ禍の今年三月初めに一次稿を書き終えたが、それまでの間、夜中や明け方に目が覚めては机に向かっていた。それを見て妻が、「あぁ、大塩さんが憑《つ》いている！」と揶揄《やゆ》したが、ヒョッとするとそうであったかもしれない。妻がそう呟《つぶや》いたのには理由があった。本格的に執筆を始めたのが、「大塩平八郎終焉《しゅうえん》の地」碑の移設を終えた二〇二〇年三月以降であったからである。

この碑、大塩の乱一六〇周年記念として建てられたものだが、二〇一九年九月、建立地の事情で移設を余儀なくされた。降って湧いた難題に頭を痛めたが、幸い、大阪市西区靭連合振興町会や大阪城公園事務所などの協力を得、さらに全国の有志から浄財を得ることで、翌年春、市内西区の靭公園に移設できたのである。今では春はバラ、秋はメタセコイアの黄葉が美しい都市公園の一角に、黒御影石《みかげいし》の大きな碑が立ち、周囲には近所の子どもたちの歓声が響いている。その碑に向かうことで、執筆にかける思いが深まったのは事実であるから、その日以降、わたしの傍には大塩平八郎がいたのかもしれない。脱稿とともに、消えてしまい、今では真夜中に目覚めることはなくなった。

編集部には四月に入って一次稿を届けたが、ほどなく膨大な書き込みと付箋《ふせん》が付けられて戻ってきた。たじろぐほどの質と量であった。研究論文の癖を捨て、読者に分かりやすく――という注文に、どれだけ応えられたか不安だが、少しでも正確で、読みやすくなっているなら、それは並木氏をはじめとする編集スタッフの尽力のお蔭である。

精一杯、背伸びして書いた本である。至らない点も多々あるだろうが、こののち、若い書き手が現れて、書き直される際の踏み台となれば幸いである。

分け入っても分け入っても青い山　　山頭火

二〇二二年九月九日

淀川を見渡す若山台にて

藪田　貫

主要参考文献

研究書など

相蘇一弘「大塩の乱の関係者一覧とその考察」(『大阪市立博物館研究紀要』第二六冊、一九九四年)
相蘇一弘「大塩の林家調金をめぐって」(『大塩研究』第三七号、一九九六年)
相蘇一弘「天保六年、大塩平八郎の「江戸召命」について」(『大阪の歴史』第五四号、一九九九年)
相蘇一弘「大塩平八郎の出府と「猟官運動」について」(『大坂城と城下町』二〇〇〇年)
相蘇一弘「大塩と私」(『大塩研究』第四二号、二〇〇〇年)
相蘇一弘「大塩平八郎と頼山陽―文政十三年『日本外史』の譲渡を巡って」(『大阪歴史博物館研究紀要』第一号、二〇〇二年)
相蘇一弘『大塩平八郎書簡の研究』一〜三(清文堂出版、二〇〇三年)
青木美智男編『文政・天保期の史料と研究』(ゆまに書房、二〇〇五年)
有光友逸「大塩家と成正寺」(『大塩研究』創刊号、一九七六年)
井形正寿「坂本鉉之助のふるさとを訪ねる」(『大塩研究』第四二号、二〇〇〇年)
石崎東国『大塩平八郎伝』(大鐙閣、一九二〇年)
乾宏巳「大塩の乱と農民的基盤」(『ヒストリア』六九、一九七五年)
今井典子「近世住友銅吹所幕府高官見分応接の儀礼について―老中の見分―」(『泉屋博古館紀要』第一九巻、

二〇〇三年）
岩城卓二「下級武士の身分上昇」（『大塩研究』第八〇号、二〇一九年）
岩城卓二『幕末期における大坂・大坂城の軍事的役割と畿内・近国藩』（科学研究費成果報告書、二〇一九年）
宇田川武久『江戸の炮術』（東洋書林、二〇〇〇年）
内海寧子「大塩の乱後の都市復興策―猫間川と天満堀川の名所化」（『大塩研究』第六七号、二〇一二年）
海原徹『近世私塾の研究』（思文閣出版、一九八三年）
大塩事件研究会編『大塩平八郎の総合研究』（和泉書院、二〇一一年）
大橋幸泰『潜伏キリシタン』（講談社選書メチエ、二〇一四年）
岡光夫「天保五年高松藩の町方騒動と大塩格之助」（『大塩研究』第二号、一九七六年）
岡本良一『大塩平八郎』（創元社、一九七五年）
岡本良一『乱・一揆・非人』（柏書房、一九八三年）
片桐一男『鷹見泉石』（中公叢書、二〇一九年）
菊池勇夫『近世の飢饉』（吉川弘文館、一九九七年）
北島正元『水野忠邦』（吉川弘文館、一九六九年）
木南卓一『池田草庵先生―生涯とその精神―』（池田草庵百年祭記念事業実行委員会、一九七六年）
久保在久「『通信大全』にみる天保大飢饉の実相」（『大塩研究』第三七号、一九九六年）
幸田成友『大塩平八郎』（中公文庫、一九七七年、初刊は東亜堂書房、一九一〇年）
小西利子『曽祖父大塩平八郎』（朝日新聞出版サービス、二〇〇一年）
米谷修「宇津木静区伝」（『大塩研究』創刊号、一九七六年）
堺市、関西大学なにわ大阪研究センター『堺鉄砲鍛冶屋敷井上関右衛門家資料調査報告書』（堺市、関西大学なにわ大阪研究センター、二〇一九年）

酒井一『日本の近世社会と大塩事件』（和泉書院、二〇一七年）
佐々木潤之介『世直し』（岩波新書、一九七九年）
佐藤大介『少年藩主と天保の危機』（仙台・江戸学叢書六八、二〇一七年）
澤田平「大塩の乱における銃撃戦」（『大塩研究』第一四号、一九八二年）
菅沼貞三『渡辺崋山　人と芸術』（二玄社、一九八二年）
杉本欣久「渡辺崋山の肖像画と作画精神」（黒川古文化研究所『古文化研究』第二号、二〇〇三年）
杉本秀太郎『大田垣蓮月』（中公文庫、一九八八年）
鷲見敦子「天保期大坂における施行とその背景」（『史窓』第七五号、二〇一八年）
高槻泰郎『大坂堂島米市場』（講談社現代新書、二〇一八年）
竹内弘行・角田達朗『大塩中斎』シリーズ陽明学二五（明徳出版社、一九九四年）
塚田孝『大坂の非人』（ちくま新書、二〇一三年）
常松隆嗣「豪農と武士のあいだ―茨田郡士の帯刀をめぐって」（『近世の豪農と地域社会』和泉書院、二〇一四年）
天坊幸彦「田結荘千里翁伝」（『ヒストリア』一四、一九五六年）
中川すがね「近世大坂地域の稲荷信仰」（脇田修、J・L・マクレイン編『近世の大坂』大阪大学出版会、二〇〇〇年）
中瀬寿一、村上義光『民衆史料が語る大塩事件』（晃洋書房、一九九〇年）
中瀬寿一、村上義光『史料が語る大塩事件と天保改革』（晃洋書房、一九九二年）
仲田正之編『大塩平八郎建議書』（文献出版、一九九〇年）
中村真一郎『頼山陽とその時代』（中公文庫、一九七六年）
長山直治「「大塩の乱」と加賀藩」（『大塩研究』第二七号、一九八九年）
林田良平「山田屋大助の能勢一揆」（『大塩研究』第三号、一九七七年）

平川新『開国への道』（小学館、二〇〇八年）
平川新「大塩平八郎論を再考する」（『大塩研究』第六六号、二〇一二年）
深谷克己「摂河泉播村々の歴史・政治意識」（大塩事件研究会編『大塩平八郎の総合研究』和泉書院、二〇一一年）
福井久蔵『諸大名の学術と文芸の研究』（厚生閣、一九三七年）
福島理子「「大塩」後の大坂」（鶴崎裕雄編『地域文化の歴史を往く』和泉書院、二〇一二年）
福島理子「大塩平八郎の詩心」（『大塩研究』第七六号、二〇一七年）
福島理子「大坂をうたう大塩平八郎」（『大塩研究』第八〇号、二〇一九年）
藤田覚「「大塩建議書」の政治史的意義」（『大塩研究』第三七号、一九九六年）
文化庁監修『国宝3　絵画Ⅲ』（毎日新聞社、一九八四年）
本城正徳「大塩の乱と大坂周辺の米穀市場」（『高円史学』第一一号、一九九五年）
政野敦子「河内国大蓮村知足庵正方のこと」（『大塩研究』第四号、一九七七年）
政埜幸子「我が家の大塩様」（『大塩研究』第一八号、一九八四年）
松浦木遊「大塩檄文版木復刻談義」（『大塩研究』第五七号、二〇〇七年）
松永友和「大塩の乱後の坂本鉉之助について」（大塩事件研究会編『大塩平八郎の総合研究』和泉書院、二〇一一年）
宮城公子『大塩平八郎』（朝日新聞社、一九七七年）
宮城公子『大塩中斎』（日本の名著二七、中央公論社、一九八四年）
宮崎ふみ子『京坂キリシタン一件と大塩平八郎』（吉川弘文館、二〇二一年）
森安彦「「評定所一座書留」からみた大塩の乱」（大塩事件研究会編『大塩平八郎の総合研究』和泉書院、二〇一一年）
森田康夫「大塩の乱と隠岐騒動」（『大塩研究』第一三号、一九八二年）

森田康夫『大塩平八郎の時代』(校倉書房、一九九三年)
森田康夫『大塩思想の可能性』(和泉書院、二〇一一年)
盛田嘉徳「番非人文書」(『部落解放』五、一九六九年)
師岡佑行「大塩平八郎の乱と京都」(『大塩研究』第二九号、一九九一年)
藪田貫「大坂騒擾二話(上)」(『大塩研究』第七号、一九七九年)
藪田貫「新見正路と大塩平八郎」(大塩事件研究会編『大塩平八郎の総合研究』和泉書院、二〇一一年)
藪田貫「大塩平八郎と藤沢東畡」(『大塩研究』第七四号、二〇一六年)
藪田貫『新版　国訴と百姓一揆の研究』(清文堂出版、二〇一六年)
藪田貫「大塩事件とはなにか」(『大塩研究』第八〇号、二〇一九年)
藪田貫『武士の町　大坂—「天下の台所」の侍たち』(講談社学術文庫、二〇二〇年)
藪田貫「堺鉄砲鍛冶と大塩事件」(『大塩研究』第八三号、二〇二〇年)
藪田貫「それぞれの最期—大塩平八郎と同志たち—」(『大塩研究』第八六号、二〇二二年)
山口之夫「摂津国平野郷町『覚帳』と大塩騒動」(『大塩研究』第二号、一九七六年)
山田忠雄「鷹見泉石と内山彦次郎」(大塩事件研究会編『大塩平八郎の総合研究』和泉書院、二〇一一年)
吉田公平『日本近世の心学思想』(研文出版、二〇一三年)
四元弥寿『なにわ古書肆鹿田松雲堂五代のあゆみ』(和泉書院、二〇一二年)
歴史教育者協議会編『図説　日本の百姓一揆』(民衆社、一九九九年)
渡邊忠司『大坂町奉行所異聞』(東方出版、二〇〇六年)

史料（活字版に限定し、古文書は除外している）

『猪飼敬所先生書柬集』(日本芸林叢書四、池田四郎次郎ほか編、六合館、一九二八年)

『浮世の有様』(日本庶民生活史料集成第一一巻、三一書房、一九七〇年)
『大坂加番記録(二)青屋口加番京極高久』(徳川時代大坂城関係史料集第二号、大阪城天守閣、一九九九年)
『大阪市史』三・四・五(大阪参事会編、復刻版、清文堂出版、一九七九年)
『大坂城鉄炮方外会所文書』(徳川時代大坂城関係史料集第一九号、大阪城天守閣、二〇一九年)
『大坂西町奉行新見正路日記』(藪田貫編著、清文堂出版、二〇一〇年)
『大坂東町奉行所与力公務日記』(『大阪市史史料』第二十三輯、大阪市史編纂所、一九八八年)
『大阪編年史』一六〜一九(黒羽兵治郎監修、大阪市立中央図書館、一九七三〜七五年)
『大坂町奉行吟味伺書』(『大阪市史史料』第三十三輯、大阪市史編纂所、一九九一年)
『大坂町奉行所旧記』上・下(『大阪市史史料』第四十一、四十二輯、大阪市史編纂所、一九九四年)
『大坂町奉行所与力留書・覚書拾遺』(『大阪市史史料』第四十七輯、大阪市史編纂所、一九九六年)
『大塩平八郎一件書留』(国立史料館編、東京大学出版会、一九八七年)
『甲子夜話』三(松浦静山、東洋文庫、平凡社、一九七七年)
『門真市史』第三・第四巻(門真市、大阪府門真市、一九九七・二〇〇〇年)
『北風遺事』(喜多善平、私家版、一九六三年)
『京都の部落史』第九巻(井上清ほか編、京都部落史研究所、一九八七年)
『蒹葭堂日記』(水田紀久ほか編、藝華書院、二〇〇九年)
『慊堂日暦』一〜六(松崎慊堂、東洋文庫、平凡社、一九七〇〜八三年)
「坂本鉉之助の眼に映じた大塩事件鎮圧への時々刻々の動向―『天保八丁酉大坂異変之砌、玉造与力同心働前御吟味付明細書取坂本鉉之助扣』を中心に―」(村上義光・中瀬寿一、『大阪産業大学論集　社会科学編』七六号、一九八九年)
『三川雑記』(山田三川、吉川弘文館、一九七二年)
『新修大阪市史史料編』七(大阪市史料調査会編、大阪市、二〇一二年)

主要参考文献

『随筆百花苑』第十四巻（森銑三ほか編、中央公論社、一九八一年）
『摂陽奇観』六（『浪速叢書』六、浜松歌国、浪速叢書刊行会、一九二九年）
「洗心洞劄記」（日本思想体系『佐藤一斎　大塩中斎』、福永光司校注、岩波書店、一九八〇年）
『洗心洞詩文』（中尾捨吉、船井政太郎・大野木市兵衛、一八七九年）
『鷹見泉石日記』一〜八（古河歴史博物館編、吉川弘文館、二〇〇一〜〇四年）
『淡窓全集』上・中・下（広瀬淡窓、日田郡教育会、一九二五〜二七年）
『天山全集』（信濃教育会編、信濃毎日新聞社、一九三六年）
『浪花の噂話』（中村幸彦・長友千代治、汲古書院、二〇〇三年）
「野里口伝」（『改定史籍集覧』第一六冊、野里四郎左衛門、復刻版、臨川書店、一九八四年）
『悲田院文書』（岡本良一・内田九州男、清文堂出版、一九八九年）
『悲田院長吏文書』（長吏文書研究会、解放出版社、二〇〇八年）
『廣瀬淡窓資料集　書簡集成』（大分県立先哲史料館編、大分県教育委員会、二〇一二年）
『藤岡屋日記』一（鈴木棠三ほか編、三一書房、一九八七年）
『藤田東湖全集』四（高須芳次郎編、章華社、一九三五年）
『反古篭』（『大阪市史史料』第八十四輯、大阪市史編纂所、二〇一七年）
『浪迹小藁』（岡本黄石編、柳原喜兵衛ほか、一八八二年）

大塩平八郎檄文（現代語訳）

（袋の上書き）

天より下された文。村々の小百姓《こびゃくしょう》の者に至るまで伝えよ。

（本文）

「四海《しかい》（この世界）が困窮しては、天から与えられた幸いも永く断たれるであろう」とか、「道徳の欠けた為政者が国家を治めたならば、災害が相次いで起こるだろう」とかは、昔の中国の聖人が、後世、君臣となる者に訓誡《くんかい》として残されたものだ。それ故、東照神君家康《とうしょうしんくんいえやす》公も「やもめや孤児に憐《あわ》れみをかけられることこそ、仁政の基本である」と言い残しておられる。

それなのにこの二百四、五十年、世が泰平無事である間に、上に立つ者が少しずつ思い上がり、贅沢《ぜいたく》をきわめ、大切な政治に携わる諸役人どもは賄賂《わいろ》を公然と授受あるいは贈答し、さらには奥向きの女中の縁故を利用して、道徳・仁義も知らない卑しい身分の者が出世し、幕府内の重役に駆け登り、おのが一家のみを肥やす工夫のみに頭を使い、領地内の民百姓どもへは過重な御用金を申し付けている。これまで年貢や諸役の賦課に苦しんでいる上に、右の通り無理難儀を申し渡されては民百姓の負担は増えるばかりで、世界全体が困窮し、人々が公儀を怨《うら》まざるをえないありさまは、江戸方面より日本全体に及ぶ状態になっている。

天皇は、足利《あしかが》家の執政以来、ご隠居同様の境遇で、賞罰を与える権限を失われていて、民百姓が怨恨《えんこん》を訴えようにも訴える相手がいない乱れようで、民百姓の怨気は天に達して、毎年、地震・火災・山崩れ・洪水のほかさまざまな天災が流行し、とうとう五穀が実らず、飢《き》饉《きん》になってしまった。これはすべて天からの「深く誡《いまし》めよ」とのありがたいお告げであるが、上に立つ人々がまったく気付かず、依然として徳のない為政者や悪巧みにたけた輩《やから》が大事な政治を執り行い、ひたすら民百姓を悩まし、銭や米を取り立てる手段に専念している。

こうした民百姓の難儀を、我らのような者は草陰から見て嘆き悲しんでいるだけで、〔夏《か》の桀王《けつおう》を討った〕殷《いん》の湯王《とうおう》や〔殷の紂王《ちゅうおう》を討った〕周《しゅう》の武王《ぶおう》のような地位も権勢もなく、聖人である孔子《こうし》や孟子《もうし》のような道徳もなく、隠居の身となっているが、この時節、米の価格はいよいよ高値になり、大坂の奉行ならびに諸役人どもは「万物一体《ばんぶついったい》の仁《じん》」、すなわちこの世にある万物・万人を自分の身体の一部と受け止め、憐みを施す仁愛の精神を忘却し、勝手な政治をしている。なかでも当地大坂の米不足をよそに江戸へ米を回し、天皇の御在所である京都には回さないばかりか、近郷から五升一斗ほどの少量の米を市中に買い出しに来た者を逮捕するなどしているが、それは中国古代の葛伯《かっはく》という大名が、農夫の父親に弁当を持っていく子供を殺したという残虐行為と同様、言語道断である。どこの国・村・町であろうと人民は、徳川家御支配の民百姓に相違ないのに、このような差別をつけては、まったく奉行らの不仁の至りである。その上、勝手わがままな触書《ふれがき》等をたびたび出して、大坂市中の金持ちだけを大切にと考えているのは、道徳・仁義を弁《わきま》えない者というほかなく、はなはだ厚かましく、不届ききわまりない。

しかも三都（京都・江戸・大坂）のうち、大坂の金持ちどもは、年来、諸大名へ貸し付けた金銀の利殖と扶持米《ふちまい》の支給で莫大《ばくだい》な利益を得て、かつてないほどの裕福な暮らしをし、町人の身分のまま大名の家来・用人格などに採用され、また自分の田畑・新田などを大量に所持し、何不自由なく暮らしている。この時節の天災・天罰を見ても畏《おそ》れもせず、餓死した貧窮者や物乞いする民を救おうともせず、自分は「膏粱《こうりょう》の味」だと言って美食を常とし、妾宅《しょうたく》などへも入り込み、あるいは新町など遊里の揚屋《あげや》・茶屋へ大名の家来を招き、高価な酒を湯水のように飲み、民百姓が難渋しているこの時節に、絹の服を着た役者を妓女《ぎじょ》とともに迎えて、平生と変わらず遊楽に耽《ふけ》っているのはどうしたことか。これでは〔かの武王に討伐された殷の〕紂王の夜ごとの酒宴も同じことである。

奉行・諸役人はといえば、みずからの政務として右の者どもを取り締まって民百姓を救済すべきにもかかわらずしようとせずに、毎日、堂島《どうじま》の米相場ばかりいじり回しているのは、まったく俸禄《ほうろく》盗人であって天道にも、聖人の御心《みこころ》にも適《かな》うはずもなく、もはや赦《ゆる》されないことである。

我らは与力を退いた隠居の身であるが、もはや堪忍なし難く、湯王や武王のような勢力も、孔子や孟子の人徳もないけれども、やむを得ず天下のためと思い、親族・家族を道連れにする不幸も顧みず、このたび、有志の者と申し合わせて、民百姓を悩まし苦しめている諸役人をまず誅伐《ちゅうばつ》し、引き続き、驕《おご》りに耽っている大坂市内の金持ち町人どもを誅殺することにした。

右の町人どもが屋敷の穴蔵に貯めおいた金銀銭や、蔵や屋敷内に隠しおいた米を、それぞれ困っている民百姓に分配してやろう。摂津《せっつ》・河内《かわち》・和泉《いずみ》・播磨《はりま》の地に住み、田畑を持っていない者、たとえ持っていても父母・妻子・家族を養えないほど難渋している者に、右の金銭と米とを取らせてやるので、大坂市内に騒動が起こったと伝え聞いたならばいつでも、遠近にかかわらず、一刻も早く、大坂へ向かって馳《は》せ参ぜよ。参じた面々には、必ず右の米と金を分けてやる。これは、〔周の武王が紂王を討って〕鉅橋《きょきょう》や鹿台《ろくだい》の倉から紂王の集めた金銀・米粟《べいぞく》を人民に分け与えた故事に倣うもので、現下の飢饉による難儀を救済しようとするものだが、馳せ参じた者の中に器量や才能などがある者はそれぞれ取り立て、無道の者どもを征伐する軍役としてひと働きしてもらいたい。

これは断じて一揆《いっき》・蜂起《ほうき》の企てとは違い、徐々に年貢や諸役までも軽減することで中興の道筋をつけ、神武天皇《じんむてんのう》や神君家康公の御政道の通り「寛仁大度《かんじんたいど》」、すなわち寛容と仁愛に溢《あふ》れた政治を行い、年来の驕りと淫逸《いんいつ》の風習を洗い流し、本来の質素に立ち返り、この世の万民が、いつまでも天地の恩をありがたく思い、父母妻子をつつがなく養育でき、生前に地獄へ落ちる苦難が救われ、死後に極楽へ成仏できるのが分かるよう、〔理想の世とされる〕中国古代の尭舜《ぎょうしゅん》の世や、日本の天照皇太神《あまてらすおおみかみ》の時代にまで立ち返るのは難しいとしても、中興の状態には回復したいのである。

ここに書き付けたことは、すべての村々へ知らせたいと思うが、数多いことゆえ、最寄りの人家の多い大村の神社の殿舎に貼《は》り付けておく。大坂より〔回ってくる四ケ所《しかしょ》の手下の〕番人どもに知られぬように注意して、早々に村々に知らせよ。万が一にも番人どもが見付け、四ケ所の奸悪《かんあく》な役人へ注進しそうであれば、互いに申し合わせて番人を一人残らず打ち殺すように。

もし右に述べた騒動が大坂市中で起こったのを聞きながら、疑って馳せ参じなかったり、また遅れて来たならば、金持ちどもの米や金はすべて火中の灰となり、天下の宝を取りそこなってしまうだろう。後になって我らを恨み、宝を捨てた無道者よ、と絶対に陰口を叩《たた》いたりしないようにせよ。そのために一同に触れ知らせるのだ。

なお、地頭《じとう》役所や村方《むらかた》の庄屋《しょうや》宅にある年貢などに関する諸記録・帳面類は、全部引き破って焼き捨てておけ。これは深い思慮があってのことで、民百姓を困窮させないつもりだからだ。しかしながら今度の挙兵は、日本の平将門《たいらのまさかど》・明智光秀《あけちみつひで》、中国の〔東晋《とうしん》最後の皇帝から禅譲され、南朝・宋《そう》を建てた〕劉裕《りゅうゆう》・〔唐《とう》の最後の皇帝を廃位して五代・後梁《こうりょう》を建てた〕朱全忠《しゅぜんちゅう》の謀反《むほん》に似ていると言う者がいるのも道理ではあるが、我ら一同、天下国家を盗み取ろうとの欲望より起こしたことではまったくない。これは日月星晨《じつげつせいしん》の神鑑《しんかん》に照らして明《めい》瞭《りょう》なことで、結局は、殷の湯王、周の武王、漢《かん》の高祖《こうそ》〔劉邦《りゅうほう》〕、明《みん》の太祖《たいそ》〔朱元璋《しゅげんしょう》〕が人民を憐み、暴君を誅殺せんと、天討を執行したと同じ誠の心があるだけだ。もし疑わしいと思うならば、我らの所業の結末を、汝《なんじ》ら、眼《まなこ》を見開いてよく見届けよ。

ただしこの書き付けは、文字が読めない小百姓には、寺・道場の坊主や医者らがじっくりと読み聞かせるようにせよ。もし庄屋・年寄《としより》で、眼前の禍《わざわい》を畏れてこの書き付けを隠しておく者がいるようであれば、後できっとその罰《ばち》が当たるだろう。

天命を奉じて天に代わって討伐する。

天保八年丁酉《ていゆう》　月　日　某

摂津・河内・和泉・播磨の村々の

庄屋・年寄・百姓ならびに小前百姓《こまえびゃくしょう》どもへ

大塩家菩提寺成正寺蔵の檄文をもとに竹内弘行氏が行った訳文（同氏と角田達朗氏の共著『大塩中斎』に収録）を底本として、筆者が改めて訳したものである。竹内・角田両氏の学恩に対し、衷心より感謝申し上げる。

大塩平八郎略年譜

（年齢は数え年）

和暦（西暦）	年齢	事項
寛政五年（一七九三）	一歳	正月二十二日に生まれる。父大塩敬高、母大西氏。幼名文之助、諱正高。
文化三年（一八〇六）	一四歳	この年、大坂町奉行与力見習いとして出仕か。東町奉行平賀貞愛の下で、教えを受ける。
四年（一八〇七）	一五歳	この年、家譜を読み、始祖義勝の功名を知り、志を継ぐと決意する（志第一変）。
十三年（一八一六）	二四歳	この頃、呂新吾の『呻吟語』を読み、陽明学に向かう（志第二変）。
十五年（一八一八）	二六歳	正月、目安・証文役に就く。
文政元年（〃）	〃	六月、祖父政之丞死去、平八郎跡番代となる。この年、曽根崎新地茶屋大黒屋の娘ひろを橋本忠兵衛妹として妾に迎える（ゆうと改名）。
二年（一八一九）	二七歳	この頃、「良知を致す」工夫に到り（志第三変）、名を後素と改める。
四年（一八二一）	二九歳	四月、師柴田勘兵衛を介して城方与力砲術家坂本鉉之助を知る。
五年（一八二二）	三〇歳	八月頃、友人岡田半江を介して頼山陽を知る。
六年（一八二三）	三一歳	四月、摂津・河内一〇〇七カ村の大国訴が起きる。
八年（一八二五）	三三歳	正月、洗心洞塾の「入学盟誓八カ条」を制定する。二月、幕府、諸大名に異国船の打ち払いを命じる。
十年（一八二七）	三五歳	正月、吟味役などに加え、盗賊役に就き、稲荷下しさのを詐欺容疑で逮捕（のちにキリシタン事件に発展）。四月、奉行高井実徳からキリシタ

		ン事件の捜査を命じられる。八月頃、林述斎の無尽計画を知り、一〇〇〇両の融資を申し出る（借用書の日付は十一月）。九月、大坂城代水野忠邦着、その後、大坂巡見中の老中水野忠成と面談する。
十一年（一八二八）	三六歳	三月、林述斎から融資の謝意とともに参府の機会があれば会いたいと伝えられる。九月、与力西田家より格之助（一九歳）を養子として迎える。
十二年（一八二九）	三七歳	三月、高井から西組与力弓削新右衛門らの奸吏ならびに関係する要人の捜査を命じられる。七月、西町奉行新見正路着任す。十月、大塩の発案で町奉行所が「不幸の良民」調べを開始する（天保四年十月まで）。十二月、キリシタン事件の豊田みつぎら三郷引廻しの上、処刑される。高井から大坂定番・破損奉行らの不正無尽調査を命じられる。
十三年（一八三〇）	三八歳	三月、高井から風紀を乱した僧侶の摘発を命じられる。五月、不正無尽の罪で大坂破損奉行一場藤兵衛ら江戸で処分される。六月一日以降、病気養生願を出し高井欠勤。七月二日夕刻、京都大地震。この月、高井城代に参府養生願を提出する。八月十六日、新見、大塩の退任を認め、格之助に跡番代を命じる。十八日、高井、江戸に向け出発。大塩、「辞職詩并序」を記す。九月、名古屋の宗家を訪問し、始祖が家康から拝領した弓を見る。
天保　二年（一八三一）	三九歳	三月、江戸に短期間滞在し、林述斎を訪問。
三年（一八三二）	四〇歳	八月、新見家の家宰武藤休右衛門との間で一〇〇〇両の融資が決まる。
四年（一八三三）	四一歳	五月、家塾版『洗心洞箚記』刊行。六月、天文方間確斎を通じ佐藤一斎に書簡を添えて送る。七月、富士山に登り石室に『洗心洞箚記』を納め、

		その後、伊勢の林崎・豊宮崎文庫に奉納する。八～十一月、町奉行、買い占め禁止・他所売り禁止・囲い米売払奨励などを相次いで発布する（「石価の政」）。九月、播磨の加古川筋一帯で米の買い占めによる一揆が起きる。
五年（一八三四）	四二歳	正月、飢饉の窮状を見て「一身の温飽天に愧ず」「世は将に有事ならん」などの詩を詠む。二月、摂津・河内の村々が四ヶ所非人の取り扱いについて町奉行所に訴え出る。讃岐の宇多津・坂出辺で打ちこわしが起き、与力大塩格之助ら鎮圧に出る。老中首座水野忠成死去。五月、町奉行、米価高騰に対し救恤策を実施する。六～七月、門人橋本忠兵衛、大塩の指導で社倉などの飢饉対策を実施する。七月、天満大火で罹災者救済に奔走する。
六年（一八三五）	四三歳	三月、入門のために多度津藩林良斎が来る。門人宇津木静区、西国遊学に出発。九月頃、門人の東組同心二名が賊面灸治事件を起こし、教戒のために「弟子に与える説」を作る。
七年（一八三六）	四四歳	三月、一心寺事件起き、東組与力大西与五郎らが江戸に召喚される。七月、東町奉行跡部良弼が着任、矢部定謙と面談する。九月、堺鉄砲師芝辻長左衛門から大筒を借りる。跡部の指示を受け、西町与力内山彦次郎、兵庫津から江戸へ廻米を実施する。高津五右衛門町で打ちこわし起きる。九～十一月、町奉行、買い占め禁止、他所売り禁止、施行奨励など発布。十月、高槻藩の門人中西斧次から大筒を購入する。十一月、高槻藩士柘植牛兵衛から大筒を得る。十二月、白井孝右衛門ら主要門人、檄文を見

		せられ、蜂起計画を伝えられる。
八年（一八三七）	四五歳	正月、鴻池善右衛門ら豪商に「時局経済調整」策を提起するも実現せず。この月、主要門人が連判状に署名か。二月、西町奉行堀利堅着坂。巡見に合わせて蜂起することが計画される。蔵書を売り払い施行札を配布、窮民に金一朱ずつ施行する。同月十七日、老中に宛て建議書を作成する（翌日発送）。同日夜、門人平山助次郎が跡部に計画を密訴。十八日、跡部の指示で平山は江戸に出発。十九日早朝、門人吉見九郎右衛門が倅英太郎らを西町奉行に密訴させる。蜂起を諌めた宇津木を惨殺し決起。市中に進撃し城方軍と交戦、午後四時頃に壊滅、逃亡する。二十日、火災は鎮火。罹災町数一一二、家屋三三八六、世帯一二五七八（のちに「大塩焼け」）。三月五日、箱根山中で建議書が発見される。この月、大坂から買米を積んだ廻船が水戸に入る。三月二十七日、靱油掛町美吉屋五郎兵衛方にて大塩平八郎、格之助とともに自決。六月、越後国柏崎で国学者生田万の乱が起きる。七月、摂津国能勢郡で「徳政大塩味方」と称する一揆が起きる（能勢騒動）。
九年（一八三八）	―	八月、古河藩主土井利位、大塩の乱鎮圧の功で将軍家慶から賞される。評定所で事件関係者に判決が申し渡され、九月、大塩父子ら一九名、市中引廻しの上、磔刑となる。十月、大塩逮捕の功で家老鷹見泉石ら藩主利位から褒美を得る。

地図作成　ケー・アイ・プランニング

藪田 貫（やぶた・ゆたか）

1948年（昭和23年），大阪府に生まれる．大阪大学文学部卒業．同大学大学院文学研究科に進み，博士（文学）を取得．京都橘女子大学助教授，関西大学文学部教授などを歴任．現在，兵庫県立歴史博物館館長．関西大学名誉教授．専門は日本近世史（社会史・女性史）．

著書『国訴と百姓一揆の研究』（校倉書房）
『女性史としての近世』（校倉書房）
『男と女の近世史』（青木書店）
『日本近世史の可能性』（校倉書房）
『近世大坂地域の史的研究』（清文堂出版）
『武士の町 大坂』（講談社）
『大阪遺産』（清文堂出版）
ほか

大塩平八郎《おおしおへいはちろう》の乱《らん》
中公新書 2730

2022年12月25日発行

著 者 藪田 貫
発行者 安部順一

本文印刷 三晃印刷
カバー印刷 大熊整美堂
製 本 小泉製本

発行所 中央公論新社
〒100-8152
東京都千代田区大手町 1-7-1
電話 販売 03-5299-1730
編集 03-5299-1830
URL https://www.chuko.co.jp/

Published by CHUOKORON-SHINSHA, INC.
Printed in Japan ISBN978-4-12-102730-6 C1221

中公新書刊行のことば

一九六二年一一月

いまからちょうど五世紀まえ、グーテンベルクが近代印刷術を発明したとき、書物の大量生産は潜在的可能性を獲得し、いまからちょうど一世紀まえ、世界のおもな文明国で義務教育制度が採用されたとき、書物の大量需要の潜在性が形成された。この二つの潜在性がはげしく現実化したのが現代である。

いまや、書物によって視野を拡大し、変りゆく世界に豊かに対応しようとする強い要求を私たちは抑えることができない。この要求にこたえる義務を、今日の書物は背負っている。だが、その義務は、たんに専門的知識の通俗化をはかることによって果たされるものでもなく、通俗的好奇心にうったえて、いたずらに発行部数の巨大さを誇ることによって果たされるものでもない。現代を真摯に生きようとする読者に、真に知るに価いする知識だけを選びだして提供すること、これが中公新書の最大の目標である。

私たちは、知識として錯覚しているものによってしばしば動かされ、裏切られる。私たちは、作為によってあたえられた知識のうえに生きることがあまりに多く、ゆるぎない事実を通して思索することがあまりにすくない。中公新書が、その一貫した特色として自らに課すものは、この事実のみの持つ無条件の説得力を発揮させることである。現代にあらたな意味を投げかけるべく待機している過去の歴史的事実もまた、中公新書によって数多く発掘されるであろう。

中公新書は、現代を自らの眼で見つめようとする、逞しい知的な読者の活力となることを欲している。

中公新書

日本史

中公新書

日本史

中公新書

日本史

d3

中公新書

日本史

d4

中公新書

現代史